应用技术型高等院校物流管理与工程学科统编系列教材

第三方物流管理

主　编　司运善

副主编　王维娜　祝坤艳　翟红红

中国财富出版社

图书在版编目（CIP）数据

第三方物流管理 / 司运善主编 . —北京：中国财富出版社，2016.3（2018.8 重印）
（应用技术型高等院校物流管理与工程学科统编系列教材）
ISBN 978 - 7 - 5047 - 6060 - 9

Ⅰ.①第… Ⅱ.①司… Ⅲ.①物流—物资管理—高等学校—教材 Ⅳ.①F252

中国版本图书馆 CIP 数据核字（2016）第 036034 号

策划编辑 颜学静		**责任编辑** 颜学静			
责任印制 尚立业		**责任校对** 梁 凡		**责任发行** 敬 东	

出版发行 中国财富出版社

社 址 北京市丰台区南四环西路 188 号 5 区 20 楼 　**邮政编码** 100070

电 话 010 - 52227588 转 2048/2028（发行部） 　010 - 52227588 转 321（总编室）
010 - 68589540（读者服务部） 　010 - 52227588 转 305（质检部）

网 址 http://www.cfpress.com.cn

经 销 新华书店

印 刷 中国农业出版社印刷厂

书 号 ISBN 978 - 7 - 5047 - 6060 - 9/F · 2551

开 本 787mm×1092mm 1/16 　**版 次** 2016 年 3 月第 1 版

印 张 17.50 　**印 次** 2018 年 8 月第 2 次印刷

字 数 426 千字 　**定 价** 39.00 元

序　言

从 1978 年实施改革开放以来，中华大地发生了翻天覆地的变化，中国进入全球大国行列，成为世界第二大经济体，两个百年的宏伟目标振奋着 13 亿人民为振兴中华而战。但任何事情都得一分为二看待，都得脚踏实地实施。目前，中国社会、经济发展进入新常态，"三期叠加"，其中首要的是改变经济发展方式，开展供给侧结构性改革。中国的人口红利期已过，要转向发展人才红利与人力资源素质红利，所以，以习近平同志为总书记的党中央提出了"教育兴国"与"人才强国"战略。《国家中长期人才发展规划纲要》（2010—2020 年）指出，"人才是指具有一定的专业知识或专门技能，进行创造性劳动并对社会做出贡献的人，是人力资源中能力和素质较高的劳动者。人才是我国经济社会发展的第一资源。"中国著名经济学家程思危认为，"经济只能保证我们的今天，科技可以保证我们的明天，只有教育才能确保我们的后天"。教育的发展与改革被提到了战略的高度。为了适应经济社会发展对高等技术应用性人才的迫切需求，教育部提出"引导一批本科高等学校向应用技术类型高等学校转型"，本科高校区分为普通本科与应用本科，这一方向是完全正确的，且已十分迫切。

物流产业作为国民经济基础性、战略性产业，对人才的需求是综合性的，但主要是应用型实战人才。根据教育部的要求和物流业发展的需求，中国财富出版社、河南省物流行业协会及学会、郑州财经学院等高校以及众多物流企业联手，编辑出版"应用技术型高等院校物流管理与工程学科统编系列教材"。这是一个良好的开端，我希望今后所有的物流教材要贯彻启发型、案例型、模块型以及创新性、实用性、系统性原则。本套教材把理论、案例、实习实训三部分教学内容一体化融通，充分体现了应用型教学特色，是应用型教材的积极探索。这要感谢大家的努力！在此希望本套教材在教学实践中进一步完善、提升，为中国高等应用型物流人才培养做出贡献。

丁俊发

2016 年 1 月

前　言

《第三方物流管理》借鉴和吸收国内外第三方物流的相关理论，将理论和实践有机地结合在一起，解决以往理论学习与物流实践相脱节的问题，对于全面了解第三方物流服务，掌握第三方物流运作的基本方法和技术，培养应用技术型人才具有一定帮助。

本书分为十章，具体内容包括：第三方物流概述、第三方物流企业组织管理、第三方物流服务产品及方案设计、第三方物流企业的经营战略与业务管理、第三方物流的合同管理、第三方物流企业的成本管理、第三方物流的风险管理、第三方物流的信息管理、第三方物流发展的新模式、典型行业第三方物流的应用。

为了能够让读者更好地掌握第三方物流企业物流管理的具体内容，将理论知识与实践内容有机结合在一起，突出教材、实习实训、习题三者的有机结合，每章针对具体问题列举了大量实例，包括小知识、小链接，每章后面都设置了实习实训/实验指导和习题；本书最大的特点就是实现了教材、实训和习题"三合一"，教材内容新颖，并吸收了学术界的最新资讯信息，有较强的实用性和超前性。

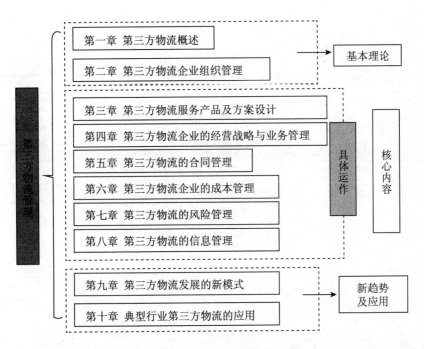

本书由司运善教授主编，王维娜、祝坤艳、翟红红担任副主编，具体编写分工如下：原郑州大学司运善教授负责书稿框架的设计和统稿，并编写第十章内容；郑州科技学院王

维娜负责编写教材大纲及第三、第四章内容；郑州科技学院祝坤艳负责编写第一、第二章内容；河南经贸职业学院魏祎负责编写第九章内容；郑州科技学院翟红红负责编写第五、第六章；郑州科技学院周俊颖负责编写第七、第八章内容。

在编写过程中，我们参阅了大量的书籍、论文和前沿资讯等，引用了一些学者的研究成果和一些企业的案例资料，在此对这些文献作者和企业表示崇高的敬意和诚挚的感谢。

由于编者水平有限及时间仓促，书中难免会存在疏漏和错误，敬请广大读者和同行专家批评指正。

编　者

2015 年 12 月

目　录

第一章　第三方物流概述

知识目标

1. 了解第三方物流产生的背景;
2. 了解第三方物流企业类型及含义;
3. 掌握第三方物流的概念及特征;
4. 掌握第三方物流企业的价值及价值创造。

能力目标

1. 能够熟悉第三方物流企业的类型;
2. 能够为提升第三方物流企业的价值提出建议;
3. 能够结合时代特征提出第三方物流的发展对策。

第一节　第三方物流的内涵

 导入案例

冠生园集团第三方物流案例

冠生园集团是拥有"冠生园""大白兔"两个驰名商标的国内唯一一家老字号食品集团。近几年集团生产大白兔奶糖、酒、蜂制品系列、面制品、冷冻微波食品、互易鲜等新产品的市场需求逐步增加,集团生产的食品总共达到了 2000 多个品种,其中糖果销量最大,销售近 4 亿元。在市场需求增加的同时,运输配送远远跟不上。集团拥有近 100 辆货运车辆,要承担上海市的 3000 多家大小超市和门店配送,还有北京、太原、深圳等地的运输。受长期计划经济体制影响,运输配送效率低下,出现了淡季运力空放、旺季忙不过来的现象,加上车辆的维修更新,每年需要上百万元维持车队运行的成本费用。为此,集团专门召开会议,就如何改革运输体制及降低企业成本展开讨论。冠生园集团作为在上海市拥有 3000 多家网点并经营市外运输的大型生产企业,物流管理是十分重要的一项工作。后来,他们通过使用第三方物流,克服了自营物流带来的弊端,加快了产品流通速度,增

加了企业的效益，冠生园集团产品更多更快地进入了千家万户。在 2002 年年初，达能饼干公司（冠生园集团下属合资企业）率先做出探索，将公司产品配送及运输全部交给第三方物流。物流外包试行的结果是，不仅配送准时准点，而且费用要比自营物流节省许多。达能公司把节约下来的资金又投入到开发新品与改进包装上，使企业水平及竞争力上了一个新台阶。为此，集团主要部门专门组织各企业到达能公司去学习经验，逐步推广。最后，经过选择比较，集团选择上海虹鑫物流有限公司作为第三方物流机构与其合作。

资料来源：根据冠生园集团资料整理。

一、第三方物流定义

第三方物流指通过物流管理的代理企业即物流企业，为供应方和需求方提供物料运输、存储、产品配送等各项物流服务。第三方物流是介于供应商和制造企业之间的，或者说是介于供应商与零售商之间的，即它是处于供应方和需求方之间的连接纽带，它是实现供应链管理的比较有效方法。第三方物流处于商品流通的中间环节，它提供了综合式一体化的物流服务，是中间流通企业。第三方物流为供应方提供运输、配送、保管的物流服务。

简言之，第三方物流是指由物流服务的供应方、需求方之外的第三方去完成物流服务的运作方式，第三方物流也是指作为外部组织综合利用现代技术基础、管理手段和经济关系，为用户和最终消费者提供全部或部分物流服务的提供者。换一种说法，第三方物流是指由专业化的物流中间人以签订合同的方式为其委托人提供所有的或者某一部分的物流。

中国国家标准《物流术语》关于第三方物流的定义是：第三方物流是由供方与需方以外的物流企业提供物流服务的业务模式。第三方物流是物流业发展的必然结果，也是物流业专业化的重要形式。第三方物流也称契约物流、合同物流、物流联盟或物流外部化，其本质就是指物流经营者借助现代化信息技术，在双方约定的时间、空间按约定的价格向物流需求者提供约定的个性化、系统化、专业化、信息网络化的物流服务。

例如，第三方物流服务供应商美国佛罗里达州的 Customized 运输公司（CTI）与通用汽车公司之间的资源外包协议，该协议有助于通用汽车公司实现其自己的财务目标，可以满足通用汽车公司的要求，即减少库存和管理资产的需要。

小知识

第一方物流（The First Party Logistics）指卖方即生产者或者供应方组织的物流活动。卖方或者供应方的主要业务是生产和供应商品，但为了其自身发展的需要，为了配合生产和销售的需要而进行物流网络及设备的投资、经营与管理。供应方或者厂商一般都需要投资配备一些仓库、运输车辆等物流基础设施。卖方为了保证生产正常进行而建设的物流设施是生产物流设施，为了产品的销售而在销售网络中配备的物流设施是销售物流设施。总的来说，由制造商或生产企业自己完成的物流活动称为第一方物流。

第二方物流（The Second Party Logistics）指买方即销售者或流通企业组织的物流活动。他们的核心业务是采购并销售商品，但为了发展的需要，为了销售业务需要而投资建设物流网络，物流设施和设备，同时进行具体的物流业务运作组织和管理。严格地说，从事第二方物流的公司属于分销商。

第四方物流（The Fourth Party Logistics）主要是指由咨询公司提供的综合物流咨询服务。咨询公司根据物流公司的要求为其提供物流系统的综合分析和诊断，或是提供物流系统优化或者设计方案等。总之第四方物流公司以其知识、信息、智力、经验为资本，为物流客户提供一整套相关物流系统咨询服务。第四方物流公司的经营要求较高，要想从事物流咨询服务就必须具备良好的物流行业背景及相关经验，第四方物流公司并不需要从事具体的物流活动，也不用建设物流基础设施，主要是对整个供应链提供整合方案。

第五方物流（The Fifth Party Logistics）指由物流信息服务商提供的物流信息服务，包括提供更大的地理区域内，更多的行业，更多的企业供应链物流信息的搜集、设计、整理、分析、开发、集成和推广等。物流信息服务提供商的主要业务提供信息处理设施设备、技术手段和管理方法等，物流信息可能只是其提供信息的一部分，它并不从事任何具体的物流活动，严格地讲，它属于电子商务或信息中介企业。

二、第三方物流服务的形成与发展

随着现代信息技术的发展和经济全球化趋势，越来越多的产品成为全球产品在世界范围内流通，生产、销售及消费之间的物流活动日益错综复杂，降低物流成本的要求也越来越迫切。而第一方和第二方物流的组织管理和经营方式已不能完全满足其需要。同时，为在市场竞争中获胜，企业必须确立自己的核心竞争力，加强供应链管理，把不是核心业务的物流活动尽量外包出去。于是，第三方物流应运而生。虽然第三方物流企业大部分是由传统的运输企和仓储企业发展起来的，它的服务内容依然包括运输、仓储等传统物流活动，但它与传统的物流企业和生产流通企业自己经营物流活动有着本质的区别。从整体上看，第三方物流企业在基本特征、功能及社会效益方面都具有很强的经济性。

以营业性货运为基础发展起来的后勤保障、仓库出租、货运配载、包装流通加工、仓储配送等增值服务，在现代信息技术与服务支持的基础上实现供应链管理（SCM）需要的集成管理，代表着改造传统产业的经营理念、经营方式、服务项目等的一种新兴市场力量。这种力量可以概括为：第三方物流。这种力量是随着市场经济、现代化信息技术的需求和支持逐步壮大起来的，在中国需要用科学理论指导其正确发展。其内容包括物流战略和物流系统规划、设计、运营和管理等活动过程。

第三方物流的产生并不是一个孤立事物，它是在与现代电子信息技术、市场经济体制及现代化经营管理方式等相互影响、相互促进过程中发展起来的，各级地方政府与行业主管部门对其形成和发展也有着重要的影响。

我们可以从国际物流管理发展过程来分析第三方物流的发展。20 世纪 80 年代的物流服务与 20 世纪 90 年代相比有了显著变化。在 20 世纪 80 年代，物流服务商主要是运输企业，提供数量较少的类同的服务项目，他们服务的重点是实物配送。随着核心能力、供应链管理理论的发展，越来越多的企业开始将物流活动转交给专业第三方物流企业承担。与此同时，第三方物流企业也具备了借助信息技术提供越来越多物流服务的能力，能够对市场变化做出快速响应。20 世纪 90 年代的物流服务考虑到了越来越多方面的需求，诸如，工业、商业及服务业，将单一物流服务项目扩展到整个供应链管理，物流服务商在某一市场领域中越来越专业化。国外基于供应链管理的物流管理模式事实上已经通过三资企业的形式在中国出现。

随着国内运输市场竞争的日益加剧，基于 SCM（供应链管理）的物流服务在我国内地也开始出现，它表明了在市场经济条件下发展的必然性，物流过程在供应链管理模式下的内在价值不断提高。曾经，河南不少厂矿为了有效解决物流问题，寻求运输公司为其成立相关产品专运公司，这种行为实际上就是在寻求第三方物流服务公司的专业化物流服务。河南汽车运输总公司，采用服务于企业重点产品的专项物流服务战略，既有利于工业企业利用外部资源做好企业供应链管理，也有利于加强运输企业参与工业企业物流服务的程度，能够取得双赢的效果。按照第三方物流理论，基于服务目标企业的供应链管理（SCM）的第三方物流战略体系可以取得更好的效果。目前，河南汽车运输总公司已分别针对新飞电器、亚洲啤酒、秦新食品、捷丰方便面、中国一拖集团等企业成立了产品专运公司，在现代信息技术支持下，正在逐步发展和完善基于供应链管理的物流管理服务体系。

第四方物流将得到长足发展。第四方物流（The Fourth Party Logistics）主要是指由咨询公司提供的综合物流咨询服务。咨询公司根据物流公司的要求为其提供物流系统的综合分析和诊断，或是提供物流系统优化或者设计方案等。总之，第四方物流公司以其知识、信息、智力、经验为资本，为物流客户提供一整套相关物流系统咨询服务。第四方物流公司的经营要求较高，要想从事物流咨询服务就必须具备良好的物流行业背景及相关经验，第四方物流公司并不需要从事具体的物流活动，也不用建设物流基础设施，主要是对整个供应链提供整合方案。这是任何一家公司所不能单独提供的。如珠海九川物流，没有一个仓库和一辆运输工具，但它能够调运 4000 辆汽车，有权力使用 10 多个物流中心，每个中心可以创造几千万元的年产值。它主要是通过系统集成、统一流程、规范电子数据交换等帮助客户整合优化资源，进行供应链管理（SCM）使之产生规模效益。例如，2002年珠海九川公司公司通过 6 个月的努力，为一个客户（年产值过 10 亿元）提供全方位的解决方案，使客户每月库存金额由 7000 万元降至 4000 万元，仓库面积由原来的30000 平方米降至 5000 平方米，订单完成的时间由 40 天降至 20 天，经济效益大大改善。目前，该公司与沃尔玛、格力电器、松下、联邦制药等知名企业建立了合作伙伴关系，九川公司提供的实质上就是第四方物流服务。

综上，第三方物流的发展程度，反映并体现着一个国家物流业发展的整体水平。西方发达国家物流起步较早，在发展第三方物流方面积累了相对丰富的经验。而我国物流业起步较晚，第三方物流业发展还不完善，尤其在西部地区，第三方物流企业的规模、运作经验、资金能力、网络及信息系统等还远远满足不了相关企业的要求。

中国当前基于经济新常态的理念，经济转型升级，产业结构调整是重要课题，无论是工业企业还是物流企业经营者都必须认清形势，转变经营观念，否则，就会被市场淘汰。实践将继续证明，在经济新常态背景下，在深化改革的要求下，企业继续搞"大而全""小而全"是没有出路的，应用第三、第四方甚至第五方物流才是改善供应链管理的有效途径。

小案例

上海通用汽车采用物流一体化管理思想，依托先进的信息技术系统和柔性化的物料系统，以市场为导向、以客户为中心，同时贯彻精益生产理念，通过标准化、程序化的设计将物流中各相关环节通过"Milk Run"物流模式进行有机结合，持续改进实现物流系统低成本运作。

上海通用汽车在采用第三方物流公司对供应链的一部分进行管理后，取得了明显效果：

（1）拥有网络和市场知识。通过专业化的运作，第三方物流公司开发了信息网络，并且积累了针对不同物流市场的专业知识，包括运输、仓储及其他增值服务。

（2）拥有规模经济效益。上海通用汽车拥有强大的运输购买力及货物配载能力，可集中配载多个客户的货物，大幅降低了单位运输成本。

（3）拥有机动灵活性。该公司把物流业务外包给第三方物流公司，可以使公司难以改变的固定成本转化为可变成本。公司通常向第三方物流公司支付服务费用，而不需要自己内部维持物流基础设施来满足物流相关需求。

例如，上海通用汽车根据第三方物流的优点，设置了工厂外门对门物料仓库（RDC），由通慧公司（第三方物流公司）管理，由此大大缩减了上海通用汽车厂内仓库场地，并提高了其效率，使厂内仓库起到中转仓库而非存储仓库的作用。

（4）拥有信息技术。能有效的对货物进行追踪，自动生成提高供应链管理（SCM）效率所必需的报表以及进行其他相关的增值服务。

（5）有助于减少资本投入。通过物流外包可以降低上海通用汽车因拥有仓库、运输设备及其他物流过程所必需的投资。

资料来源：http://doc.mbalib.com/view/439b5065fb00cb9455e1665c4536a188.html.

第二节 第三方物流产生的背景

第三方物流在我国起步相对较晚，发展还不完善。20 世纪 70 年代末，我国物流学才开始兴起，无论是物流学术领域还是物流实业领域，无论是政府部门还是企业，都为物流的发展倾注了很多心血和精力。各种各样的物流研讨会开始举办、各个地方大大小小配送试点开始涌现，大家都努力想创造物流业的辉煌。经过很多年的努力，第三方物流不但没有出现，连配送试点到最后也变得名存实亡。

20世纪90年代中期，正当人们对物流业的发展不知所措，悲观失望之际，随着东南沿海城市经济的发展和商品流通的加快，第三方物流诞生，而且逐渐发展壮大，全国各地开始创立第三方物流企业，直到形成21世纪初的"第三方物流"热。这段历史，可以归纳为第三方物流的诞生史，从第三方物流诞生到慢慢发展壮大的过程，人们可以从中得到许多的启示：第三方物流的产生需要相应的宏观环境和一定的基础条件，没有经济的发展，物品流通的需要，政府的支持，各个部门的重视，第三方物流无法真正发展起来。在经济快速发展之际，企业竞争日渐激烈，要想在竞争中取胜，必须拥有自己的核心竞争力，把不属于核心业务的物流活动外包出去，对第三方物流的需求出现而且日渐强烈。第三方物流的诞生是自然而然，水到渠成的结果，有它的必然性。我国第三方物流的产生背景及其给我们的启示可以从以下五个方面展开分析。

一、国民经济高速发展的结果

我国自改革开放以来，国民经济就开始呈现持续稳定高速发展的态势，年均增长8%以上。从全国范围看，经济发展最快的省市大部分都地处我国东南沿海，在"允许一部分人和一部分地区先富起来，先富带动后富，最后实现共同富裕"的思想指导下，国家给予了经济特区一系列的优惠政策，东南沿海省市利用国家给予的这些优惠政策，深化改革开放，大力发展经济，率先实现了经济的超常规大幅度增长，先后出现了一批大型实力企业，如海尔集团、宝洁公司、IBM等。

经济的大幅增长，必然带来更多的物质产品的流动，也就必然导致物流量的增加。这是经济发展不可避免的规律，也是物流发展的必然规律。和20世纪50年代的日本相似，日本那时的国民经济年增长率同样是8%左右，产品不仅销往国内各地，越来越多的产品开始销往世界各地，在完成商流的同时，物流成了交易能否顺利实现的关键，他们发现物流占据了高额的成本，很大程度影响着顾客满意度，迫使日本各企业开始从流通领域挖掘利润源泉，于是开发物流行业成为当时的重要课题，日本首次提出了物流学的概念。美国物流的发展和日本物流的发展相似，而20世纪末21世纪初的中国也走到了这个阶段，年均增长率达8%以上，物质产品极大丰富、市场范围宽广，对物流的需求量猛增，对物流业的发展和完善提出了迫切要求。在此阶段，物流业的发展已经成了生产发展的瓶颈，如果物流业不能尽快发展起来，适应生产的需要，则必然影响生产的继续发展和壮大。所以，发展物流业成了中国当时的重要课题。

从另一个角度论证经济和物流发展的关系，所得结果一致，即如果没有经济的高速发展，就没有物流业的发展，也就不可能出现第三方物流。例如，20世纪90年代初在国内推行配送试点时，就出现了对物流的需求过小，导致物流行业亏损的局面。很多企业连汽油费都收不回来，工资也发不出，更加没有能力去进行配送。因此，进行配送、推广第三方物流，其前提条件就是企业一定要有足够多的物流量，可以实现规模配送，规模经济。实现规模经济需要第三方物流企业拥有一定的市场，市场覆盖面越大，规模物流量就越大，配送及第三方物流等现代物流技术就越有用武之地，同时，给物流需求方和物流供给方即第三方物流带来双赢的局面。而要做到市场覆盖面大，规模物流量大，就需要社会需求量大，因此，刺激社会需求是有必要的，只有经济发展，物品流通频繁，市场扩大，社会对物流的需求增加，才可以给第三方物流的发展提供足够的条件和合适的环境。否则，第三方物流即便有了发展起来的机会，而没有发展的后劲，无法实现可持续发展战略。

我国各级政府对物流发展都非常重视，就是在这种思想理念下。深圳市政府于1999年率先提出要把深圳建成重要的物流中心城市，紧接着其他许多城市都提出大力发展物流，要把物流作为支柱产业，例如，上海、武汉、天津等城市的提出。这些年我国国民经济的高速发展，不仅表现为我国企业经济的发展壮大，还表现为我国物流基础建设的高速发展。经过多年来的建设，我国已经形成了重要的全国骨干铁路网和四通八达的地方铁路网，后期高铁的修建是我国铁路进一步发展的重要体现。国家优先发展了公路、铁路，并且取得了辉煌的成绩，可以看出国家特别重视物流基础设施建设。不仅如此，在村村通工程的倡导下，还修建成了连通各个乡村的地方公路网以及连通全国各大中城市的高速公路网。公路和铁路的发展为我国第三方物流的快速发展和成熟创造了必要的条件。高速公路在长途运输中大大节约了运输的时间、成本。铁路列车多次提速，由原来的几天缩短为几个小时，大量列车实现夕发朝至，这都使物流量、物流速度有了很大的提高，同时也为我国物流业的高速高质发展创造了基础条件。

二、改革开放的结果

第三方物流的诞生与改革开放有直接的关系。可以说，我国第三方物流的诞生是改革开放的结果。我国第三方物流是20世纪90年代中期，最先由一些国内的外资企业率先建成，从我国第三方物流的产生过程可以看出它具备以下三个特点：第一，第三方物流是从东南沿海一些改革开放程度比较高的省市首先发展起来；第二，第三方物流首先是由像宝洁公司、IBM等这样一些国外的大公司引导我国的一些企业建立起来的；第三，第三方物流公司的最先也主要是为国外这些大公司提供物流服务的。中国的改革开放使国外的大公司得益颇多，他们在中国国内开办了一些具有本土化特色的独资或者是合资企业，这些企业的有形产品在中国的需求量较大，市场覆盖面较广，和国际市场联系紧密，对物流的需求巨大，靠他们自身来开拓中国的物流市场，进行物流活动的处理，难度较大，经济上也不合算。所以，选择委托中国的一些企业来为他们完成物流业务是一种双赢的选择。

第三方物流的概念在20世纪80年代就有了，第三方物流的运营模式在国外大公司看来已经比较成熟，他们很明白第三方物流所能够带来的效益，因此，这些公司坚定不移地把第三方物流公司的模式灌输给了他们所委托的中国物流企业。当时的中国物流企业对第三方物流经营理念和经营模式理解不深刻，在这些国外大公司的引导和指导下对第三方物流概念理解逐渐清晰，第三方物流在中国的发展也逐渐成熟起来，变成了中国最早的第三方物流公司。广东改革开放程度高，经济发展比较快，所以第三方物流首先从广东开始兴起。由此可以看出，第三方物流的产生，得益于中国的改革开放。实际上第三方物流也可以看成是由于改革开放，从国外输入的一种物流管理模式和管理理念，是国外的一些实力企业引导中国建立了第三方物流，同时，由于这些企业在中国的快速发展，为中国物流创造了一个第三方物流运作的平台，给国内其他第三方物流的大规模发展树立了一个样板。

三、我国物流学发展的结果

我国第三方物流的发展类似复制模式，一旦有了一个第三方物流的样板，就会很快在各个地方推广开来。特别是最近几年，第三方物流发展特别快，北京、上海、天津等城市物流业发展在全国一直居于前列，前期物流相对落后的武汉在很短的时间内兴起了如中远、长江、中储等多家大型第三方物流公司。出现这种现象，可以概括为中国物流学发展的结果。

中国物流学的发展大致在 20 世纪 70 年代末期，快速发展是在 20 世纪 80 年代中后期，人们对物流概念的理解已经比较全面深刻，有了一定物流学基础。当时的国家物资部，在推动我国物流学发展和物流业的成长成熟方面做了大量的工作。在学术领域，早期有国家级的中国物流学会，现在有中国物资经济学会，包括亚太物流会议、世界物流会议、各个地区和各个省市的物资经济讨论会。中国几乎每年都举行物流研讨的学术会议，在物流的基本理论、配送、连锁、物流贸易中心、代理等多方面都比较深入全面地展开了讨论；在物流教育领域，许多地方的物资学校非常注重培养大批适应社会需要的物流人才，在很多高等学院开设了物流专业，例如，华中科技大学、郑州航空工业管理学院、北方交通大学、河南工业大学、北京物资学院等高校都开设了物流管理或物流工程专业；在物流实业领域，通过对各个方面进行的大量探索、试验和推行，因此获得了很大成就。具体表现在物资贸易中心、代理、配送、连锁等环节。经过人们这么多年对物流技术的研究和学习，使物流的素质提升了，人们对物流新技术的研发加强了敏感性，各阶级群众都加强了物流的意识，不管是国家还是各个省市政府或者是各个企业及学校甚至是普通老百姓，物流的意识都有明显的变化。他们经常思考的问题就是怎样才能提高企业的物流效益，如果物流技术有了新的突破，信息会很快传遍各个地方，他们会迅速组织学习。最显著的例子就是第三方物流一出现，迅速在全国发展起来。

四、信息技术发展的结果

20 世纪 90 年代以来，互联网技术以及各种信息技术的迅猛发展，是企业建设快速高效的信息技术网络的基本条件，利用信息技术可以实现数据快速、准确地传递，可以使物流企业提升在自动化水平下，仓库自行管理、订货、采购、订单处理、装卸运输及配送发运的过程，促使一体化的实施订货、包装、保管、运输、流通加工的程序，使大规模、高服务水平、高质量处理物流企业与其他企业间的协调合作成为可能、方便快捷信息沟通交流，而且能够精确计算物流活动的成本，也能有效跟踪和管理物流渠道中的货物，因而客户企业可以放心地把自己的物流业务交由第三方物流企业处理。因为这些客户可以随时跟踪自己的货物，所以说第三方物流企业的产生是在以上环境条件下逐渐促使而成的。从中国的物流企业的发展历程可以发现许多物流真正实现飞跃式发展是在有了完善的物流信息系统之后。例如，从宝供物流、海福物流等第三方物流企业的成长过程可以体现出这样一个特征。宝供物流公司是 1994 年成立的，在 1998 年将自己的信息管理系统真正大规模发展成熟以后，许多客户才比较放心地将自己的物流业务委托宝供处理，因为客户看到它们有很方便的物流信息系统技术，从此客户一下由十几家发展到 60 多家。由此可见，促进第三方物流出现的重要因素是信息技术的发展。

五、市场竞争的结果

第三方物流是一种体现现代管理理念，适应当前经济发展的物流模式，它不但有利于自己增强竞争力、降低成本、提高效益，而且有利于合作企业显著提升自己的核心竞争力、提高效益、降低成本，这些是整体的综合优越性的体现，第三方物流是在激烈的竞争环境下应运而生的。

社会分工的必然结果是第三方物流的产生。各企业为寻求社会化分工协作带来的效果和效率的最大化，就要求增强市场竞争力，而将企业的核心业务都投入到资金、物力、人力上。许多非核心企业从企业生产经营中分离出来是由于专业化分工的结果导致而成，抓好生产，集中精力发展自己的核心业务，不仅可以降低成本还可以提高物流效率、发展核心竞争力。生产是生产企业的核心业务，需要重点发展和维持，物流业务并不是生产企业的核心业务，所以它们可以将非核心的物流业务委托给第三方物流公司负责。第三方物流公司依靠自己的综合实力，完善物流服务功能，积极参与市场竞争，努力取得市场竞争优势，这就体现出第三方物流是以物流为核心竞争力。第三方物流的出现，是帕累托最优的体现，实现了社会资源的合理配置，是社会合理分工的直接体现，同时使物流企业和生产企业的核心竞争力都得到了加强，显著提高了企业的效益。这充分体现了第三方物流的综合优越性。

所谓第三方物流就是一种专业化的物流。因此，第三方物流公司就需要有专业化的物流水平。专业化的物流水平的要求，首先就要具备一定的物流基础，其内容包括企业物流基础设施能力、人员素质等；其次是人员必须要有较先进的物流技术水平，第三方物流同时也需要较大的固定资产投资。第三方物流都涉及较大规模的物流量，所以必须有信息与通信处理能力、仓储运输能力和装卸搬运能力等。以上所述是第三方物流企业所应该具备的基本条件。传统的国有物资企业可以努力争取成为第三方物流企业。因为国有物资企业长期从事物资工作，在物流技术、物流市场方面都有一定的优势，在物流基础设施方面也都有比较多的投资和经验积累。当有了一定的自身的实力基础和合理的经济环境条件，就有可能转型为第三方物流企业。根据当地的状况等制定合理的对策，在科学合理的基础之上建立第三方物流企业。至于推动第三方物流不断向前发展，需要在建立了第三方物流企业之后，扩展自己的物流市场份额，不断提升自己的核心竞争力，扩大物流规模效益。

🔲 **小链接**

第三方物流发展现状

经调查研究表明：

首先，规模小，实力弱，服务功能不全。这几个方面是致使第三方物流无法及时响应客户变化需求的主要因素。大多数第三方物流企业缺乏资源整合，集约化经营优势没有体现，企业条块分割比较严重，规模效益难以实现，只能提供单项或部分的物流服务，但是新兴的外资和民营企业除外。物流系统不能形成完整有效的物流供应链，物流功能主要体现在储存、运输及城市配送上，相关的加工包装、配货等增值服务不多，物流渠道不畅通，是它的主要缺陷。一方面，第三方物流企业与企业之间、企业与客户之间缺乏有效合作，经营网络不合理，造成有点无网的局面。另一方面，信息技术落后，电子数据交换、条码、因特网等现代信息技术未能广泛应用，物流企业和客户没有结成相互信任的伙伴关系，不能充分共享信息资源。

其次，管理水平落后，设施老旧，人才匮乏。根据调查，高端人才缺乏，员工整体素质不高。第三方物流企业平均拥有硕士以上学历的工作人员15％左右，本科以上学历人才34％左右。由于以上种种原因，导致第三方物流企业无法满足客户特定要求，物流设备落后、老化，机械化智能化程度不高。

最后，人们公平竞争意识淡薄、竞争制度不健全。公平交易意识淡薄，行业道德低下，第三方物流市场秩序还不规范。另外，社会保障制度、产权制度、各种产权转让制度、市场准入退出制度、企业融资制度等无法适应企业经营的要求，很大程度上约束了第三方物流及时快速响应的能力。第三方物流企业水平的提升迫在眉睫。

专家指出，由于大部分物流企业是从原来的储运业转型而来，物流运作的专业化水平低，因此大多未形成核心竞争力，发展后劲亟待加强，企业的管理水平与技术水平急需提高。很多第三方物流企业在应对市场竞争时所作出的必然选择是，想方设法提高核心竞争力，从而，运用现代信息化手段提高第三方物流快速及时响应客户需求的能力。信息化不应是只针对局部供应链管理流程的信息化建设，而应通过信息化管理实现供应链的整合。

资料来源：根据 http：//zhidao. baidu. com/link？ url＝ZrCPM1Gvpd1SSny5Tqz3cwm4 - 17 资料整理。

第三节　第三方物流特征

一、基本特征

（一）第三方物流是规模化的组织

第三方物流业务通常需要很高的固定资产的投入，例如，要使用专门的物流设施设备，快速反应的管理信息系统，所以，固定成本在总成本中占很大的比例。在这种状况下，决定物流具备规模经济性的主要体现是，物流平均成本随着物流量的上升呈现出下降的趋势。

从市场竞争的角度看，第三方物流在可能赢利的条件下，第三方物流企业只有拥有一定的规模，才能确保价格大于其平均成本，第三方物流才有可能实现自己的赢利目标。因而，它生存的必要条件是拥有一定的规模。

第三方物流由于现代化水平高，经营规模大，加之契约制度相对完善，因而它能够有效地协调生产、流通和消费之间的物流活动，通过和企业的契约关系，专业化的物流设备和专业人才、利用信息化高科技手段，把物流活动的各环节从点到面有机地连接起来，物流过程因此可以快速完成。而自营物流企业仅仅从企业表面来看，其企业的物流活动体现在资源整合和一体化上，物流运作是高效的，这只是从局部来看，但生产企业内部之间以及和流通企业之间缺乏有效的协作，进行物流的整合优化显得非常困难，因而从整个物流过程来看，整合优化是缺乏效率，支离破碎的。同时，一些大型企业的物流成效也是不可否认的，例如，实现了自营物流同时具备规模经济的许多企业，如中国的家电大鳄海尔集团，全球知名零售巨头沃尔玛，都能够建立自己的物流配送中心。他们共同特点是市场规模巨大，资金雄厚，具备强大的物流整合能力，所以能够自营周转。在竞争日益激烈，消费日益个性化、多元化的市场环境下，对于中国大多数中小企业来说，具备这样的能力很难，即使一些跨国企业也没有足够的能力完全由自己来经营物流。

（二）第三方物流是以契约形式代理多个企业业务的组织

第三方物流的实现路径是通过契约或合同建立稳定、明确的合作关系，与生产、销售企业有一定的联系。双方实际上结成了一个利益共同体，是由于契约把双方的费用、价格风险平均化、固定化。为物流业务正常开展提供了保障，这从利益机制上表现了出来。降低单位物流成本，大幅节约双方的交易费用，这就使第三方物流企业作业效率迅速的提高，同时加快物流速度；如果货主企业规模比较大，则市场占有率会大大提高，利润会增加，同时也使得第三方物流的需求规模扩大了，所以规模对双方来说具有利益一致性。并非所有的物流企业都具有严格的制度约束，比如传统的专业物流企业与货主企业并没有稳定的契约关系，而是一种松散的合作关系，因而，当商品市场需求处于不稳定的状况，极大的风险就会同时摆放在双方面前。需求减少，价格下跌，企业进行物流外包，费用就会下降，反之，就会上升。在双方收益不对称或都损失的情况下，就存在着多种不断选择的机会，在传统物流企业和货主企业之间，难免会加大交易费用，不利于物流费用的降低和物流规模的扩大，很难具有规模经济。

外包只限于一项或一系列分散的物流活动，所以第三方物流有别于传统的外包。传统外包，如仓储公司仅提供仓储服务、运输公司仅提供运输服务。而第三方物流提供多功能甚至全方位的物流服务，提供服务的依据是合同条款的规定，而不是根据临时要求或需求。在合同期内服务提供者，必需按照提供的物流成本加上需求方毛利的百分比（合同中规定）收费。

（三）第三方物流是个性化、专业化的组织

所谓专业化是指随着企业规模的扩大，所投入资源被专业化使用的可能性增强。当物流活动分散在不同企业或不同部门时，各种物流要素的应有作用很难充分发挥出来，例如，仓储设施的闲置等。各种物流要素也逐渐成为市场资源，是伴随着物流活动产生和从流通领域中分化出来的。第三方物流企业可以根据各种物流活动的要求在全社会范围内对各种物流要素进行整体的优化组合和合理配置，利用其专业化优势和系统最优化原理的优势，使物流规模迅速扩大，从而可以最大限度地发挥各种物流要素的作用，提高物流效率。

第三方物流的专有资产的经济实体独立于厂家、商家系统之外。我们都说第三方物流是专业化的物流机构，是由于熟悉市场运作，有专门的信息手段和物流设施，又有专业人才，

因此，同时也具有长年的客户关系网络。要求第三方物流服务应按照客户的业务流程来"量身定做"，由于众多用户需求的业务流程各不一样，而且信息流、物流是随价值流的流动而发生变化的。以上说明，物流服务理论的发展是从"产品推销"发展到了"市场营销"的阶段。在一定程度上反映了个性化营销的物流需求，是要求有个性化的物流服务。

（四）第三方物流是建立在现代电子信息技术基础上的物流服务

信息技术的发展是第三方物流发展的必要条件。数据的快速、准确传递体现出现代信息技术的发展；同时自动化水平也提高了，具体表现在采购、订货、配送发运、装卸运输、仓库管理、订单处理等多个方面，充分实现了订货、保管、加工、包装、流通、运输的一体化。企业间的协调和合作有可能在短时间内迅速完成，是由于企业使用信息技术与物流企业进行交流和协作更加方便简单了；随着电脑软件的飞速发展和现代成本核算方法的应用，使物流活动的成本混杂在其他业务中的数据能被精确计算出来，因此，物流渠道中的商流也得到了有效的管理，这就使独立的物流公司运作模式迅速发展，因为企业有可能完全把原来自己在内部完成的作业，交给独立的物流公司。

（五）第三方物流配送具有灵活性

第三方物流配送是利用物流服务者与用户的关系以合同方式建立起来的，因此，具有非常灵活的使用效果。通常情况下，要想使得公司的固定成本转化为可变成本，那么可以把物流业务外包给第三方物流公司。公司不需要自己内部维持物流基础设施来满足这些需求，仅需要向"第三方"支付服务费用而已。尤其对于那些公司的业务量受季节性因素影响变化较大的企业来讲，选择外包物流对公司赢利的影响就更为明显。例如，对于一家季节性很强的大零售商的处理方案来讲，如果说在旺季聘用许多的物流和运输管理人员，每到淡季再开除他们，这样年复一年的运作，效率是很低的，而且做起来也很困难；如果是和第三方物流形成战略伙伴关系，那么这家零售商就不必担心季节性变化对业务的影响了。

二、电子商务时代第三方物流的特征

第三方物流的发展随着电子商务时代的到来，具备了一系列新的特征，主要表现在以下几个方面。

（一）信息化

随着信息技术、电子商务技术及网络技术的发展，第三方物流发展的信息化是必然趋势。信息化是物流系统的基础，是物流系统实现高效运作的前提条件，没有物流的信息化，任何先进的技术设备都无法应用于物流领域。信息技术及计算机技术在物流中的应用将会彻底改变中国物流的面貌。

物流信息化具体表现为：①物流信息商品化；②物流信息存储数字化；③物流信息收集数据库化和代码化；④物流信息处理电子化和计算机化；⑤物流信息传递网络化、标准化和实时化。

（二）自动化

自动化表现为信息化、机电一体化、无人化和省力化四个特征：信息化是自动化的基础；机电一体化是自动化的核心；无人化是自动化的外在表现；省力化是自动化的效果。扩大物流作业能力是自动化的目的，减少物流作业中的差错，提高企业的劳动生产率，才能获取更高利润。物流自动化系统包括：①自动存取系统；②自动分拣系统；③语音自动识别系统；④射频自动识别系统；⑤条码自动识别系统；⑥货物自动跟踪系统；⑦信息引导系统。

（三）网络化

信息化也是物流领域网络化的基础，物流网络化是物流信息化的必然结果，同时也是电子商务环境下物流活动的主要特征之一，物流网络化具备了良好的外部环境，主要表现在，第一，当今世界因特网等全球网络资源的可用性；第二，网络技术的普及。

网络化有两层含义：①物流配送中心与供应商或制造商的联系以及与下游顾客之间的联系是通过物流配送系统计算机通信网络实现的，具体表现在，通过增值网（Value Added Network，VAN）、电子数据交换（EDI）和电子订货系统（EOS）实现计算机之间的通信。②组织的网络化：就是公司内部网（Intranet），用来实现公司内部的信息交换。

（四）智能化

智能化是物流系统信息化和自动化的高层应用，智能化是物流作业过程的决策和运筹应用，在物流自动化的发展过程中，物流智能化是不可回避的技术难题。智能化应用了许多技术：①物流预测系统；②库存水平系统；③自动分拣机的运行系统；④运输路径选择系统；⑤自动导向车运行轨迹和作业控制系统；⑥物流配送中心管理决策系统。

（五）柔性化

柔性化本来是在生产领域为实现"以顾客为中心"的理念和目标而提出的，能够根据消费者真正的需求变化来灵活调节生产工艺流程，就要求能够真正做到柔性化，如果没有配套的柔性化的物流系统是不可能实现目标的。20世纪90年代，国际上生产领域纷纷提出一些新概念及新技术，例如，推出公司资源计划、制造资源系统、计算机集成制造系统、弹性制造系统以及供应链的管理。这些概念和技术的本质是根据需求端的需求，组织生产，安排物流活动，实质上是要把流通作业和生产作业集成化。因此，柔性化的物流是在适应生产、流通与消费的需求基础上而发展起来的，是一种新型物流模式。这就要求物流配送中心灵活组织和实施物流作业，尽量与客户需求呈现的"多品种、小批量、多批次、周期短"的特征相匹配。

第四节　第三方物流企业的类型与利润源泉

一、第三方物流企业的类型

（一）按照服务内容和服务对象分类

1. 针对少数客户提供的低集成度的物流服务

针对少数客户提供的低集成度的物流服务，可以分为两种情况。一种是物流公司在发展初期，即作为成长阶段性企业存在的，具有有限客户资源，那么能够提供的物流服务集成度有限，所以服务能力还处于不完善阶段。目前，由于我国物流发展的历史较短，且中国物流需求市场还没完全启动，尽管在国内有些大型的投资商涉足物流，但是它们只具备为更多客户提供一体化物流的潜力，所以基本上属于第一类企业。另一种是第三方物流企业实际上就是物流服务商的市场定位，这些物流服务提供商自身能力和规模有限，所以不具备提供高集成度物流的能力。同时，因为投资能力的限制，所以只能为有限的客户提供服务。

2. 同时为较多的客户提供低集成度的物流服务

同时为较多的客户提供低集成度的物流服务是目前存在比较多的一种第三方物流企业。比较典型的有宝供物流、虹鑫物流等。从国内物流业的发展和国外的实践看，未来物流市场的主流模式将会是第二类物流公司。

3. 针对较少的客户提供高集成度的物流服务

西方物流服务的一种典型形式是针对较少的客户提供高集成度的物流服务。在对待具体客户时，很多大型物流集团，采取陪同客户共同投资新的物流公司的方式，使客户的物流业务管理全面。对这个新公司来讲，专门为特定客户提供高集成度的物流服务是典型模式。高集成度的物流服务一般不适合大规模运作，由于其个性化强，深程度参与物流企业客户的营运，如果一家公司同时为很多家企业提供高集成度的物流服务那么困难性大。如在欧洲联邦快递就同某家具公司专门成立了一家物流公司，专门负责该家具公司全球物流业务的具体运作和管理。

4. 同时为较多的客户提供高集成度的物流服务

在介绍第三类企业时，我们提到高集成度的物流服务同时为较多的客户提供服务很困难，能同时为很多家企业提供高集成度的物流服务的公司，即使在西方发达国家，目前也还未出现。

（二）按照提供物流服务的种类分类

1. 以资产为基础的第三方物流企业

以资产为基础的第三方物流企业，拥有自己的资产，如自动化仓库、运输车队及各种物流设施设备。通过运营自己的资产提供更专业更全面的物流服务，如 UPS 公司。

2. 以管理为基础的第三方物流企业

以管理为基础的物流企业，往往通过系统数据库和咨询服务为客户提供物流管理或提供一定的人力资源。这种物流提供者不具备物流设施设备，如运输和仓储设施，只是提供以管理为基础的物流服务。

3. 提供综合物流服务的第三方物流企业

提供综合物流服务的第三方物流企业，自己拥有资产的同时，还有能力提供相应的物流管理服务，同时，它可以与利用其他物流服务提供者合作，相互利用资源，提供更多的增值性服务。

4. 提供临时物流服务的第三方物流企业

对于业务量波动较大的企业，在有辅助服务需求时，雇用临时服务是最有效的选择。临时性服务的优势在于满足企业的短期需要或对有特殊技能人员的临时需要，而又无须雇用长期固定员工。临时性物流服务能够缩减过量的经常性开支，降低大量固定成本，同时提高劳动投入的柔性，提高劳动生产率。

（三）按照所属的物流市场进行分类

1. 操作性的第三方物流企业

操作性的第三方物流企业，是指以某一项物流作业为主，这类物流企业一般擅长于某一项的物流操作。在自己擅长的业务上，具有成本优势，较低的成本往往是使竞争取胜的关键。

2. 行业倾向性的第三方物流企业

行业倾向性第三方物流公司又称行业性公司，行业性公司一般为满足某一特定行业的需求而设计物流公司自己的作业能力和作业范围。

3. 多元化的第三方物流企业

第三方物流企业所提供的一些相关性物流服务是多元化的，此种物流服务是综合性的，这些服务的增值能力也比较强。

4. 客户化的第三方物流企业

第三方物流企业对象是专业需求用户，此类物流企业是客户化的企业，此种物流服务企业之间竞争的核心是物流服务的质量而不是成本高低问题。

二、第三方物流企业的行业来源

当前，我国的第三方物流企业正面临着飞速发展的阶段，各种各样不同背景的企业逐渐把第三方物流作为新的增长方法或者是转型物流。通过国内外企业的一些实例实践可以明显地看出，第三方物流一般是从仓储业和运输业等行业发展而来的，它们是与物流相关的一些传统企业。

（一）起源于运输业（航运、公路、铁路、空运）

尽管没有具体的数据统计，但在市场上应该占最大比重的是从运输业方向发展的第三方物流。从国外企业的情况来看，UPS、FEDEX、TNT、DHL 等一些第三方物流是以陆运和空运为主的快运、快递公司发展起来的；马士基物流、美集物流等一些企业物流是从海运发展起来的。

中国目前也出现了和国外相类似的趋势，如以陆运为主的企业；如将第三方物流作为新的发展方向的大通、上海交运集团、广州交运集团等都是在国内有一定知名度的运输企业。

（二）起源于仓储企业

与运输环节相同，在物流活动中最重要的环节之一是仓储。所以，许多公司通过功能的延伸为客户提供了大量的综合物流服务也提供公共的仓储服务。在欧洲，由公共仓储业发展成为第三方物流企业的是 Exel 和 Tibbet & Britten。而我国的公共仓储业向物流企业有着比较明显的转变趋势，如从事第三方物流业务的上海商业储运公司成立上海商业物流公司。

（三）起源于货运代理公司

在西方有很多的企业，如 Emery、BAX、MSAS、Schenker、AEI、Circle 等都是从货代企业转型为现代物流的企业。因为电子商务环境的成熟和信息技术的发展，以往的货代企业提供简单信息服务的利润空间越来越小了，向第三方物流转型已经成为货代业发展热点，中外运物流就是在货代业务的基础上发展起来的。

（四）起源于托运人

这一类型的企业是从大公司的物流组织变化而来的。这些企业拥有信息技术和用于提供第三方物流服务的物流专业的知识及一定的资源。在国外，这种类型的公司有 IBM 物流（来自 IBM 公司）、Caterpillar 物流公司（来自 Caterpillar 集团）等。在中国，这种类型企业当前也在不断增多着，同时成为物流市场上最大的亮点。例如，在托运人从事第三方物流的典型案例来看就有好多企业，如海尔集团组建的海尔物流公司、美的集团组建的安得物流等。

（五）起源于财务和信息咨询服务公司

原本的集成商主要集中于建立系统，一些集成商会主动的提供有关电子商务、物流和供应链管理方面的工作，就是为了给客户增加更多的价值，这种类型企业有 Accenture、GE Information Services 等。在中国，招商迪辰软件系统有限公司以物流信息集成为主业的方式不断的尝试过为客户提供第三方物流服务，但由于各种各样的原因，这项业务一直没有得到更大的发展。

（六）起源于港口码头、铁路编组站和火车站、汽车站、航空货运站等

这种类型的企业因为终端作业的优点，所以将企业的业务延伸到运输和配送上。目前这种类型的企业的典型代表是 PSA（国际港务集团）和 CWT（迅通有限公司）。有着较大的物流项目的上海招商新港物流有限公司，它的总部 PSA 是从 1997 年开始在中国的内地投资物流企业。

（七）起源于电子分销商

开始进入物流增值服务领域也包括零部件分销商和增值服务分销商。它包括系统配置、EDI、货物跟踪、信息系统集成、库存管理等一些服务内容。其中比较典型的公司有 Arrow、Avnet、Synnex Techn、Serial Systems 等。其实这种类型的企业中国也有，如中国的电子分销商楷模英迈国际。

三、第三方物流利润源泉

第三方物流发展的推动力就是要为客户和自己创造利益和价值。第三方物流公司还必须以有极大吸引力的服务来满足客户需要，它们的服务水平必须满足客户的愿望，不断要使客户在物流方面获得利润，而且同时自己也要获得收益，所以，第三方物流公司必须通过自己物流运作的专业化、物流管理的信息化、物流设施的现代化、物流作业的高效化、物流量的规模化来创造利润。

（一）作业利益

第三方物流服务首要任务就是能为客户提供"物流作业"并获得利益。一方面，物流外包产生并获得发展的重要原因就是第三方物流公司可以利用第三方物流服务这项业务，从而向客户提供他们自己不能自我提供的物流服务；另一方面，是因为物流服务所需要的各种生产要素，在企业自行组织物流活动的状况下，可能是局限于自身的技术条件，也可能是局限

于组织物流活动所需要的专业知识技能，这都使企业的内部物流系统很难满足自身物流活动的需要，然而企业自行解决这一问题或自行改进又往往是不经济和不科学的。因此，物流作业的另一个改进方法就是提高质量和服务、速度和服务的一致性，完善企业内部管理的运作表现，改善物流服务所需要的生产要素，从而使物流作业达到更好的效率。

（二）经济利益

第三方物流服务存在的基础是：第三方物流服务与财务相关的利益；第三方物流服务为客户提供经济相关的条件。一般由于低成本要素和规模经济的经济性而创造的就是低成本，这其中包括的有劳动力要素成本。利用物流外包，不仅可以将固定成本转变成可变成本，而且又可以避免因为盲目的投资，而将资金用于其他不必要的用途，从而降低了物流成本。稳定和可见的成本也是影响物流外包的积极因素。但是其中的稳定成本的规划和预算手续，要比可见成本的规划和预算手续更为简洁方便。利用传统的成本核算方法，很难使某一个环节的成本与其他环节的物流成本清楚明白地区分开来，但是通过物流外包却可以做到。使用第三方物流服务，而且供应商要明确成本和费用，那么成本的明晰性就显而易见的增加了。

（三）管理利益

第三方物流服务给客户带来不仅仅是作业的改进和成本的降低，也应该给客户带来和管理相关的利益。正如上面内容所述，物流外包不仅可以将企业内部管理资源用于别的更有利可图的用途中去，而且还可以使用企业不具备的管理专业技能，并和企业的核心战略是相一致的。物流外包不仅仅是可以获得别的公司（第三方物流公司）的核心经营能力，而更重要的是使公司的人力资源更加集中到公司的核心活动当中去。

此外，像单一资源与降低供应商数目所带来的利润也是物流外包的潜在原因，单一资源不仅可以减少公关等费用，而且还可以减轻公司在几个运输、搬运、仓储等服务商间协调的压力。第三方物流服务可以给客户带来订单的信息化管理、避免作业中断、运作协调一致等很多的管理利益。

（四）战略利益

物流外包还拥有灵活性和重要的战略意义。不仅仅包括地理范围宽度的灵活性（设点或撤销），还包括根据内外部环境的变化而进行调整的灵活性。战略层次高度和集中主业在管理层次同样具有重要性，并且共同承担风险的利益也可以通过第三方物流服务来得到。

企业三大利润源

"第三利润源"学说是对物流潜力及效益的描述。人类历史上曾经有两个大量提供利润的领域。一个是资源领域，挖掘的对象是生产力中的劳动对象。一个是人力领域，挖掘的对象是生产力中的劳动者。第三个是物流领域，挖掘对象是生产力中的劳动工具的潜力，同时注重劳动对象与劳动者的潜力。

在生产力相对落后、社会产品处于供不应求的历史阶段，因为市场中的商品短缺，制造企业无论生产多少产品都能够销售的出去。因为要创造企业剩余价值，即"第一利润"，于是就大力进行设备更新改造、扩大生产能力、增加产品数量、降低生产成本。

当产品进入到市场当中，转为供大于求和销售产生困难的现象时，那么也就是第一利润达到一定极限，并且很难持续发展时，就要提高劳动生产率，降低人力消耗或者是采用机械化来降低劳动耗用，从而达到降低成本，增加利润的效果，这就是"第二利润"。

然而，在前两个利润源的潜力越变越小和利润开拓越来越困难的情况下，人们发现物流不仅是一个很好的新利润增长源泉，而且可以帮助扩大销售。所以这也正是物流冰山所具备的巨大利润空间的条件，也称作"第三利润"。

第三利润源即物流领域，随着市场竞争愈演愈烈的发展趋势。企业可以占有的市场份额也是有一定限度的，当达到一定限度不可以再扩大利润的时候，怎么寻找新的利润增长点，在这时候发现如果可以减少在企业成本中占据相当高比例的物流费用，就相当于说提高了企业的利润。因此这时候我们就已经开始把物流管理称为第三利润源泉。具体地说，企业的第三利润源在制造成本降低空间不大的情况下，降低物流成本，它的说法主要来源于日本。

"第三利润源"学说最开始是由日本早稻田大学教授西泽修提出的。1970年，西泽修教授在其著作《流通费用——不为人知的第三利润源泉》中提出物流可以为企业提供大量直接或间接的利润，是形成企业经营利润的主要活动。不仅如此，对国民经济而言，物流也是国民经济中创利的主要领域。后来"第三利润源"逐渐在其他的国家流传开来。

第三利润源的理论基于四个方面：

（1）物流是可以完全从流通中分化出来的，自成体系，有目标有管理，因而能进行独立的总体判断。

（2）物流和其他的独立经济活动一样，它不是总体的成本构成因素，而是单独赢利因素，可以成为"利润中心"。

（3）从物流服务角度看，通过有效的物流服务，可以给接受物流服务的生产企业创造更好的赢利机会，成为生产企业的"第三利润源"。

（4）通过有效的物流服务，可以优化社会经济系统和整个国民经济的运行，降低整个社会的运行成本，提高国民经济总效益。

资料来源：张庆英主编，《物流案例分析与实践》，2010.

第五节　第三方物流的价值及价值创造

一、第三方物流的价值

在中国物流市场的不断扩张，物流市场日益成为企业的第三方利润源泉之际，越来越多的企业开始关注自身的物流成本和利润。与此同时，第三方物流模式已经形成，它是一种独立于生产企业和销售企业的组织形式。根据它自身特点来说，第三方物流是在特定的时间段内、按照特定的价格、向使用者提供个性化的综合物流服务；是专业化、合同化、社会化的物流形式；是指由供方和需方外的物流企业提供物流服务、承担部分或全部物流活动的业务模式。

根据目前中国的物流市场来说，尽管第三方物流市场的发展起步较晚，还处在一个比较低的水平，但随着中国的入世，大批量的资金已经开始投注在物流领域，因为物流领域有着其他领域所不具备的新的价值：如帮助客户获得诸如利润、服务、价格、信息的准确性和真实性、供应速度，以及在新技术采用上的潜在优势，从而提供了专业物流服务的第三方物流模式，必然成为一个新的经济增长点。具体表现如下。

（一）成本价值

企业考虑把物流活动运作外包给第三方物流的最大驱动力是降低成本。因为企业不需要自己内部维持运输配送设备、现代化仓库等物流基础设施和相关员工来满足这些需求，可以直接将物流业务外包给第三方物流公司，以支付服务费用的形式获得物流服务，从而达到可以使公司的固定成本转化为可变成本的目的，对于业务量受季节性影响，变化较明显的公司来说意义更大。

一家第三方物流公司因为具有强大的购买能力及货物配载能力，可以从运输公司或者是其他物流服务商那里，得到比一般的客户更为廉价的运输报价；也可以通过自身广泛的结点网络实行共同配送，以降低配送成本，提高配送效率；还有一种方式是从运输商那里大量的购买运输能力，然后再集中配载不同客户的各种货物，大大地降低了单位运输的成本。

帮助企业提高顾客的服务水平和质量是第三方物流所追求的根本目标。企业根据第三方物流企业的结点网络和信息网络，能够提高订单的处理速度，快速反应顾客的订货要求，从而缩短从订货到交货的时间，满足客户对门到门运输方式的需求，实现货物的快速交结与付款，提高顾客的满意程度。

第三方物流通过先进的现代信息技术及通信技术，可以加强对在途车辆和货物的监控，便于发现和处理配送过程中的意外情况，保证订货及时、安全送到目的地，极大程度地实现对顾客的要求和承诺。产品的送货上门，退货处理，售后服务，废品回收等也可以由第三方物流企业来完成，保证企业为顾客提供稳定、可靠的高水平服务平台。

（二）风险规避价值

风险主要有两种：第一是投资的风险。对物流设施、设备及运作等巨大的投资，本身就是一种风险，同时，由于这些物流设施的波动需求，对物流管理能力相对低下，非常容易造成企业内部物流资源的闲置浪费，这也属于投资的风险。第二是存货的风险。企业由于自身配送速度的限制、管理水平和精力的限制，常常准备大量库存，目的是能对顾客订货及时做出反应，防止缺货，实现快速交货。然而存货要占用大量流动资金，随着时间的推移，存货的变现能力会减弱，从而造成巨大的资金风险。这就是企业如果自己运作物流，所要面临两大风险。

假如企业利用第三方物流的配送及运输网络，根据它的管理控制方法与能力，不仅可以提高响应顾客的速度；缩短存货的流动周转时间，从而可以减少企业内部的安全库存量，减少资金风险；或者把企业的一部分风险分散出去，和第三方物流企业来共同承担。

（三）提升竞争力价值

鉴于越来越细的专业化分工，企业做不到每个方面都考虑周全，任何的企业都会遇到自身资源短缺的情况。所以，如果物流运作不是企业的核心业务的话，应该把物流运作外包给第三方物流企业来承担，这样有利于企业专注于自身的核心能力，提高企业的竞争力。

（四）社会价值

除了独特的经济效益外，第三方物流还拥有一个价值是大家容易忽略的，就是它的社会价值。

当今，中国经济发展速度由逐渐加快到趋于新常态的过程中，环境遭到了不同程度的破坏，而第三方物流可减少能源消耗，减少汽车废气排放量和噪声污染等，有利于环境的恢复与改善，促进经济的可持续发展；可将社会的许多闲置物流资源进行有效整合、利用，也有助于缓解城市交通压力。因此，第三方物流的成长和逐步完善可带动中国物流业的又好又快发展，对中国经济转型、产业结构的调整和优化有着重要的意义。

二、第三方物流如何创造价值

第三方物流供应方需要思考的问题是，如何能提供比客户自己进行运作更高的价值。第三方物流不只要考虑到同类服务提供者的竞争力，同时还要考虑到潜在顾客的内部操作及第三方物流服务提供者创造价值的一系列价值源泉（包括上一节提到的四个方面）。如果所有的第三方物流企业都可以提供相同水平的物流服务，那么不同企业之间的差别就主要体现在物流运作资源的经济性。如果财务能力可以无限加大，那么任何一家企业都可以自己获得所有资源并能够运作得很好。但是，财务能力毕竟有限，所以，物流服务提供者和他们的客户（物流服务需求者）之间存在的差别就是，物流服务的可得性以及他们的表现水平；他们的不同就在于，在客户公司里，物流不是核心业务，仅仅是众多业务领域中的一小部分，而在物流公司内，核心业务就是物流运作。这样，假如给定相同的资源，物流服务提供者就可以比顾客公司在作业过程中更多的得到资源和相关技术。在这样一个经济环境下，使物流服务供应方注重在物流上的投资，从而可以在不同方面为顾客创造价值。这也是所谓的"战略核心理论"。

物流供应方创造价值主要体现在以下几方面。

（一）运作效率

物流服务供应商为顾客创造价值的基本途径是达到比客户自营物流更高的运作效率，并且可以提供比较高的成本服务比。运作效率提高就意味着要对各个最终形成物流的单独活动进行开发（如运输、配送、仓储等），例如，仓储的运作效率决定于是否有足够的设施与设备以及熟练的运作技巧。一般情况下，它的成本驱动是要素成本（单位产出的低成本）和确定对特定活动的重视，例如，对管理的重视。一般来说，管理上的重视对服务和成本有正面的影响，因为它激励其他要素维持较高水平。在运作效率范围中的另一个更加先进的作用就是获得物流的作业效率，也就是可以协调连续的物流活动。除了作业技能外，物流运作还需要协调技能和沟通技能。协调和沟通技能在很大程度上与信息技术有显著相关性，因为协调与沟通通常是通过信息技术这一工具来实现的。如果成本因素存在优势，而且公司的核心业务都集中在物流方面，那么以低成本提供更好的服务是非常有可能的。

（二）客户运作的整合

引入多客户运作或者说是在顾客中分享资源时带来增值的一个重要方法。例如，多个顾客整合的仓储或者运输网络，顾客运作能利用相似的整合起来的资源。整合运作可以带来规模效益，可以取得比单独利用各项资源更高的价值。但是，整合运作的复杂性极强，需要更高水平的信息技术与技能，拥有较大物流量的大客户也会投资协调和沟通技能（信息技术技能）以及其资产。无论是运输还是仓储网络，由单个客户进行内部运作都非常不经济，而整合的增值方式目前比较适用于第三方物流模式。其所表现出的规模经济的效益是递增效益，如果运作效果好，将形成更强的竞争优势以及更大的客户基础。

（三）横向或者纵向的整合

运作效率和客户运作的整合是两种基本的创造价值的方法，注重的是尽量把内部的运作外部化，就完全是针对内部运作进行的。这是第三方物流的内部创造价值的重要一步，就像第三方物流的业务是由顾客运作的外部化驱动引起的。

纵向整合，或者说发展与低层次服务的供应商关系，是创造价值的另一种方法。在纵向整合中，第三方物流提供商注重的是核心能力的服务，或者是购买具有成本与服务利益的服务。根据第三方物流提供商的特征，单项物流功能能外购或者内置。

横向上，第三方物流提供商可以结合相类似的但不是竞争的公司，例如，为了增加为客户提供服务的地域覆盖面，可以与不同类型不同地区的物流企业合作。这种类型的物流供应方无资产，主要是以管理外部资源为主的第三方物流服务提供商。内部资产的减少以及从规模和成本因素改进获得利益是此类物流公司发展的驱动力。此类公司为客户创造价值的技能是强大的现代信息技术（通信与协调能力）和作业技能。作业技能是概念性的作业技能，而并非功能性的作业技能，因为对这类公司的作业技能来说，主要的问题是管理、协调和开发其他运作技能和资源。

（四）发展客户的运作

物流服务提供商为客户创造价值的最后一条途径是，在物流方面拥有高水平的运作技能。运作技能使物流服务提供商具有独特的资本。所谓高水平运作技能（概念上的技能）是将客户业务与整个物流系统综合起来进行分析、设计等的能力。物流服务提供商应该具备这样的特质，即使他们的员工在物流系统、物流方案和相关信息系统工程的开发、重组等方面具备较高水平的概念性知识。此种创造价值方法的目的是，通过发展客户公司的运作获取价值，而不是通过内部发展。这类物流服务提供商要做的工作，基本接近传统意义上物流咨询公司，有所不同的是，这时候所提出的解决方案要由同一家公司来开发、完成并且运作。

上述增值活动中的驱动力，在于客户自身的业务过程。所增加的价值源于供应链工程与整合，此种类型的活动能够以不同规模和不同复杂程度来开办。在客户所属的供应链中创建单一的节点（例如，生产或组装地）或单一链接（例如，最后一公里配送）是最简单的办法。这也就意味着供应方运作、控制、管理着节点和连接内外两个方向上的物流。如果将整个供应链综合考虑，则更容易产生更多的价值。除了作业和信息技术方面，这些活动需要的技能包括分析、设计及开发供应链的能力；对物流和客户业务的高水平创新性概念洞察的能力。

物流运作的专门化是指使第三方物流公司在专门技术和系统领域内超越最具有潜力的客户的能力，因为客户要分配资源和同时关注其他几个领域，物流运作并非他们的核心业务。而对于物流行业来讲，物流业的优秀人才是其主要资源。这类优秀人才被专注于或投资于物流业的公司所吸引。将更大规模的物流运作提供商与个体运作相比较，第三方物流公司开发增值物流系统是可取的。一般情况下，通过与同一系统上多个客户的运作，供应商可以以最低的费用提供最高水平的物流服务，一体化整合使其减少运输费用成为可能，并可以抵冲资金流量的季节性和随机性变动。这种现象说明，供应商的战略，实质上应该是提高物流服务水平的竞争而不是价格上的竞争。

三、第三方物流产生创新价值

一般来说，传统物流企业的收益是完全被动的，基本上来源于储运业本身。但第三方物流不再满足于此，而是积极主动地参与客户企业的价值创新以求最大的利润。因为他们之间存在着合同关系，具有利益一致性特征。扩大经营规模、降低总成本是双方的共同目标。为实现更大的物流规模，第三方物流企业有着不断创造需求的内在动力。

创新包括新技术的研发或利用、新产品的推广、新市场的开发或者市场出现新组织形式，对于第三方物流企业而言，创新物流就是要对物流活动进行重新整合，打造新的物流服务理念，创造新的物流功能。马克思说"物品的使用价值只是在物品的消费中实现，而物品的消费可以使物品的位置变化成为必要，从而使运输业的追加生产过程成为必要。因此，投在运输业上的生产资本会由于部分运输工具的转移，部分运输劳动的价值追加，把价值追加到运输的产品中去。后一种价值追加，就像在一切资本主义生产下一样，分为工资和剩余价值。显然，第三方物流已经成为一个为生产、交易以及消费提供服务的增值因素，不再是一个简单的成本因素，第三方物流创新的重点就是创造新的追加价值。第三方物流突破了传统物流对物流服务内容、物流功能的理解，认为在物流过程中，物流实体、物流信息、物流管理活动这些有形或者无形的活动是不可分割的整体，但是，却可以把这些活动进行不同整合和不同的运作。

第三方物流企业通过对物流功能创新，创造了商品的新价值。从第三方物流企业的功能分类看，它不但包括物流实体公司，而且包括一些价值创新型企业，如物流管理公司和物流技术公司。第三方物流企业的主要功能如下。

（一）提供基本的仓储和运输服务

如在公共仓库和普通货运公司，是以资产密集和标准化服务为标志。第三方物流企业通过对货主企业物流的优化整合，以达到降低物流成本费用，增加商品价值的目的。

（二）提供仓储和货运管理等增值服务

第三方物流企业可为客户提供集货、分拣包装、配送、条码生成、配套装配、挂标刷标，还可为客户选择承运、协议价格，安排货运计划、优选货运路线和货运监测等服务。这些功能都是通过对物流过程中追加劳动投入，增加了商品的价值，创造了第三方物流企业和货主企业新的利润来源。

(三) 提供一体化物流和供应链管理服务

第三方物流为客户提供需求预测、客户关系管理、自动订单处理、存货控制和返回物流支持等服务。这些创新型物流活动已经深入到货主企业供应链的内部，它们通过对客户的各种增值服务，不但创造了物流企业的需求，还巩固了货主企业和消费者的长期关系，扩大了商品的市场需求，创造了物流的服务价值。

第三方物流的创新价值呈现增长性，竞争的激烈和技术的进步是第三方物流创新的压力和动力。第三方物流在发展的初期，市场竞争程度低，规模小，物流的专业化不强，物流的信息化作用还没有得到充分的发挥，它主要进行物流实体服务，很少进行物流价值创新。随着物流市场和市场竞争压力的增大，物流技术水平的提高以及第三方物流企业的专业化、信息化程度越来越强，很多先进的第三方物流企业率先涉足物流的创新型增值服务。随着物流功能的扩展和供应链管理意识的增强，第三方物流企业越来越深入的参与到货主企业物流管理中，参与到价值链的创造过程，它们与货主企业之间结成利益共同体，关系更加紧密。因此，第三方物流企业的创新价值贡献也越来越大。由此可见，在经济全球化和技术信息化、网络化以及竞争日益激烈的环境下，第三方物流创新价值的经济性会越发突出。

四、第三方物流对工商企业的价值贡献

物流被认为是继原材料、加工之后的第三利润源泉，也越来越受到各方的关注和重视。而第三方物流公司如何发展和完善，如何挖掘第三利润源，已成为每一个物流公司重点关注的问题。通过对中国物流业发展状况的观察，结合虹鑫物流公司的运作实践，分析第三方物流对工商企业的价值贡献。

(一) 虹鑫物流公司的战略定位及发展

虹鑫物流公司是一家民营股份有限公司，成立于 1998 年，现有员工 700 多人，第三方物流的发展是其战略定位。自 1998 年成立，经过多年不懈努力，有了可喜的成就，成为上海最具发展潜力、最具活力的第三方物流企业之一，究其原因，有以下几点：

第一，虹鑫物流公司的业务呈现出多元化发展势头，业务范围广泛，涉及超市物流配送、分拣、理货、商品贸易代理、包装、物流方案设计、仓储管理（包括全国各地 RDC 管理）以及长途运输管理等。仅在上海地区就有 100000 多平方米的物流配送仓库，并在广州、武汉、重庆、西安、北京等地设立了分支机构。已具备为多家超级市场、大卖场、便利店配送的能力。按照客户的销售及订货要求，及时准确地将货物配送到位，确保客户的产品不断货、不脱销。虹鑫物流已发展成一家专业、高效的综合物流服务供应商，服务的行业包括快速消费品行业、汽车行业、家电行业、化工行业、机械行业、建材行业和金融行业等，其中 30％的客户为世界 500 强企业。虹鑫物流发展速度很快，并取得了可喜可贺的成绩，2003 年被中国物流与采购联合会命名为"中国物流实验基地"；2004 年荣获首

批 26 家物流行业 3A 认证；2005 年荣获中国物流企业综合实力百强企业；2007 年被评为企业信用评价 3A 级信用企业。

第二，虹鑫物流有一支优秀的管理团队，其中还包括很多资深物流专家。高层管理人员中有 80% 来自跨国集团及知名企业，这不仅为虹鑫物流带来了现代管理理念和先进的企业经营及物流运作经验，还为虹鑫物流公司的长远发展提供了可靠的人力资源保障。

第三，虹鑫物流的企业管理、物流管理水平已与国际接轨。2000 年通过了 ISO9001 国际质量管理体系认证。公司各项管理制度日趋完善，大大提高了市场竞争力。完善的 KPI 考核体系，让客户及时掌握服务质量指标；公路、铁路、水路运输以及仓储管理、国际货运代理，全部实现门到门全程配套服务；快速反应突发事件，灵活多样的处理方法，把突发事件造成的不良影响降至最低。2002 年 7 月，在美国某著名公司的物流项目竞标中，虹鑫物流公司从国内外 17 家著名物流企业的竞争中脱颖而出，成为唯一的承运商。该项目的中标，不仅为企业带来了每年数千万元的营业额，也使虹鑫物流跨入了物流的巨无霸项目——汽车行业，它充分展示了虹鑫物流的物流管理水平和实际操作能力。

第四，虹鑫物流的信息管理系统也实现了同客户系统的连接、信息共享，客户可以实时地掌握运作动态。全年 365 天全程订单跟踪，及时反馈在途信息和收货信息。

（二）资源整合带来价值贡献

虹鑫物流之所以能取得快速发展，其中一个重要的原因是，认识、理解到第三方物流的价值贡献，并努力去实践和创新价值。第三方物流的价值贡献是什么、如何去实现对工商企业的价值贡献，可归纳为"两个整合"和"三个效益"。"两个整合"是指物流资源整合和物流流程整合；"三个效益"是指提高销售量与市场份额、降低物流成本、帮助生产企业减员增效。

第一，物流被认为是第三利润源泉，现实情况是，许多工商企业还未真正认识到这一点，或者尚未去挖掘开发这个第三利润源，可能是因为企业体制、经营机制、企业改革等种种因素。工商企业分别自己进行物流运作，造成仓库设施、运输车辆、业务管理人员等各项资源的分配不合理，很多企业的物流人员处于下岗的危险境地，很多企业的仓库、运输车辆利用率低，资源浪费严重。因此，第三方物流企业可以帮助工商企业解决以上问题，去整合他们的物流资源，提高物流设备利用率和劳动生产率，挖掘第三利润源。虹鑫物流通过对这些企业资源的整合，取得了双赢的目的。如上海某染料公司有 17 位职工、7 辆运输车，一年亏损额达 80 多万元。通过整合，虹鑫物流接收了他们的工作人员，承担了该公司的运输业务，该公司的运输费从 300 万元降到 270 万元，如此下来，该公司相当于增加了 110 万元左右的利润。

第二，优化物流流程，提升管理水平，原因是它尚未改变传统的"各管一段"的管理模式，无论是企业物流，还是社会物流流程都被人为切断了，物流的各环节之间，企业内部与外部的物流之间、地区之间、行业之间同样被切断，物流的纵向或横向也被分割切断了，这不利于物流过程整体的效益发挥。现代物流区别于传统物流最显著的特征是系统化和一体化，第三方物流公司通过取得工商企业、其他物流公司，如运输储存企业的支持和配合，积极地整合物流流程，从而改变了分割的局面，实现了系统化、一体化物流。

虹鑫物流的实践经验证明，第三方物流公司积极进行物流流程整合，是发展现代物流的客观要求，也是第三方物流公司的竞争力和生命力所在，同时还能够实现与工商企业双赢的目的。如武汉某速食品集团公司，客户与销售物流是分开管理，物流运作也是分散进行，其结果就是成本高、效率低，及时性、准确性都大打折扣，而通过虹鑫物流的参与整合，该集团的物流成本大幅下降，送货及时性与销售量明显提高。

（三）服务理念创新和能力提升

第一，以提高客户满意度为核心是重要的物流服务竞争战略，一切服务活动都要围绕客户的要求展开。这里所说的客户范围呈现一个网链结构的特征，是根据供应链管理原理进行划分的。即把客户、客户的供应商以及客户的客户都作为服务对象、研究对象。在开拓市场、发展新客户的同时，很多客户认识不到虹鑫物流能为自己带来多大的利益，仅仅认为虹鑫物流就是单纯地为了获得服务费而前来洽谈，虹鑫物流的工作人员会在展开业务洽谈之前，把自己的目的和能为客户带来的利益讲解清楚，让客户了解到虹鑫物流的参与可以帮助其降低成本，建立更有效的物流系统来提高销售量，实现双赢。这样的出发点与服务观念，感动新客户，使新的交易合同顺利签订。

第二，以客户的需求为准则，开展一系列个性化客户服务，即物流后勤一揽子服务。现代物流的本质是服务，物流服务质量是第三方物流企业的生命力。所以，只要是客户需要的，在不违背规章制度的原则下，虹鑫物流都会尽力做到。

第三，坚持"双赢"的原则与客户合作，来建立长期稳定的战略合作伙伴关系。在物流服务和增值服务过程中创造价值，与客户共享，实现物流企业利益与客户企业利益的一体化。树立与客户长期合作的思想意识，配备和整合设备设施以及专业人员，来切实为客户解决物流业务中的实际问题。

第四，建立和健全物流信息管理系统。为了使物流各环节和各项功能相互衔接，提高效率，必须建立一个快速传递和处理物流信息的信息管理系统，这是整个物流系统良性运行的中枢神经和重要保障。

第五，加强优秀的管理团队建设，把物流专业人才的培养作为公司常规项目，适当从其他企业或者高等院校引进高端物流人才。当今现代企业间的竞争是人才的竞争。不仅要引进高素质人才，更要留住人才，减少人员流失。所以，要合理使用人才，确立合理的薪酬激励制度、确保良好的福利保障和其他各项激励机制来留住人才；为员工设计个人职业生涯发展计划和设置合理的进步空间，强化员工前进的动力；建立健全员工培训制度，不断优化员工的知识结构并提高员工的科技、文化与管理素质。

（四）管理型物流企业发展空间巨大

虹鑫物流的发展没有追求高速，而是在经验和资本的积累过程中稳步发展起来的，起初，虹鑫物流就没有进行较大投资，没有建物流基地、添置各项物流硬件设施。红心物流的做法可以从以下两点解释：一是利用社会资源，社会物流资源大量闲置，利用率很低，完全可以通过整合提高利用率。如虹鑫物流租赁配货仓库（物流中心），运输车辆等各种物流设施设备；二是把公司类型定位在管理型（不需要拥有大量的物流设施设备）第三方物流企业上，这是发达国家的一种常见模式。这种做法对公司的发展和社会资源利用率的提高更有意义，一方面可以充分利用社会现有的物流资源，实现资源共享，提高社会物流资源利用率，总体上降低物流成本，增加第三利润源；另一方面又可以精简组织机构，避免公司组织机构的臃肿庞大，降低企业成本，提高企业管理水平；再者，有利于虹鑫物流集中精力专注于优质的客户服务体系建设，专注于快速化、准时化、精细化的物流系统和物流信息管理系统的建设，专注于供应链上下游战略合作伙伴关系的建立和管理，这些都是第三方物流企业核心竞争力的标志，是虹鑫物流的生存、发展之道。

五、第三方物流的外部经济性

（一）从生产企业角度来看

第三方物流的产生是生产企业为了集中搞好核心业务，把原来属于自己处理的物流活动，以合同的方式委托给专业物流服务企业来做，同时通过信息管理系统与物流服务企业保持密切联系，以达到对物流全程的管理和控制的一种物流运作与管理方式。

生产企业选择物流外包的动机是节省物流成本和提高市场竞争力。生产企业和第三方物流企业之间是一种优势互补的战略联盟关系，第三方物流企业利用其规模优势和专业化优势对物流系统进行整合调整，从而达到整体最优和物流总成本的最低。生产经营企业一方面减少了物流成本，另一方面由于物流外包，达到了节省资金、人力资源和其他各项资源的目的，并可以集中精力发展企业主要业务，以增强核心竞争力。核心竞争力的提高又能使生产企业提高市场占有率，增强市场控制力，从而提高生产经营企业的利润。这些利润的增加不需要货主企业付出额外的费用，是由于物流费用的节约和核心竞争力的增强而实现的。由此可见，第三方物流对货主企业来说意味着较强的外部经济性。随着第三方物流企业的发展和完善，物流运作能力的提高，货主企业将更多地把物流业务外包出去，第三方物流带来的外部经济性也会变得越来越大。

（二）从专业化分工的角度看

第三方物流有利于提高社会效益。随着经济的快速发展，生产规模的扩大，商品变得极大丰富。销售量的增加在带来经济利润的同时，使物流活动也变得频繁，在此背景下，产生了商流和物流的分离，从而提高了物流效率，解决了企业内部运输费用和生产规模"二律背反"的矛盾，促进了运输、仓储业的发展，也使生产经营企业内部职能专门化，节约了企业的物流费用，提高了企业的生产效率。

从社会分工发展的规律来看，内部分工协作的发展必然会扩展到外部，从而形成新的社会分工。从发达国家物流产业的发展看，当第三方物流规模达物流市场的一半时将会形成物流产业。第三方物流的发展促使整个物流产业生产效率的提高，会带来巨大的社会效益。一方面，第三方物流的发展对经济增长和社会就业产生了直接影响。物流的发展促进投资的增加，从而带来经济的增长。中国香港、上海、阿姆斯特丹、旧金山都是以发达的物流业吸引大量的投资从而促进经济增长的典范。例如，在日本 20 年左右的时间内，物流业每增长 26 个百分点，经济总量就会增加 1％；1999 年，美国前 20 名第三方物流服务企业净收入达 93.4 亿美元；在欧洲，20 世纪 80 年代末期物流业每年提供的新就业机会年增长 35％，进入 90 年代基本保持在年平均 20％的水平上。另一方面，通过发展第三方物流，可以在很大程度上提高运输效率、减少车流量，从而来减少运输能源消耗，缓解交通压力、减轻交通拥堵，减轻环境污染，促进社会持续发展。例如，在物流发达的德国，通过第三方物流，运输效率提高 80％，车流量减少 60％。

（三）从消费者的角度看

第三方物流的发展会给消费者带来福利。物流是连接生产、销售和消费的纽带，物流服务要求在合适的时间、合适的地点把合适的产品以合适的方式和合适的成本提供给消费者。它一方面要满足生产销售企业对成本和利润及客户满意度的需求，另一方面要满足消费者对产品获得及时性，质量安全性等的需求。由于第三方物流降低了货主的物流成本，使商品总成本降低，货主企业就可以以较低的商品价格出售给消费者，从而使消费者用较低的支出获得与原来一样的商品，增加了消费者剩余，提高了消费者的福利水平。调查表明，第三方物流降低商品成本的效果相当可观，瓮福集团 2009—2011 年通过磷矿石外包运输节约单吨物流成本 10 元，年节约金额 1500 多万元；铁路集装箱对物流运输成本单吨产品 22～58 元，年节约金额 1200 万元左右。据研究，在美国，如果不通过第三方物流而采用自营物流，物流平均成本将占到商品总成本的 30％～50％。物流外包后，物流平均成本仅占商品总成本的 14.8％，可见消费者的福利水平因为第三方物流的发展得到了极大的提高。再者，由于第三方物流能够及时提供高效的客户关系管理服务，加深了与消费者良好的沟通和交流，因而能为消费者提供更多的便利，协助解决出现的商品问题，提高消费者的消费质量。

六、第三方物流经济性启示

从第三方物流的发展可以看出，第三方物流的经济性潜力较大、增长率高。生产经营企业只要及时做出正确的决策，就能尽早获得期望收益。发达国家较早采用第三方物流，已经获得了很大的收益。在欧洲，43％的企业实现了采用外部物流资源和服务的模式，大大降低了企业在物流方面的投资，使企业固定成本变成可变成本趋于最小化，增强了企业的核心竞争力。

我国早已具备了发展第三方物流的条件。第一，我国综合经济实力明显增强，围绕物流信息交流、管理和控制的技术得到了广泛的应用。第二，随着我国加入 WTO，外资企业的大量进入，一方面，外资企业有强烈大量的物流需求；另一方面，国有企业降低物流成本以提高竞争力已迫在眉睫，同样也形成了巨大的物流需求。第三，已有一个庞大的物流设施系统，特别是交通运输与仓储设施设备已经比较齐备。我国第三方物流的发展仍然有很多地方不尽如人意，需要完善，第三方物流在物流市场中的比重不足 20％。生产经营企业物流成本长期居高不下。尤其是冷链物流在我国的发展滞后，冷链断裂问题相当严重，导致商品变质，不仅影响企业的效益和信誉，更加影响消费者的身体健康。出现这种状况固然与我国第三方物流的规模小、物流能力差有关，更深层的原因是长期以来企业受"大而全""小而全"的经营理念和条块分割的物流管理体制的约束，对第三方物流缺乏正确的认识。企业的观念仅仅停留在第一、第二方物流的狭隘意识上，把原应由第三方物流企业承担的物流业务进行自营，致使第三方物流的市场规模太小，经济性得不到应有的发挥。关于冷链物流的问题还有一个重要原因是对于低成本高利润的追求导致市场诚信缺失，宁愿商品变质，也不愿意采取相应措施或者选择第三方物流来进行冷链运作。要改变目前这种现状，必须对以下几个方面的问题有一个清醒的认识。

（一）发展核心竞争力

第三方物流是依据经济全球化、信息化和企业竞争战略的要求而产生的，在市场竞争日益激烈的情况下，核心竞争能力已成为企业生存和发展的关键问题。这就要求企业将资源和能力集中的掌握在关键技术、核心业务和市场控制能力方面，而在物流管理等非核心业务和技术方面，则采取利用外部资源和服务的方式，通过对利用第三方物流，使企业的组织结构得到发展，企业能够集中资源和能力来提高自身的核心竞争力。为适应经济全球化的潮流，中国企业的竞争战略也应该往核心竞争力方向转移目标。对于大多数企业来讲，物流资源和物流整合能力比较差，物流业务属非核心能力，应该采取外包形式。企业要摒弃过去那种"大而全，小而全"的经营理念，尽早采用第三方物流企业来运作。

（二）改造传统物流

现代第三方物流大都由传统的运输、仓储企业转化而来，传统物流是第三方物流发展的基础。在中国，很多第三方物流企业有名无实，名义上是第三方物流，但是没有第三方物流应该具备的设施设备，管理能力等各项指标，还处在传统物流阶段，因而对传统物流的改造极为重要。传统物流转化为符合现代物流要求的第三方物流存在着障碍。第一，思想意识障碍。对物流理论、增值服务不了解或了解甚少，满足于提供分割的功能服务，不接受第三方物流。第二，物流信息服务障碍。在传统物流企业中使用信息管理系统的为数不多，许多企业内部的信息处理还是手工操作，无法提供物流信息增值服务。第三，物流专业化的人员障碍。很多高等院校和培训机构为社会培养了大批具有物流专业知识的人才，但是，所培养人才普遍反映所学知识与工作实际需要脱钩，可能原因有两个：一是高校物流管理专业的课程设置存在问题，没有充分考虑社会的真实需求；二是物流企业发展缓慢，还处于初级阶段，不需要太高端物流人才，更多的聘用了知识文化层次较低的人员，更加不利于企业的发展，因此形成恶性循环。第四，物流设施设备的障碍。缺乏所需设施设备，尤其是信息系统的建设严重滞后甚至有些企业没有进行信息系统建设工作。传统物流向第三方物流转变必须克服这些问题。首先，要根据第三方物流的基本要求，制定相应的战略，在战略的指导下，通过内部资源的整合运作，加强员工培训，加深对现代物流观念的认识和理解；加强基础设施的投入，特别是信息系统的建设，创造开展增值服务的条件。其次，借助社会资源、外部力量带动传统物流向现代第三方物流转变。利用现有从事某环节物流功能性服务的条件，与有经验、有实力的第三方物流企业合作开展物流服务。通过学习，提高物流整合能力，不断超越自己，根据转化的不同阶段、不同内部障碍及不同的目标，分别采取内部自主转化和外部带动转化相结合的方式实现传统物流向第三方物流的转化。

（三）第三方物流的经济性是一个整体的观念

第三方物流经济性并不是对每个企业都经济适用，在实际运作中，选择第一、第二方物流还是选择第三方物流，取决于企业的决策标准和自身的物流能力。第一，从竞争战略的角度看，对渠道的控制力所提出的要求是最重要的决策标准。对于一些知名品牌，如国外知名的耐克、戴尔、沃尔玛和麦当劳以及中国的海尔、美的等企业，具有极强的渠道控制能力，物流整合能力较强，企业内部物流管理系统先进，物流能力已成为企业核心竞争力的一部分，往往倾向于选择自营物流体系。第二，从企业竞争策略的角度来看，最重要的决策变量有两个方面。一是看能否提高企业运营效率，二是看能否降低企业运营成本。因而选择第三方物流的前提，就是看第三方物流能否达到企业要求的服务水平。第三，看物流在企业供应链中的位置及产品自身的物流特点。一般来说，生产企业对渠道或供应链过程的控制力比较强，往往倾向于选择自营性物流公司。而大宗工业品原料的回运、鲜活产品的分销、全球市场的分销等宜采用第三方物流公司。

（四）发展第三方物流是一项系统工程

发展第三方物流是一项系统工程，仅仅依靠企业自身的努力还远远不够，需要得到政府和相关部门的大力支持。因而要积极发挥政府在第三方物流建设中的作用，避免第三方物流发展过程中有制度上的障碍。按照国内统一市场提出的要求，改革条块分割的物流管理体制，打破物流业务范围、行业、地域、所有制等方面的壁垒。维护物流市场正常的秩序，促进物流市场的公平竞争。鼓励物流企业的整合与兼并，提高物流企业的整体竞争实力和规模经济。

实训题

调查周边第三方物流企业

一、实训目的

通过对本章内容的学习，使学生掌握第三方物流企业的不同类型，明白不同的第三方物流企业具有不同的功能和作用。能根据客户的具体情况详细分析，不同类型的第三方物流企业适合的地区和合适的客户，并对结果的可行性进行论证分析，将所学知识进一步运用到现实企业中。

二、实训要求

1. 实训时间：两周提交设计方案相关材料。

2. 根据内容合理进行人员分工和任务分配。

三、实训内容

以小组为单位，每个小组 3～6 人，把所在地区分为 6～8 个分区，每组负责一个分区，了解分区第三方物流企业的类型和特点。根据结果分析第三方物流企业和地理因素、客户类型的关系，得出提升第三方物流企业综合实力的途径。实训具体内容包括以下几个方面：

1. 以小组为单位提交调研结果。

2. 第三方物流企业背景材料与物流需求分析。

3. 小组总体设计改进路径及相关论证材料。

4. 第三方物流能力提升路径的技术性和经济性分析。

5. 方案持续改进的具体措施。

四、考核办法

1. 根据小组的总体设计情况进行综合评分，给出设计分。

2. 根据各小组成员的任务量和完成量及完成效率进行排名，分别打分。

3. 小组各成员的成绩以综合成绩为准。

习题

一、单项选择题

1. 第三方物流的特征不包括（　　）。

A. 成本最低化　　　　B. 功能专业化　　　　C. 服务个性化　　　　D. 信息网络化

2. 以下（　　）是属于第三方物流利益的来源。

A. 作业利益　　　　B. 成本利益　　　　C. 销售利益　　　　D. 超额利益

3. 第三方物流比较成本优势来源不包括（　　）。

A. 规模效益　　　　B. 系统协调　　　　C. 工作人员水平　　　　D. 专业化

4. 我国的第三方物流企业主要来源于（　　）。

A. 运输业

B. 仓储企业

C. 港口码头、铁路编组站和火车站、汽车站、航空货运站等

D. 以上都是

二、多项选择题

1. 供应链是指产品的生产和流通过程中所涉及的（　　）、生产企业、（　　），以及其他用户等所组成的网络体系。

A. 原材料供应商　　　　B. 零售商　　　　C. 批发商　　　　D. 最终用户

2. 第三方物流有关系契约化、（　　）的特征。

A. 服务个性化　　　　B. 管理系统化　　　　C. 信息网络化　　　　D. 运输最优化

3. 第三方物流企业根据其服务内容和服务对象的多少，可以分为（　　）。

A. 针对少数客户提供低集成度物流服务的第三方物流

B. 同时为较多的客户提供低集成度物流服务的第三方物流企业

C. 针对较少的客户提供高集成度物流服务的第三方物流企业

D. 同时为较多的客户提供高集成度物流服务的第三方物流企业

三、判断题

1. 第三方物流是指由物资提供者自己承担向物资需求者送货，以实现物资空间转移的过程。　　　　　　　　　　　　　　　　　　　　　　　　　　　　　（　　）

2. 第三物流为客户提供"物流作业"改进利益属于作业利益。　　　　　　　（　　）

3. 物流系统总成本包括显性和隐性成本，隐性成本指定单处理与信息服务等方面。（　　）

4. 一般来说，第三方物流比自营物流具有比较成本优势。　　　　　　　　（　　）

5. 第三方物流可能带来服务质量的降低和成本的提高。　　　　　（　　　）

四、名词解释

1. 第三方物流

2. 第三方物流价值创造

五、论述题

试述第三方物流与一般物流的区别。

六、案例分析

五粮液安吉物流集团公司发展历程

作为行业内领先的专业第三方物流企业来说，五粮液安吉物流集团公司在多年来发展壮大的道路过程中，成功实现了三次大的跨越：1996 年 4 月，从一个汽车队发展壮大成为五粮液汽车运输公司，公司第一次获得了独立的法人地位，变成一支服务于五粮液酒厂的货运车队，成功实现了第一次的飞跃；2002 年 12 月，从五粮液汽车运输公司发展成为五粮液安吉物流公司，公司踏上了由传统道路运输企业向现代物流企业转变的路程；2005 年 8 月，公司组建成立了宜宾安吉物流集团有限公司，公司按照组织结构扁平化的原则对原有机构进行重新调整，形成一支精干高效率的队伍，增强了对市场的灵敏反应能力，成功完成了第三次的飞跃。

那么，宜宾安吉物流集团有限公司是如何从一个普普通通的汽车队发展成为了行业内闻名的第三方物流公司的呢？它的三次成功飞跃给正在向第三方物流转型的国内物流企业提供的经验有哪些？

宜宾安吉物流集团有限公司现在有员工 1300 人，固定的资产是 2.8 亿元。公司拥有各型运输车辆，起重、装载及工程作业等机械 1000 余台，各型标准车用集装箱 350 个，货物仓储面积达 5 万平方米。2005 年公司实现产值 5.6 亿元，2006 年公司实现产值 9.2 亿元左右。宜宾安吉物流集团有限公司下设 14 个子公司：根据不同的业务范围分别设有 6 个汽车货物运输公司；另设有安吉物流仓储部、安吉物流神舟运业有限公司、安吉机械制造工程公司、安吉物流港务公司、安吉物流航运公司、安吉物流商贸公司、安吉畅安驾驶学校等。从而呈现出了多种经营的良好新局面。

除了设立不同类型的分公司之外，为了能更好地给客户提供一站式、整体优化的物流服务，公司加速规划物流园区的建设。其所在新都物流园区的配送中心占地 66 亩，投资近 1.5 亿元，具备专线仓库操作平台，GPS 定位系统等现代化设施设备。公司已经申报并取得了宜宾市首家国际货物运输代理的资格，并且已经在上海投资控股成立了上海安吉通国际物流有限公司，同时公司在成都投资建立的综合型物流园区已进入规划设计阶段，公司的道路交通运输、集装箱码头装卸作业、长江航运、仓储、报关、报检、国际货代将会产生协同效应，让客户充分体验高效率、贴心的服务。

随着业务的不断深层次拓展，宜宾安吉物流集团有限公司面临的国内外竞争也会不断加剧。为了占据市场份额，具有多年行业经验的公司总裁徐荣清果断作出决定，全面导入国际管理标准体系，加快融入到全球经济一体化的发展步伐。据了解，宜宾安吉物流集团有限公司早在 2002 年 6 月就已经通过了质量管理体系认证。经过近几年的运行，充分利用 PDCA 循环法持续改进生产和服务质量，质量管理体系和公司生产经营逐步吻合，规范了公司的内部管理，使生产经营的每个重要环节都处于受控制状态，顾客满意度和公司美誉度逐年攀升。

此外，从 2005 年 6 月起，宜宾安吉物流集团有限公司还将企业 ERP 物流信息平台纳入到了企业信息化进程当中。这标志着宜宾安吉物流集团有限公司的信息化建设进入到了一个全新时期。2012 年 6 月，经过多方考察，公司选择了继承美国物流巨头 UPS 公司物流信息技术的天舟软件公司，从实际出发，以第三、第四方物流信息跟踪、票据管理集成、订单与经销商管理、仓储、合同、商贸进销存、客户电子商务门户系统等模块为主体，集成 GPS 系统、手机定位模块、条码系统，对公司物流业务进行基于物流信息管理平台的定制开发。开发完成后，客户可在网络上直接派发订单，并能步步跟踪订单的处理过程，客户能够自动查询到自身在宜宾安吉物流集团有限公司中的业务统计情况，公司内各部门也充分达到信息能够共享，并能对公司派驻在全国各地的业务点进行远程财务业务管理。

资料来源：http://www.examw.com/wuliu/anli/104694.

思考题： 结合案例分析宜宾安吉物流集团有限公司发展过程中存在的问题及改进策略。

第二章 第三方物流企业组织管理

 知识目标

1. 掌握第三方物流企业组织管理的概念；
2. 理解第三方物流企业组织结构的基本类型；
3. 掌握动态网络组织结构优缺点；
4. 理解第三方物流企业组织创新。

能力目标

1. 能够分析具体企业的组织结构；
2. 能够为第三方物流企业组织结构的调整优化提出建议；
3. 能够为第三方物流企业业务流程提出对策。

 **导入案例**

海尔公司组织结构案例分析

一个企业想要实现发展，就要具有与时俱进，开拓创新的精神。伴随着企业规模的不断发展壮大，公司的管理制度，组织结构形式也要不断地变化，只有这样，一个企业才能够拥有持久的生命力。海尔集团在这方面可以说是堪称做得最好的，这也正是海尔集团为什么不论在国内市场还是在国外市场上都能取得如此巨大成就的原因所在。

公司成立之初，计划经济仍占重要地位，计划经济体制有巨大的惯性，海尔只是专心于冰箱一种产品的设计和生产，所以在组织结构上只需划分职能，采取垂直式集权领导就能满足企业运行的需要。1992年海尔集团正式成立，开始超常规发展企业，慢慢实现发展壮大，不免会出现人浮于事，效率低下的大企业病，在此情况下海尔集团进行"权力分散化"，在原工厂制（直线职能制）基础上，推进事业部制，总部集中规划集团发展目标，集团下属是事业部，已经形成规模效益且管理机制较完善的称为事业本部，未达到标准的称为事业发展部，对各事业部兼并的企业，集团具有最终决策权。海尔集团与事业部之间，事业部与各分厂之间的责权利关系相当明确，初步呈现出分权化，扁平型的组织结构特征，适应了规模扩张和多元化经营的要求，调动了集团管理人员和职工的积极性。海尔1997年进军以数字电视为代表的黑色家电，1998年进军米色家电，坚定多元化发展道路并制定了挺进世界500强的发展目标。虽然海尔组织结构整体上是分权化、扁平式的，但对于冰箱本部而言，仍是集权式直线职能型。这种结构对于以前单一的冰箱产品是适合的，但对于餐饮，冰箱、小家电等多种产品齐头并进的快速扩张形势则显得缺乏效率。海尔集团于1996年开始实行事业本部制，1997年又在事业本部基础上，采取了"细胞分裂"方式，使整个组织结构形成四个层次：集团总部是投资决策中心，事业本部是经营决策中心，事业部是利润中心，生产工厂是成本中心，各个层次各负其责，允许各事业本部各自为战，但不许各自为政，这种组织管理模式称为"联合舰队模式"。随后，海尔又把这种组织模式延伸到营销体系当中。

资料来源：http://wenku.baidu.com/view/54df1dc7bb4cf7ec4afed0f5.html.

第一节　第三方物流企业组织管理概述

一、第三方物流企业组织管理的概念

第三方物流企业组织管理，具体地说就是为了有效地配置企业内部的有限资源，为了实现一定的共同目标而按照一定的规则和程序，构成的一种责权结构安排和人事安排，其目的在于确保以最高的效率，实现组织目标。

二、第三方物流企业组织管理的主要内容

第三方物流企业组织管理的内容主要有以下四个方面：

（1）根据组织目标设计，建立一套组织结构和职位系统。第三方物流企业组织的设计必须要以明确的组织目标为核心，在物流业务性质的基础上，将企业组织分成若干个物流部门，并明确部门的职责与职权。

（2）确定职权关系，从而把组织上下左右联系起来。第三方物流企业组织管理，就是要对企业的组织层次、管理幅度、部门设置和职权划分进行合理的规划，以保证第三方物流企业组织的高效率沟通。

（3）与管理的其他职能相结合，以保证所设计和建立的组织结构有效运转。第三方物流企业的组织管理，必须考虑组织内部管理与计划、控制、协调等职能的对接，保证第三方物流企业组织的有序正常运行。

（4）根据组织内部和外部条件的变化，适时调整组织结构。组织设计要关注当今世界上社会和经济等领域发生的重大和深刻的变革。当第三方物流企业的周边环境发生改变时，组织设计也应做到与时俱进，开拓创新。

小链接

企业组织管理中常见问题

目前很多企业本身在组织管理中就存在着很多这样或者那样的问题，从而导致了员工执行力和企业效率的低下，在实际工作当中，我们经常会发现以下常见问题。

1. 因人设岗

目前国内一些企业在组织结构设计中存在着因人设岗，因人设职的现象。最典型的就是部门副职的设置。究其原因，是因为企业大部分没有遵循目标—任务的原则。怎样解决这样的现象呢？其实具体的做法可以是：首先每个岗位把自己每天的工作内容进行描述，汇总成本部门的工作内容集合，然后从中审查自己部门的职责。哪些是应该做没有做好的？哪些不是本部门的工作职责？哪些是我们应该强化的职责。最终汇总的职责就是部门职责，然后再优化合并分解到各个岗位。

2. 接受两个以上的直接领导

在目前的企业管理当中，也常常会出现这样的现象，一个人既受这个领导的管理，又受那个领导的管理。那么如何避免这样的事情发生呢？组织结构的设置，我们应该自下而上来进行调整。首先我们要意识到基层的管理人员，占有的是基本管理岗位，企业一切的绩效均以他们的绩效为基础。因此，其他较高层的管理岗位均是由他们衍生出来的，所以工作要以协助为目的，而不是简单的监督。按照这个原则，领导是由部下而衍生的，因此不应衍生出两个以上的领导来。

3. 权责不等

在企业中，一些重要的职责由于部门负责人总是很"忙"，往往安排给他的部下来完成，由于部下没有部门负责人的权利造成工作协调难度大，工作效果差，但是这个部下往往还要承担责任。还有一些企业内设置一些纯粹的职能管理部门，很少有人或者部门来监督其工作职责。像这两种现象就出现了企业管理中经常存在的一个问题：责任、权利不相等。

有权无责，必滥用职权；有责无权，必难尽其责。因此部门也好，个人也好，必须严格保证企业中每一职位拥有的权利与其承担的责任相称，委以重任者必须授其重权，责任小者应削减其权利。要知道企业内的任何部门所拥有的权利是为了企业达到某个目标，换句话说：因为你要为企业达到某个目标，所以企业赋予了你相应的权利。

资料来源：http://jingyan.baidu.com/article/6dad5075c2b055a122e36e4f.html.

三、第三方物流企业组织的发展阶段

(一) 分离式物流组织

20 世纪 50 年代以前的观点普遍认为，一体化的绩效会由于传统组织内物流功能归结为单一的命令和控制结构而变得更加便利，利益关系会分析得更加清楚。于是，一种分离的物流组织成了当时第三方物流企业的普遍选择。但是这种组织使一些物流部门的权力减小，受到了来自这些部门的抵制；而且其自身极强的随意性使其运行面临相当大的问题。从其运行的情况看，分离式物流组织在第三方物流企业发展的初期曾有过较大的市场，但当第三方物流企业进一步发展的时候，就呈现出明显的不适应。

（二）第一阶段组织（20 世纪 50 年代末、60 年代初出现）

第一阶段的第三方物流企业组织，主要是按照职能专业部门来进行分工的组织形式。这一时期的部门划分是以专业性质为主要标准的。物资配送和原料管理单位已完全分离出去，它们分别集合了与其相关的职能。专业化的分工组织在较低的层面得到了实现，专业分工的层次也被细化。

企业通常将两个或更多的物流功能在运作上进行归组，而对总体的组织层次不做重大改变。这样，最初的集合就只能发生在职能部门和组织的直线管理层。因此第一阶段组织改变还比较初级，大多数的传统部门并未改变，组织层次也未做大的变化，物流组织只有局部的专业流程协调作用。在这个阶段的初期，基本上没有涉及采购和物流组织的分销一体化。

（三）第二阶段组织（20 世纪 60 年代晚期、70 年代早期出现）

当整个企业拥有统一的物流运作经验和成本利益时，就开始向第二阶段进化。这一阶段的重要性体现在物流被单独挑选出来，并提升到一个更高的组织权力和责任地位上去，这样可以将物流作为一种核心能力来处理，以提高物流的战略影响。为建立第二阶段的组织，在企业总体结构中，必须分派功能，并在高层次上给创新的组织予以定位。但是，第二阶段组织中，还没有形成完全的一体化物流单位概念，此时的一体化仅仅局限于配送或是物料管理。由于对特定绩效的重视，未能将物流管理综合成一体化物流组织。

（四）第三阶段组织（20 世纪 80 年代初出现）

物流信息技术的快速发展，促进了物流信息的快速传递，促成了第三阶段组织的形成。这一阶段的组织将实际可操作的许多物流计划和运作职能归类于一个权力和责任下，以对所有原材料和制成品的运输和储存进行战略管理，以使其对企业产生最大利益，其组织结构层次是非常清楚的。

第三阶段组织物流的每一个环节，包括采购、制造支持和物资配送，都被组合构建成一个独立的直线运作单元。因此，每个单元都灵活地来适应其各自的运作领域所要求的关键服务；同时，包装、装卸、仓储、库存控制、运输被定位为运作服务，归类于物流支持之下，保证了物资配送、制造支持和采购运作之间的直接沟通；而且，计划和控制处于较高的管理层级，物流资源计划包括了计划和协调运作管理信息的全部潜力。

总之，在这一阶段，物流组织方法为指导从原料采购到客户发送等财务和人力资源的有效应用提供了一个条理分明的体制结构。

（五）第四阶段组织（20 世纪 80 年代后出现）

这个阶段也叫过程一体化再造阶段。第三阶段的组织按职能部门分类组合后，分工的组织数量已经相当庞大。这种职能型结构虽然统一协调了物流各业务流程，但各职能部门间的交易成本也在上升，尤其在横向部门之间，信息必须先由垂直传递之后才能跨越水平组织。随着 IT 技术的进一步发展，基于信息共享基础的企业再造成为可能。这一时期的企业再造将传统的垂直职能组织的分类模式改变为一个以过程为导向的水平组织模式。

这一阶段的特点是从功能转移到过程。不受功能集合或分割的影响，第三方物流组织由垂直的、以功能为导向的组织转变为水平的、以过程为导向的组织。

四、第三方物流企业组织的发展趋势

(一) 以扁平化组织结构取代"金字塔"式的组织结构

扁平化组织结构是指对纵向上组织结构的层次进行压缩，加大管理人员的管理幅度。随着技术的发展，在物流公司中中层管理人员之间的信息传递功能可逐渐被计算机取代，高层管理人员可以直接通过以计算机和互联网等现代信息技术为基础的信息管理系统了解业务、财务等各部门的工作情况。这样既可以节约管理费用，又可以加快信息的传递速度，使组织结构更加精简，趋于扁平化。因此，在物流企业的发展过程中，越来越多的运用计算机技术、电子数据交换技术（EDI）、射频技术等使组织结构趋于扁平化已成为必然趋势。

扁平化组织结构与传统的"金字塔"组织结构相比，最显著的特点就是外形扁平，组织层次少，管理幅度增大。传统理论认为管理跨度以 3～6 人为佳，但是，这样必然会形成多余的管理层级。扁平化组织则提倡较宽的管理跨度，管理幅度的增大可以带来管理层级减少，从而有利于信息的及时传递和快速的响应市场变化。

利用扁平化组织进行企业管理，要注重知识的学习。扁平化组织是一种柔性化组织，它特别强调组织的学习，扁平化组织的知识学习包括两个方面：一是组织内部成员之间的学习；二是与外部利益相关者之间的学习。在团队合作过程中，团队成员相互学习，形成知识的共享、转化和创新。另外，组织扁平化也使管理人员能够及时与客户、供应商、竞争者和其他外部组织保持密切的联系，从而加快组织对外部知识的选择和吸收，并通过对知识的转化和创新，形成自己的核心竞争力。

正因为扁平化组织的一系列优点，扁平化组织结构越来越被大家接受和认可，国内外越来越多的公司开始采用扁平化组织结构。但要注意，扁平化组织结构牵涉的岗位人员和任务环节非常繁杂，实施扁平化的组织结构也需要企业有一定的管理技能、人力资源、信息技术等方面的基础。因此，我国第三方物流企业应该在清楚认识自身发展现状和市场环境的前提下，谨慎、逐步地进行组织结构的变革，而不是照搬别的企业经验，盲目扁平化。

(二) 以弹性化组织结构逐渐代替机械化的组织结构

弹性化的组织结构是指物流公司在营运时，采用团队或项目组的形式取代原有的部门独立工作的方式。从静态职能向动态的项目管理团队不断转变，这些项目管理团队只是在项目存续期间内才存在，项目结束后即解散。采用团队工作的方式，可使多个部门的工作人员按照一定规则和制度组织起来，共同完成同一个工作项目，当项目完成时，团队可以解散，所有工作人员重新回到原工作部门，有需要的话，也可以继续保留。在一个工作团队中，员工将分为具有领导能力或沟通能力的项目负责人或各类专家，每人可根据自身特

点和专长选择自己的发展方向。将团队合作的方式运用到组织结构中，可使员工更加自由地选择自己喜欢的工作或项目，充分发挥自己的特长，同时还能集合团队的智慧，使企业有更多的发展空间和发展驱动因素。

对组织结构动态调整。在组织设计的权变理论中，如明茨伯格组织设计权变理论和劳伦斯和洛希组织设计权变理论，都反映了弹性组织结构的要求。根据这一原理，首先应使部门结构富有弹性，根据组织目的的需要，定期审核企业内部任何一个部门是否具有存在的必要性，如果有些部门已经没有存在的必要，就应该撤销或改组这个部门。此外，还可设置临时工作小组，以适应组织环境的变化和不同工作性质的需要。弹性组织结构还要求部门内工作职位的设置也应该富有弹性，使之可以及时更换和调整。当企业组织结构具备弹性化后，应建立监控体系，体现虚实结合，企业可设置一个由总经理直接授权的中心控制机构，对企业内部中层管理部门和上下管理层次进行协调，使组织结构既能形成一个网络模式，同时又具经济性和灵活性。这种虚实结合，保证了组织结构弹性的空间。弹性机制的营造，可实行职能整合，企业的关键职能部门适度集中，而非关键部门则逐步弱化和分散。这种直接权威的适度分散和相对集中，注入了及时激活管理弹性的动力，既能极大地提高管理人员的积极性，又能获得大量真实的信息并将信息进行及时有效的反馈。改进管理思路，实行动态调整。

弹性组织结构特别使用于中小型企业。因此，中小型物流企业可根据各部门员工的特长，组建专门的具有特定作用的团队，如市场调研团队、创新团队、业务攻坚团队等，使组织结构具有弹性，既满足中小型物流企业对创新的要求，还可以实现知识管理和人本管理。

 小链接

团队和项目小组

所谓"团队"，就是让员工打破原有的部门界限，绕过原来的中间管理层次，直接面对顾客和向公司总体目标负责，从而以群体和协作优势赢得竞争主导地位。临时团队，是与组织小型化相对应的，临时性的，往往是为了解决某一特定问题而将有关部门的人员组织起来的"突击队"。通常等问题解决后，团队即告解散。这种形式是对那种等级分明、层次多、官僚主义组织的强烈冲击。团队工作方式是一种通过改变传统企业组织中的高度集权，给员工一定的自主权，即把业务流程分解成许多小段，每个人做其中一份工作的方式。在这种方式中设有监工，每一个团体有一个由团队成员轮流担任的组长，使之能亲自感受到自己的工作成果，以此提高员工对工作的满足感和成就感。项目小组，由一个项目经理、一个市场经理、一个财务经理、一个设计师、一个工艺工程师和若干位不同工种的工人组成，根据需要还可以吸收公司外部一些专家加入。项目小组是一个稳定的组织机构，不随某项任务完成而撤销。这种组织方式的优点是可以发挥团结合作优势，缩短产品研制与生产出货的时间，对消费者的需求能迅速做出反应，消除人浮于事的现象等。

资料来源：http：//wenku.baidu.com/link? url＝BRF67OnoXtD8G4s0FmeR _ 8rxkR88Nn5YE－zM-dICzpGCg18hRvPIZHm _ PZfsGQUhNwtP4EZGeuDDZJalOaSLfzYzQ9－UxkyZlYJ1Ub53fuDu.

（三）以网络化组织结构逐渐代替原来的区域性组织结构

在目前全球经济一体化的时代，任何一个企业都不可能把所有业务都当作自己的核心业务去发展，不可能在所有业务上成为最突出者、最优秀者，必须以供应链管理的思想联合行业中其他上下游企业，建立一条经济利益共享、业务关系紧密相连的行业供应链，实现优势互补的共赢局面，充分利用一切可利用的资源来适应社会化大生产的激烈竞争环境，共同增强市场竞争实力。特别是在以信息和网络为主要特征的知识经济时代，企业不可能也没有必要完成产品的全部生产。按照效率原则，"专能型"是企业最佳模式，即在某方面建立自己的优势，然后按照核心能力标准与其他企业开展专业化分工与合作。企业间的专业化分工整合，是通过彼此之间的合作来实现，即企业的网络化合作。尤其是当今的第三方物流企业物流企业物流范围很广，企业会面临许多难以提供的服务，所以，第三方物流企业可以利用地域优势，与合作伙伴之间共同建立跨越双方组织界限的团队组织结构就非常重要，这种新型团队组织结构不仅代表新伙伴关系的形成，更成为双方挖掘潜在生产力的重要来源。这种企业间的价值创造源泉，就是企业合作网络。

（四）以客户为主线划分物流公司的内部部门

随着客户需求的多样化、个性化，第三方物流企业要发展，就必须提高其对客户的服务水平。因此以客户为主线，划分第三方物流公司的内部部门也是物流公司组织结构的发展趋势。第三方物流企业可针对特定的服务对象提供专门的服务，服务要针对性强、水准高，对服务对象及服务内容、方式等方面要做深刻全面了解，能够针对不同的客户需求制定规范化的服务标准和服务程序，使专业化服务的利益体现出来，从而提高第三方物流企业的服务水平，促进其良好发展。

第二节　第三方物流企业组织结构的基本类型

一、直线型组织结构

直线型组织结构是一种最为简单的第三方物流企业的组织结构类型（见图2-1）。这种组织结构的显著特征就是：第三方物流企业中的各种职务按照垂直系统直线排列，各个组织层次的负责人都对被管理者拥有直接的一切职权，对所管理的部门有绝对控制权。这种组织的优点在于其结构简洁、管理权集中、权责清楚、指令统一。但它的缺点也很明显：在第三方物流企业发展到一定规模的时候，所有的管理职能都归集于一个人承担，使企业的管理幅度和纵深度很小，增大了管理失误的可能性；另外，由于每个直线管理部门大多只将注意力集中在各自的部门，各部门之间的联系不密切，部门间的协调性较差。因为这些局限，决定了垂直型物流企业组织结构形式只能适用于那些没有必要按照职能实行专业化第三方物流管理的小型组织，或是在现场的作业管理。这种组织结构在现在的第三方物流企业中已经很少采用。

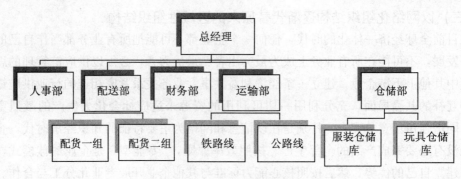

图2-1 直线型组织结构

二、职能型组织结构

职能型第三方物流企业组织是将物流、营销、财务等活动都看成企业的单个职能或部门，各职能部门的调整全部由最高经营层决策（见图2-2）。这种组织的特点是，组织内除直线主管外还相应地设立一些组织机构，分担某些物流管理的业务。

职能型组织具有以下几方面优点：职能型组织可以集中物流专家的力量，取得物流业务的劳动分工效应，并且有特定的专业（如运输、包装、仓储、保管、装卸等）领域，在这些领域中引入第三方物流企业思想。职能制是促进专业化发展、促进各个专业领域最佳运作的重要途径，实践也充分证明了这点。但是，职能型组织的缺点也非常明显：组织注意的重点是管理层，把市场忽略了；对于水平方向的流程并没有统一的控制，缺乏协调；与此同时，组织职能可能会导致重复，从而就会导致一些无效工作存在。对职能型第三方物流企业组织结构可以总结如下：

（1）从经营者功能的角度看：当组织处于规模较小的阶段，实行职能型易于有效经营，同时对实现管理活动的一致性也是非常有利的。但是，在职能型组织中，经营管理者容易陷入事务性工作，而且管理责任缺乏明确性。

（2）从经营者培养的角度看：由于职能型组织涉及物流、营销、财务等多方面的活动，以及不同物流环节、物流市场的协调和控制，因此，对经营管理者素质培养的要求比较高。

（3）在企业统一性方面：职能型组织具有集权式领导的特征，易于发挥整个企业的力量，保证了经营管理的一致性和统一。

（4）从企业的发展战略角度上看：职能型组织只适用于多元化程度较低的，核心业务较为成熟的企业，而且是生产和流通系统相对比较单一的企业。正因为如此，导致职能型组织难以对第三方物流市场做出快速反应，也非常不宜走多元化战略的道路。

（5）在利益管理体制上：部门间重复投资相对较少，由于实行集权式的管理模式，容易从全局的、长远的利益进行开发、研究、投资。其中的弊端是，无法按照部门的利益来进行管理，不能实现从物流服务到经营各个职能部门阶段成本的有效控制和正常价格的计算，所以根本无法实现物流成本的控制。

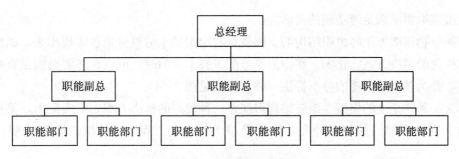

图 2-2 职能型组织结构

三、事业部型组织结构

由于职能型组织的特点不利于企业生产、销售和物流活动的有效管理，因此，越来越多的企业开始实行事业部型的组织结构（见图 2-3）。事业部型是一种分权式的管理方法，由于各事业部形成了单独的利益主体单元，因而纠正了集权管理带来的缺点，使组织具有创造性和机动性，促进了整个企业的发展，这其中对物流活动的管理也被分配到各事业部单独进行。

事业部型组织结构通过把组织分割为"可管理的"、更易于考核的业务单位来实现简化，以适应日益复杂的组织增长。但是，战略业务单位结构也会导致短期思维。因为每个业务单位都试图最大化各自的赢利，更多地吸引组织的投资。这样，业务单位之间的协同，特别是新技术的开发和运用，往往会受到损害。

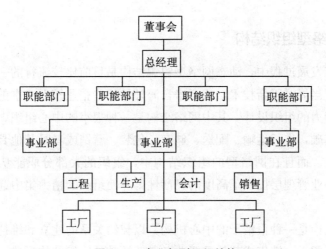

图 2-3 事业部型组织结构

四、矩阵型组织结构

所有的组织或多或少地都是按照矩阵结构来运作的。任何一个职能或产品部门的成员都必然会同外部的其他部门或团队接触。当一个企业发展到过程管理阶段时，在命令和结构中就很难取得能满足跨功能的灵活性。

职能—物流服务矩阵组织结构的意图就是将组织员工的双重角色体现出来，试图找出一种结构化的解决方案。比如，在物流服务配置技术资源时，可以在必要时满足直线单位的需要，并为某企业资源的分享提供一种方法（见图 2-4）。

作为一种理论上的模型，矩阵结构可能是一种较好的解决方案，但实际上，平衡所服务的两个或更多部门的相互冲突，往往是极为困难的。而且，组织矩阵可能变得较为复杂。

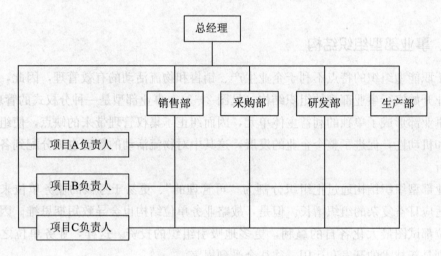

图 2-4　矩阵型组织结构

五、动态网络型组织结构

在第三方物流发展过程中，动态网络型组织结构是目前比较流行的一种新形式的组织结构，是一种管理当局对于新技术，或者来自海外的某些企业较低成本的竞争能具有更大的适应性和应变能力的组织设计。其中网络结构是一种很小的中心组织，而且是依靠其他的组织以合同为基础，进行运输、配送、储存、包装、营销或者是其他具有关键业务的经营以及活动的结构。而且在网络型的组织结构中，组织的大部分职能从组织外"购买"，这给第三方物流企业管理层提供了高度的灵活性，并使组织的精力集中起来做它们最擅长的事。

网络型组织结构是一种很精干的中心机构，以契约关系的建立和维持为基础，依靠外部机构进行运输、配送、销售或其他重要业务经营活动的组织结构形式。被联结在这一结构中的各经营单位之间并没有正式的资本所有关系和行政隶属关系，只是通过相对松散的契约（正式的协议契约书）纽带，透过一种互惠互利、相互协作、相互信任和支持的机制来进行密切的合作。

采用网络型的组织结构，他们所做的就是通过公司内联网以及公司外互联网，创建一个新的物理和契约"关系"网络，与独立的供应商、销售代理商、制造商及其他机构达成长期协作关系，促使他们按照契约中的要求来执行相应的物流运作功能。其中由于网络型企业组织的大部分活动都是外协或者外包的，所以，公司的管理机构其实就只是一个精干的经理班子，负责监管公司内部各种活动的开展，同时协调和控制与外部协作机构之间的关系。

优点：

第一，动态网络型结构的优点是网络型组织结构不仅极大地促进了企业经济效益快速实现质的飞跃：不仅仅是降低管理成本，而且还提高管理的效益；第二，实现了企业全世界范围内的供应链与各作业环节有机地整合；第三，简化了机构和管理的层次，从而实现了企业的充分授权式的管理，使组织结构不仅有更大的灵活性，还具有一定的柔性，其中以项目为中心的合作更好地结合市场需求来对各项资源进行整合，这样更容易操作，在网络中价值链各个部分也可以随时根据市场需求的变动而增加或者调整甚至撤销；第四，这种组织结构非常简单、精练，更由于组织中的大多数活动都实现了不同程度的外包，而这些活动更多的是靠电子商务来协调，处理，使组织结构更进一步的扁平化，同时效率也提高了。

缺点：

第一，动态网络型结构的突出缺点是可控性太差。这种组织的有效动作就是通过与独立的供应商密切合作而实现的，其中由于存在着有关道德风险和逆向选择的问题，一旦组织所依存的外部资源出现问题，例如，提价问题、质量问题、及时交货等一系列问题，组织将会陷入一种非常被动的境地。第二，与外部合作组织一般都是临时的，如果组织中的某一个合作单位因故退出且其具有不可替代性，组织将会面临解体的危险。同时，由于项目是临时的，员工就会面临随时都被解雇的可能，因而员工对组织的忠诚度也会比较低。网络组织还需要建立较高要求的组织文化以保持组织的凝聚力。

综合以上五类组织结构图，各有优缺点，总结如表 2-1 所示。

表 2-1 组织结构模式比较

模式	特点	优点	缺点
直线制	1. 最高到最低管理层按垂直系统建立组织结构 2. 由行政首长统一指挥，不设专门的职能机构 3. 管理者需具有较广的知识和技能	结构简单，责权分明	只适应于生产简单，规模较小的企业
职能制	1. 行政首长按专业分工设置管理职能部门和下属部门 2. 各职能部门在其业务范围内有权下达指令 3. 下属部门既服从上级行政领导，也要听从上级各职能部门的指挥	有利于发挥专业管理作用和利用专业管理人员的专长	妨碍企业生产经营活动的集中统一指挥，易形成多头领导，有碍工作效率的提高

模式	特点	优点	缺点
事业部	1. 此属分权的组织结构，或称部门化组织结构 2. 是在公司统一领导下，按产品或区域或市场分割，建立产品设计、物控、市场、销售组合活动的半独立单位，拥有独立的经营自主权 3. 采用"集中决策，分散经营"的管理原则，企业的最高管理机构把握人事决策、财务控制、定价、监督等重大权利，并以利润指标对各事业部进行控制	有利于调动各部门的积极性	容易产生本位主意
矩阵制	1. 近代权变组织设计之一，即当一个项目组织结构叠加在一个职能型结构上时就形成一个矩阵结构 2. 以项目为线结合，项目的成员又同原属职能部门保持组织和业务的联系，接受双重领导，负有双重责任	有利于加强企业管理的纵横向联系，利于配合和共同决策，能灵活协调的执行任务，提高工作效率	双重的领导，因指令的不同而易发生矛盾，可能削弱员工的安全感和凝聚力
动态网络型	新型组织结构，是一种很小的中心组织，依靠其他组织以合同为基础进行运输、配送、储存、营销或其他关键业务的经营活动的结构。在网络型组织结构中，组织的大部分职能从组织外"购买"，这给物流企业管理层提供了高度的灵活性，并使组织集中精力做它们最擅长的事	组织结构具有更大的灵活性和柔性，以项目为中心的合作可以更好地结合市场需求来对各项资源进行整合，而且容易操作	动态网络型结构的缺点是可控性太差

第三节　第三方物流企业的组织设计

一、第三方物流企业的组织设计的内容及原则

(一)第三方物流企业组织设计的内容

具体来说，第三方物流企业组织设计包括管理层次划分、部门划分、职权划分这三个方面。

1. 第三方物流企业组织管理层次划分

第三方物流企业组织管理层次划分所涉及的内容主要包括组织的管理幅度、管理纵深、组织层次的分工及其相互的关系，还包括各个组织层次的职权划分、责任划分以及影响管理层次划分的因素。

2. 第三方物流企业组织管理部门划分

第三方物流企业组织管理部门划分，就是要对整个组织的工作进行充分而细致的分析，并进行相应的物流业务性质归类；确定组织中各项任务的分配与责任的归属，以求分工合理、职责分明。

3. 第三方物流企业组织管理职权划分

第三方物流企业组织管理职权划分，就是在第三方物流企业组织内进行包括指挥、命令等在内的权力的分配。它包括三种类型：直线职权、参谋职权、职能职权。

（二）第三方物流企业组织设计的原则

1. 组织目标一致性原则

第三方物流企业组织就是为了实现第三方物流企业的物流经营目标而创立的协作系统，所以建立组织是达到目标的手段。共同的目标是组织建立和存在的客观基础，没有一致的目标，就不可能建立起组织，更不可能长久生存下去；只有确定明确一致的目标，第三方物流企业各个部门和全体员工才有合作的基础。共同的目标还是完善和发展组织的客观根据。对组织的完善和发展，必须以有利于共同目标的实现为依据，否则就是对组织的破坏。

2. 组织的有效性原则

建立组织的目的就是为了实现整体的高效率，因此，有效性及其有效程度是衡量第三方物流企业组织的重要指标。

3. 组织业务的标准化通则

科学管理大师泰勒要求通过动作研究和时间研究，制定出标准的操作方法、标准的操作流程和标准的作业环境等。业务程序的标准化就是要将合理的作业方法及作业程序制定成标准，加以明确化和具体化，使各方面的工作有章可循。

4. 组织分工的明确性原则

对每个员工的业务范围进行明确的分工是第三方物流企业组织设计的重要内容，分工的不明确将严重损害组织的效率。因此，在进行第三方物流企业组织结构的设计时，必须将企业的全部业务活动加以合理分配，严格明确每个人的职责范围。

二、第三方物流企业组织设计的目标

每一个组织都有自己特定的目标，而这些组织结构是为实现目标而特意设置的。组织结构都以是否对其实现目标有利为衡量标准而进行的合并、调整、增加或减少，而不能有其他的标准。因此，在设立组织结构时，一定要明确组织目标的中心思想是什么，每个分支机构的分目标是什么，以及每个人的工作内容是什么，以相关的目标来设置相应的机构。即因事创立机构、创立职务、配备机构人员，而不能因人设职务、因职找事。即先把人调进来，然后再找事安排职务，设立机构。出现"有人无事干"，"有事无人干"的不当现象。这是一种"先请菩萨后搭庙"的做法。这种做法就会产生机构臃肿，人浮于事之类的问题。

三、第三方物流企业组织设计的流程

第三方物流企业的组织设计，首先需确定企业的组织目标，继而明确为实现第三方物流企业组织目标而需完成的工作，不断划分为若干性质不同的业务工作，然后再把这些工作进行一定程度的整合，组成一定的部门，并确定各个物流部门的物流业务职责。

第三方物流企业组织设计的流程如下：

（1）确定企业的组织目标；

（2）对物流目标进行细化，拟定细化的物流组织目标；

（3）明确为了实现目标所必须开展的各项业务工作或活动并加以分类；

（4）根据可利用的人力、物力以及利用它们的最佳途径来划分第三方物流的业务工作和活动；

（5）向执行各项第三方物流业务工作或活动的各类人员授予职权和职责；

（6）通过职权关系和信息系统，把第三方物流企业各层次各部门连接成为一个有机的整体。

第四节 第三方物流企业的组织创新

一、第三方物流企业组织管理创新与业务流程再造

第三方物流企业组织管理创新的途径主要是业务流程再造（BPR）。在组织学中，业务流程再造是一个非常重要的概念。组织采纳了流程观念后发现在业务处理的过程中，有不少部分与所需要的输出无任何关联，把这些不需要的步骤撤销可以大大节约成本，同时还能更好地为顾客提供更优，更快的服务，这是一个非常不错的做法，但前提是必须打破职能部门的限制。传统的组织结构创立在档次和职能基础上，虽然这种做法在以前取得了很好的效果，但对于现在这种激烈的竞争环境已不适合。业务流程重新创立对传统的业务流程模式提出了挑战，促使企业重新设计流程，以在绩效上实现快速提高。而业务流程再造的核心思想就是要打破第三方物流企业按物流职能设置部门的管理方式，转变成以业务流程为中心，重新设计企业组织管理的结构和形式的过程。

二、基于业务流程再造的第三方物流企业组织结构创新

业务流程再造区别于传统职能分工的地方就是，不仅要求在企业组织结构中减少、甚至消除那些拉低工作效率、不产生相关衔接的中间部分，从而使一个运作流程完整化、具体化，更要以营销流程为组织的重中之重，把企业组织结构模式彻底改造。

对于业务流程重新制造的第三方企业物流组织形式应包括以下几个方面：

（1）关于组织流程的整合效果；

（2）主管物流业务的统领效果；

（3）相关部门职能的激励效果；

（4）人力资源部门的控制效果；

（5）信息技术的支持成效。

三、第三方物流企业组织形式的重构

(一) 评估组织的人力资源

用好第三方物流企业人员的关键在于对他们的了解。新的组织结构需要的角色可能会与现在员工所承担的角色完全不同。因此,关键的问题就是人才的选聘及如何调动他们的积极性。可以对全体员工或一部分员工进行培训,使其掌握所需的新技能和行为方式。

(二) 评估技术结构与技术实力

评估新流程设计对技术的要求是极为重要的,必须对组织正在运用的技术结构进行深入的考察,包括通信网络技术、计算机技术、设备与机器等,以便确定它们对新流程设计的作用和支持。

(三) 设计新的组织形式

提出流程要求,充分考核了组织的技术问题和人力问题之后,新的组织形式就可以设计了,可能需要调整的有规章制度、相关部门和人员责任、角色定位、管理层次,对新方案必须取得一致意见,从而使新流程设计能够实施。

(四) 定义新的组织角色,员工的培养与教育

角色的定义必须准确,这是组织形式最重要的一部分。针对员工的工作职权需要进行培养与教育。新工作职权可能要求比以前更大程度地向员工授权,不仅强调执行工作职权,同时也要强调执行绩效提高的工作职权。

(五) 必要的外部或内部岗位转移服务

如果新的组织结构需要有人下岗,应该确定是哪些人,并做好相应的安排。这样做不仅是为了抚慰下岗者,也是为了在岗者有良好的工作环境和心境。近年来,我国外部转岗服务发展很快,许多组织不仅对高级管理人员,同时对各个层次的下岗者都提供培训、咨询和招聘信息。内部转岗服务也有很大发展,为在岗员工提供咨询,帮助其适应新的工作制度和树立良好的工作责任心方面发挥了巨大作用。

(六) 建设新的技术基础结构和技术应用

在这一阶段给予考虑必须新流程对技术的要求,特别是面对所要求的技术同现有技术差别较大的情况时。要努力克服传统体制带来的一系列问题,建立以计算机信息系统为基础的新的技术平台,并从企业整体角度而不是从正在改造的第三方物流企业单个流程的角度来考虑对技术的需求。

中国企业组织创新模式的选择

从根本上说,组织的创新要针对培育、保持和提高企业的核心能力为重心,在市场竞争中赢得稳定的竞争优势。因此,企业组织创新模式的选择还是要看是否能够提高企业的核心能力。可以说,衡量企业组织创新的能力及其模式选择的最终标准就是核心能力。确切地说,企业不同的管理系统、技术系统,价值与目标,社会心理系统等的有机

结合就是企业的核心能力，企业所专有的知识体系就体现在组合中的核心内涵。而这种企业的专有知识使核心能力表现得独特，难以模仿，与众不同。企业战略和结构是以核心能力为基础的，它的载体是以拥有特殊技能的人，牵涉不同层次的人员和组织的全部的职位与技能，因此，核心能力必须有交流、加入和跨越组织边界的共同认知与相同的视野。

相比较于中国企业组织创新模式的选择来说，核心能力的影响是通过两种方式体现出来的，一是通过企业核心能力的定位；二是核心能力未来发展战略的确定。因为，核心能力定位便是组织定位，它的定义也就是包括了企业在战略、结构和文化方面的定位。组织定位如果运用的不合适，创新模式将难以符合企业所选择的方式。组织创新模式的选择有两个中心是必须展开的，一个中心是保证对于企业核心技术的创新连绵不断；另一个中心是保证作为核心能力载体的人才能够得到全面的教育、发展以及合理应用和有效聚集。以这个为基础，组织创新的模式选择还要考虑两个环境问题，一是制度环境变化，二是技术环境变化。分析组织创新动力的来源是这些外部环境因素的制约。因此，环境分析、创新模式分析和核心能力分析都是构成了企业组织创新模式选择中不可缺少的一部分，组织创新模式选择的分析框架的基础是以核心能力分析为重中之重的。

资料来源：http：//baike. baidu. com/link？ url=1RQjxf7IQyo2X.

实训题

设计第三方物流企业组织结构

一、实训目的

通过本章内容的学习，使学生掌握第三方物流组织结构，并结合实际情况，优化企业组织结构，能根据企业的具体情况详细分析，第三方物流企业组织创新状况，并对方案的可行性进行论证分析，将所学知识进一步运用到现实企业中。

二、实训要求

1. 实训时间：两周提交设计方案相关材料。

2. 根据内容合理进行人员分工和任务分配。

三、实训内容

以小组为单位，每个小组 3～6 人，每组负责就近选取一个第三方物流企业，根据对其组织结构的调查为其重构组织结构。实训具体内容包括以下几个方面：

1. 以小组为单位提交设计方案。

2. 客户背景材料与结构分析。

3. 小组总体设计方案及相关论证材料。

4. 第三方物流组织结构重构的技术性和经济性分析。

5. 方案持续改进的具体措施。

四、考核办法

1. 根据小组的总体设计情况进行综合评分，给出设计分。

2. 根据各小组成员的任务量和完成量及完成效率进行排名，分别打分。

3. 小组各成员的成绩以综合成绩为准。

习题

一、多项选择题

1. 第三方物流组织结构的基本类型有（　　　）。

A. 直线型组织结构　　　　　　　　B. 事业部型组织结构

C. 职能型组织结构　　　　　　　　D. 矩阵型组织结构

E. 动态网络型组织结构

2. 第三方物流企业组织设计的原则有（　　　）。

A. 组织目标一致性原则　　　　　　B. 组织的有效性原则

C. 组织分工的明确性原则　　　　　D. 组织业务的标准化通则

3. 基于业务流程再造的第三方物流企业组织结构应包括（　　　）。

A. 流程组织的整合作用　　　　　　B. 物流业务主管的统领作用

C. 相应职能部门的激励作用　　　　D. 人力资源部门的控制作用

E. 信息技术的支持作用

二、简答题

1. 简述如何进行第三方物流企业组织结构的重构。

2. 简述第三方物流企业组织管理的主要内容。

三、论述题

论述第三方物流组织结构的基本类型优缺点。

四、案例分析

深圳共速达物流股份有限公司调整组织架构向跨区域物流服务商转型

企业组织结构是实现企业经营战略的重要工具。企业战略决定组织结构。在中国大陆，伴随着物流服务业的高速增长，催生了一批具有现代物流运作理念的大型物流服务商。这些企业在从小到大的发展历程中，能够根据外部环境和企业战略的变化，适时地对企业组织结构进行调整，这是他们取得成功的重要原因之一。深圳共速达物流股份有限公司，是一家在深圳较有代表性的物流企业，它从只服务珠三角，到逐步实现提供全国范围内物流服务的转型过程中，就对企业组织结构进行了重大调整，从而支撑了公司整体战略的实现。

一、企业背景

深圳共速达物流股份有限公司由深圳市外贸通达实业股份有限公司和深圳市公共交通（集团）于1998年共同出资组建，公司注册资金人民币1200万元。初始经营范围为旅游包车客运服务和公司、机构上下班通勤包车服务，公司依赖优质的服务，获得了客户的广泛认同，迅速建立了自己的服务品牌。2000 年，公司决策层敏锐的捕抓到物流业发展的商机，凭借客运服务打下的基础上，介入公路货物运输和集装箱运输行业，并逐步扩大到物流配送、物流方案设计与规划等服务领域，公司由此转型为资产型物流企业。

二、区域性物流服务商的企业组织结构

（一）区域性物流商的经营特点

共速达公司进入物流业的初期，定位为立足深圳面向珠三角的性物流服务商。期经营特点如下。

（1）从事传统的第三方物流服务就是接受客户的委托，根据客户发出的指令处理货物，以免费用加利润的方式定价，收取服务费。公司能够对运输、仓储等诸多环节按照成本最小化的原则进行系统集成，还提供货运系统监测及存在线查询等增值服务。

（2）服务网局限在珠三角范围内。

公司只在深圳和广州建立了配送中心，在中山、惠州、顺德等中小城市设立了负责执行总部业务指令的办事处。

（二）企业组织结构的状况

1. 企业组织结构

董事会是共速达公司最高决策机构。在经营管理架构方面，公司内部建立了七个职能部门，四个营业部门。

（1）物流一部：主要经营配送业务；

（2）物流二部：国内物流网络建设，国内网络运输；

（3）物流三部：集装箱运输、堆场业务；

（4）市内配送中心：市内短途运输、配送；

（5）货运执行部：车辆调度、客户联系、统计资料；

（6）安保部：车辆保险、事故处理；

（7）办公室：人事管理、资料整理、行政事务；

（8）维修技术部：车辆保养、维修、性能优化；

（9）采购部：公司日常用品的采购、车辆配件的采购；

（10）物流信息中心：公司内部网管理、网站建设、资料建设、车辆 GPS 系统维护、车载 IC 卡机器维护；

（11）财务部：公司现金存款管理、工资发放、应收统计等；

（12）仓库：公司车辆配件的储备、统计等。

2. 企业组织结构的特点

共速达公司的组织架构属于典型的直线—职能型结构，也就是 U 形结构。其特点是：

（1）实行高度集权的体制，董事长直接兼任总经理，企业内部控制机制也大大简化；

（2）高层领导直接管理所有业务；

（3）各部门间有明确的责任分工；

（4）高级和中级管理层之间责权明确。

三、向跨区域物流服务商转型的背景及发展策略

（一）共速达公司转型的背景

2003 年开始，共速达公司开始谋划转型。转型的目标是，由区域性物流企业向跨区域物流企业转变，来自两个方面力量促使共速达转型，我们称之为推动力和拉动力。

1. 推动力

（1）深圳市政府出台大力发展现代物流业的产业政策；

（2）根据中国加入 WTO 的议定书，中国将在 2004 年全面开放分销市场，这当中包括物流业的市场准入，跨国物流企业将大规模进入中国；

（3）物流行业使用的信息技术逐步被引进和消化，软件供应商开发出了适合中国国情的信息技术。

2. 拉动力

（1）制造业的竞争越来越激烈，制造企业开始认识到，提高物流效率成为缩成本的重要途径。物流外包成为制造企业的大势所趋。

（2）零售连锁对第三方物流需求大幅度增长。进入 2000 年以来，中国的连锁商业一直保持 20％以上的增长速度，一批大型零售企业都实现了向全国扩张，连锁零售业成为第三方物流发展的重要拉动力量。

（3）电子商务的经营环境日益成熟，B2B、B2C 两种模式出现了更多的成功个案，这预示了配合电子商务发展的第三方物流，会有更加诱人的前景。

（二）企业转型的战略目标和战略重点

1. 愿景和战略目标

共速达公司重新描述了企业愿景和发展目标，其愿景是：致力于共速达成为合作伙伴的核心第三方物流服务提供商，并通过经验丰富的专业人士，借助于先进的物流信息技术在深刻理解客户需求的基础上，提供灵活多样的物流服务，给客户创造更多的附加价值。

发展目标是：进一步开展服务品牌建设和先进的供应链管理技术的运用，继续保持在珠三角区域内领先的第三方物流企业地位，同时积极向跨区域拓展经营，逐步使共速达成为具有全国物流服务能力的第三方物流企业，最终把公司发展成一个上市公司。

2. 战略任务

（1）引入策略性略股东，筹集资金增强企业的资本实力。

（2）建设"两网一基地"。

——物流网络：即以深圳为总控基地，以北京、上海、武汉等大城市为去也中心的，服务全国城市间大通道快运网络。

——信息网络：逐步建立基于 Interner/Intranet 的物流信息管理系统，使企业总部、分公司、运作点之间实现内部办公自动化、外部业务运作信息化，并实现仓储、运输等关键物流信息的网上实时跟踪，并进一步做到与关键客户之间信息系统的对接。

（3）对企业的组织制度进行相应的调整。

很显然，为适应企业转型的需要和达到可以上市的目标，共速达公司必须在企业的治

理制度、企业组织制度和企业组织结构多方面进行调整。

四、转型中的组织结构的规划与调整

总体思路是把共速达组织结构调整为母子公司制，又称为事业部制，即 M 形结构。调整的重点是：

第一，在企业治理层面，在引入新新股东之后，实行决策与经营管理分开，适当加强董事会的决策权力，设立发展战略委员会、审计委员会和薪酬委员会，负责研究和制订重大政策，董事长一般不再兼任总经理。

第二，按地区设立事业部。

第三，设立营运总监，加强对各事业部的营运工作的服务、协调和监控。

五、总结

随着跨国物流公司大举进入中国市场，本土物流企业由于在管理、技术和对高端客户的营销上，均处于下风，因此，纷纷把发展重点放在能发挥本土化优势的网络建设上，以便提高自己的竞争力。在这一过程，重新建立比较合理的企业组织结构，并根据企业的实际情况不断地加以调整，对建设和发挥网络的优势，具有非常关键的作用。共速达的案例说明，对跨区域性的物流企业，推行集权与分权相结合的事业部制，是比较符合行业特点的组织体制。

资料来源：http://wenku.baidu.com/view/b5e3a2ff04a1b0717fd5dd14.html.

思考题：跨区域性的物流企业，推行集权与分权相结合的事业部制，是否符合行业特点的组织体制。

第三章　第三方物流服务产品及方案设计

 **知识目标**

1. 了解物流服务需求类型及分析方法；
2. 理解第三方物流市场发展的动力；
3. 掌握第三方物流服务产品开发的内容；
4. 熟练掌握第三方物流服务方案的设计程序及持续改进方法。

能力目标

1. 能够区分物流服务的不同需求；
2. 能够借助第三方物流市场发展的驱动力来设计服务产品；
3. 能够根据企业的不同需求设计不同的物流服务产品；
4. 能够针对客户企业的具体情况开展第三方物流方案的具体设计。

第一节　物流服务需求分析

导入案例

整合第三方物流　聚美优品/京报集团合作

2014 年 10 月 29 日，为了借助京报集团在北京地区的网点、设备等物流配送，实现轻资产化的自建配送。垂直电商平台聚美优品和北京日报集团（以下简称京报集团）发行公司日前签署战略协议，双方将在物流、配送、电商、大数据分析等领域展开合作。此举也是聚美优品通过整合第三方冗余物流资源来完善物流的新举措。聚美优品官方表示，除了合作自建模式，未来不排除开放聚美配送系统的可能，并与更多的传统企业展开合作。

通过合作，聚美优品能够给京报集团带来稳定的订单量，帮助报业集团释放了一部分的运营压力，同时有效释放了一部分由于报纸订单量逐年递减，给报业运营配送团队带来的成本压力。对于聚美优品来说，共建配送的方式，采用合作公司现成的物流设施与人员，无须采购重型资产，可降低企业成本。

在电商行业的配送环节中，存在第三方和自建物流两种模式。所谓第三方模式是指电商公司通过第三方快递公司（如四通一达）进行配送订单，但存在员工素质良莠不齐、低效率高收费、快递公司运力不足等问题；所谓自建模式是电商在自建配送覆盖的区域，用本公司自有员工进行订单配送，但这种模式需要花费大量的人力、物力和财力，多数电商公司企业难以承担。

聚美优品此次新推的"合作自建配送"的新模式，即聚美优品提供稳定的单量，合作方以自建配送的标准，使用聚美优品自主研发的配送系统、工服、三轮车、POS机，与聚美公司共享干支线运输、站点店面、快递人员等一揽子的物流相关资源。据了解，对于此次物流合作方式，聚美优品将以北京地区作为自建配送的首个试点，上海、天津、西安、成都等城市也已经基本筹备完毕，预计很快就能为当地的聚美优品客户提供便捷的物流配送服务。

资料来源：http://soft.zol.com.cn/487/4871454.html.

第三方物流作为一种最具有发展潜力的物流运作方式正在被越来越多的企业所重视。企业依托第三方物流的专业化服务，可以有效降低企业作业成本，从而集中精力于核心业务。作为第三方物流企业，所提供的产品主要是个性化的物流服务，这就要求第三方物流企业必须清楚地了解客户需求，通过对具体客户的需求进行调查与分析，从而制定个性化的物流服务方案。

一、物流服务的需求预测

（一）物流服务需求概述

1. 物流服务需求的含义

物流服务需求是指在一定时期社会经济活动对生产、流通、消费领域的原材料、半成品和成品、商品，以及废旧物品等的配置作用而产生的，对物在空间、时间、费用方面的要求，主要涉及运输、库存、包装、装卸搬运、流通加工以及与之相关的信息需求等物流活动的诸方面。具体来说主要包括有形需求和无形需求两个方面，有形需求主要是对物流服务内容的需求，而无形需求主要是对物流服务质量（时间、效率、成本等）的需求。

中国制造产业和商品流通行业的快速发展，再加上其广袤的地域以及当前中国各大企业在物流运作方面表现出的低效率（平均来说，一个制造商将 90％的时间用于进行物流运作，而用于生产的时间仅有 10％），中国的物流市场呈现出巨大的发展空间。传统的仓储和运输服务已经无法满足企业的需求，因为不同企业对物流服务的需求在具体要求层次和服务项目上存在较大的差别。而导致这些差别的原因主要有两个，一是不同行业对物流需求服务的特殊要求，二是不同企业所处的发展阶段不同，对物流需求的层次也不相同。

2. 物流服务需求的特点

（1）物流需求的时空特性。物流需求与特定时间联系密切。在市场经济条件下，物流需求还具备空间的特定性，具体来说主要表现为在某一空间范围内的特定流向，例如，煤炭企业的煤矿从产地向销售地的流动，而时间特定性则主要表现在一定范围内的定时运输、即时配送等。

（2）物流需求的可转移性和可分解性。可转移性是指在某种因素影响下，本可以采用公路运输的货物转而利用铁路来进行运输；本来不需要储存保管的货物不得不储存保管一段时间。可化解性是指本来可以将后续简单包装与生产分离的，由于生产力结构的调整、工艺流程的改造而将其变为生产的一部分，从而化解成一定的物流需求等。

（3）物流需求的规则性和不规则性。各种物流需求都会随时间形成不同的需求模式，常见的有趋势性、季节性、随机性（见图3-1）。如果随机波动只占时间序列其余变化部分的很小比重，那么这种需求就称为规则性需求，利用常用的时间序列预测方法能有效地测得预测值。如果某种物流需求的时间和需求很不确定，则称为不规则性需求，用通常的预测方法很难获得准确的预测值，这正是预测中的难点。

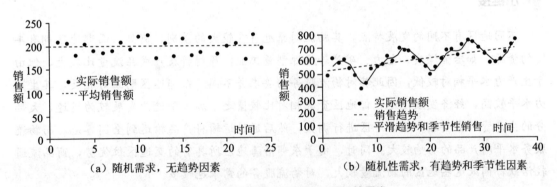

（a）随机需求，无趋势因素　　（b）随机性需求，有趋势和季节性因素

图3-1　物流需求变化规律：随机性需求

（4）物流需求的派生性和独立性。物流需求的派生性是指物流需求是由某一特定生产计划要求（独立需求）派生出来的，从属性的需求，例如，零部件需求、原料需求等。派生性物流需求可形成一组需求链。其需求模式有很强的倾向性，且不是随机的。只要最终需求确定，利用派生需求的方法求得的需求预测通常是非常准确的。物流需求的独立性是指物流需求来自一个个独立客户，例如，末端消费者需求、最终产品需求等。

思考题：某大型制造企业的电力设备部门为工业用户生产一系列小功率电动机。每台电动机包含50～100个零部件。企业根据订单制订生产计划，生产计划的制定要基于需求预测，预测的产品是那些标准化程度高的待售的电动机。根据以上要求，需要制定未来三个月的生产计划，表明什么时间生产某特定型号的电动机，生产多少。然后，物料管理经理据此备齐生产所需的所有配件和原材料。

问题：哪些是独立需求？哪些是派生需求？

(1) 制造企业从某供应商处购买金属材料的数量;

(2) 制造企业生产的电动机数量;

(3) 对电动机用轴承的需求量。

3. 物流服务需求的影响因素

(1) 经济发展整体水平和规模。这是宏观物流需求的决定因素及原动力。经济总量与物流需求量之间存在极强的相关性。从根本上来讲,经济发展规模和水平是影响物流服务需求的决定性因素,同时也是物流服务需求的原动力。社会经济增长速度越快,对生产资料、半成品以及产成品的流通要求也就越高。通过相关研究发现,全球物流业比较发达的地区往往其经济发展水平也相对较高。

(2) 产业结构的差异性。产业结构的差异性对物流需求层次、需求功能和需求结构等都会产生较大的影响。随着社会经济的飞速发展,原有的以工农业为重点的产业结构,正逐步向以第三产业为支柱的产业结构转变,进而也在引导物流需求向着更高的结构、层次和高附加值的方向发展,从而使物流的需求逐渐摆脱传统的对物资空间位移的变换,从而发展为现代的物流业。

小链接

不同地区有不同的发展特点,其物流对象也存在较大的差别,例如,西部地区拥有丰富的资源,如冶金煤炭、电力、矿产等能源型重工业,原材料及产成品流量比较大,但由于生产力水平相对较低,因此其对物流服务的要求并不高。东部地区则正好相反,其生产力水平较高,经济发展迅速,但地区资源相对比较匮乏,加工制造业发展较为迅速,大部分的生产资料需要从中西部地区进行调集,然后通过运输将产品输送到全国各地,而物流服务水平对产品的影响较大。同时,由于东部沿海地区所具有的交通区位优势,商品流通较活跃,因此这些地区的物流量较大,对物流服务的需求也较多。

(3) 消费水平和消费理念的转变。消费水平和消费理念直接影响企业经营决策和生产、销售行为,进而影响物流的规模、流向。消费水平的提高,会增加企业对物流服务的潜在需求;消费水平的降低,会抑制企业对物流服务的需求。而目前,随着消费水平的提高和消费理念的转变,多样化、个性化的需求特点凸显,从而也在不断推动着物流服务形式的变化和创新。

(4) 物流服务水平。第三方物流企业具有规模化和专业化的服务优势,通过其专业化的运作,可以有效降低库存,提高商品的周转效率,为企业节约大量的成本,因而有越来越多的企业将其看作第三利润源。但是,如果第三方物流供应商的物流服务效率低、服务质量差,在服务的提供过程中频繁出现交货延迟、货物破损与丢失、成本过高等问题,则会导致物流客户对第三方物流供应商的不信任,进而影响客户对物流服务的需求。图3-2表示当物流服务水平发生变化时物流需求量的变化,从图中我们可以看出,当其他条件不变时物流需求量随着物流服务水平的提高而增加,当物流服务水平从 S_1 提高到 S_2 时,物

流需求量则从 D_1 增加到 D_2，其中 D_2 和 D_1 的差可以看成是由于第三方物流企业服务水平的提高而增加的潜在的物流需求量（$D_2 - D_1$）。

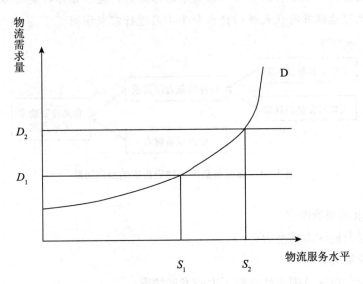

图 3 - 2　物流服务水平与物流需求量之间的关系

除此之外，宏观经济政策的刺激作用、价格水平、技术进步等方面的影响，也会对物流服务的需求量和层次结构造成一定的影响。

（二）物流需求预测

1. 物流需求预测的含义

借助历史资料和市场信息，根据现有的物流需求与供给的状况，运用一定的预测模型或预测手段，对未来物流需求的状况进行科学分析、估算和推断，得到社会宏观物流量、物流需求分布、各物流作业方式（运输、仓储、配送等物流作业要素）的物流量，以及物流网络中各节点和路径中设施所承担的物流量。

小知识

奥运食品冷链物流需求分析

奥运食品冷链物流需求是指在举办奥运会的固定时期内，因奥运参与者对冷冻冷藏食品的需求，所产生的对冷冻冷藏食品运输、仓储、装卸搬运、流通加工、配送及相关信息处理等物流活动的需要。

奥运食品冷链物流需求的主体主要涉及奥运会的运动员、代表团成员、媒体记者、国内外贵宾和技术官员、志愿者、奥运会观众等的冷链物流需求。物流需求的客体主要包括乳制品、肉制品、水果类、水产品、冷冻食品、蔬菜类、豆制品和饮料类等。为保障能够提供及时、高效的物流服务，作为物流服务的提供者就必须对需求进行预测，如图3-3首先是对需求主体的分析，这里的需求主体主要是参会的国内外宾客、技术官员，他们主要是住在奥运指定饭店,而奥运会所招募的志愿者多数本身就住在本市,不会带来奥运食品冷链物流增量。因此,运动员、媒体记者代表团、观众和其他成员是引发奥运食品冷链物流增强的主要因素。从奥运食品冷链物流需求客体来看,需求客体种类繁多,不便于进行逐个预测,因此可选择具有代表性的猪肉和牛羊肉进行需求预测。

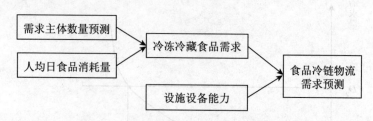

图 3-3 奥运食品冷链物流需求的预测思路

2. 物流需求预测的内容

(1) 企业经营地区市场潜力;

(2) 市场总潜力;

(3) 企业经营地区范围内社会购买力的发展情况;

(4) 产品生命周期及新产品投入市场的成功率;

(5) 企业产品的需求趋势;

(6) 产品市场占有情况。

3. 物流需求预测的一般步骤

具体来讲,主要有以下几个步骤(见图 3-4):

(1) 确定需求性质。这里的需求性质主要指的是独立需求和派生需求,要进行物流需求预测,首先应该确定其需求是属于独立需求,还是派生需求。

(2) 确定预测目标。这是进行有效预测的前提。在确定目标时还要注意尽量能够量化,以保障预测工作的顺利开展。

(3) 确定预测内容,收集相关资料进行初步分析。预测的内容主要包括:某一时期的基本需求水平、趋势值、季节和周期因素、促销及突发因素等方面。预测者首先必须认识到这些因素对物流需求所能产生的潜在影响,并能适当地予以处理,特别是对于一些特定项目具有重大意义的因素必须及时进行识别和分析。

(4) 选择预测方法。需求预测有两种方法:定量预测和定性预测。定量预测方法主要有因果关系分析、时间序列分析、神经网络分析三种现代预测方法,其中时间序列分析则主要包括指数平滑法、移动平均法两种。定性预测主要是利用一些直观材料,依据管理者个人经验和综合分析能力,对未来发展的方向和趋势做出预测和推断,具有简单直观、适应性强的特点,主要有市场调查预测法、类推预测法、专家判断预测法三种。

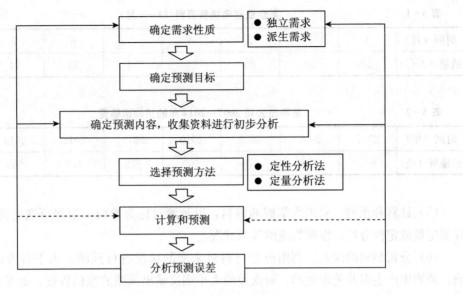

图 3-4 物流需求预测的一般步骤

 小知识

· **类推预测法**

分为相关预测法和对比预测法

——相关预测法：从已知的各种市场因素之间的变化出发，推断预测对象的未来发展趋势。如从可替代品的市场需求变化来预测产品之间的需求情况；从互补品的市场供求变化来预测产品的未来销售情况。

——对比预测法：通过预测对象与其他类似事物或相近事物之间的对比分析，推断预测对象的未来发展趋势。如，对比国外某些产品的市场生命周期、产品的更新换代和新产品的开发研制情况，进而预测我国同类产品有关指标的发展趋势。

· **时间序列分析法**

——预测依据：事物发展变化主要受内因的作用，事物过去、现在的状态会持续到将来。

——历史数据的特征：历史数据中隐含着事物发展的基本规律；历史数据同时又受多种随机因素的影响而呈现出一定程度的波动性和不规则性（不能直接从历史数据得到未来的趋势）。

——预测的基本思想：从历史数据中揭示发展规律；通过对历史数据进行平均或平滑，消除历史数据中的部分随机波动因素的影响，指示出隐含在事物中的某种基本规律，并以此预测未来，如表 3-1、表 3-2 所示数据。

——时间序列的概念：时间序列指观测或记录到的一组按时间顺序排列的历史数据（又叫时间数列）。

表 3-1   某企业彩电销售资料（1—8 月）

时间（月）	1	2	3	4	5	6	7	8
销量（万台）	22	23	25	27	26	23	24	21

表 3-2   某物流公司 2007—2014 年的货物运输量

时间（年）	2007	2008	2009	2010	2011	2012	2013	2014
运输量（吨）	645	650	670	660	675	678	685	686

（5）计算和预测。利用所掌握的资料，以预测目标为导向，根据所选定的预测方法，开展定量或定性分析，推断物流的需求状况。

（6）分析预测的误差。利用历史材料对未来的状况进行预测，由于各方面的因素影响，预测中产生误差是难免的，而误差的大小则反映出预测的准确程度，如果预测误差较大，其预测结果就会偏差较大，从而失去了参考价值。因此，对预测误差的分析是非常必要的，一方面要分析影响误差的因素，超出原因，另一方面要检查预测方法的合理性，确保预测误差能够降到最低。

二、物流服务购买者分析

物流服务的购买者不同，其对物流活动的要求也不同，在对物流需求进行分析时，必须结合不同的购买者来进行分析，开展相应的物流服务。一般情况下，物流服务的购买者主要有以下几种。

（一）制造商

制造商所涉及的物流活动主要包括采购物流、生产物流、销售物流和逆向物流。很多制造企业为了能够有效控制生产活动，选择由本企业组织这些物流活动，也就是我们说所的第一方物流又称为供方物流。但随着社会分工的专业化及物流市场的不断完善，越来越多的制造商选择将物流活动外包给第三方物流企业，以更好地提高自己的核心竞争力。这一类物流服务的购买者对第三方物流的综合能力要求比较高，不仅要求物流各环节的高效率和自动化（见图 3-5），而且要求第三方物流企业具有较强的内外部应变和协调能力，以满足制造企业的生产经营需求。

图 3‐5　制造商生产物流设施

（二）批发商和零售商

批发商和零售商的核心业务是组织商品的流通，即采购并销售商品。同制造商一样，批发商和零售商也能独立完成产品的采购、装卸搬运、配送等相关的物流活动，即第二方物流，又称为需方物流。批发商和零售商对物流服务的需求主要集中在商品的储运方面，对物流系统配送效率要求比较高，这就需求第三方物流企业能够整合或建立大型物流中心或配送中心（见图 3‐6），并进行供应链集成管理。

图 3‐6　批发商零售商配送分拣系统

（三）终端消费者

这里主要指最终消费者，随着网络技术的进一步推广，大量终端消费者也成为物流服务的主要购买者。这类购买者对物流服务的需求特点是个性化和高效化，对第三方物流企业的物流活动提出了更高的要求。

三、物流服务需求结构分析

物流服务需求主要有功能需求、形式需求、外延需求和价格需求四个方面，具体内容如表 3‐3 所示。

表 3 - 3   物流服务需求的结构及内容

物流服务需求结构类型		主要内容
物流服务功能需求	基本物流服务	运输、仓储、包装和配送等基本物流服务
	增值物流服务	在完成基本服务基础上，结合客户需求提供多种延伸业务服务，如库存分析与控制、供应链设计和管理、物流成本核算等
物流服务形式需求	物流服务质量层面需求	物流服务快速反应、门到门服务等
	物流服务品牌层面需求	品牌的认知度
	物流服务的载体层面需求	物流服务设施、设备和技术
物流服务外延需求	客户服务需求	技术咨询、培训、指导等
	心理需求	较高层次的一种需求
	文化需求	对第三方物流企业文化的要求
物流服务价格需求	质量价格比	在给定价格时客户对质量水平的要求
	价格质量比	在给定质量时对价格水平的要求

（一）物流服务功能需求

物流服务功能需求是物流服务购买者对物流服务的最基本的要求，基本物流服务主要包括运输、仓储、配送等服务。而增值服务则是在满足基本服务功能的基础上，满足更多客户期望，为客户提供更多优质服务。例如，针对特定用户或特定的物流活动，在提供基本服务功能的基础上提供的定制化服务，例如供应链设计方案、物流成本核算、库存控制与分析。

增值服务是企业竞争力的一个重要方面，有时在基本服务的基础上也可以实现增值服务。例如，丰田汽车所承诺的七天交货期，这是很多公司无法做到的增值服务，在竞争日益激烈的市场环境，客户对物流企业的服务提出了更高的质量要求，不仅要求能够提供严格的基本功能服务，还要求能够提供一些拓展服务。

（二）物流服务形式需求

物流服务形式需求是指物流服务购买者对物流服务实现功能的技术支持、物质载体及表现形式的要求。它包括物流服务质量层面需求、物流服务品牌层面需求和物流服务的载体层面需求。其中物流服务质量层面需求主要指的是物流服务的快速反应，送货的及时性、安全性及门到门服务；而物流服务品牌层面需求主要是物流服务购买者在选择过程中对品牌的认知度。2013 年物流服务品牌排行榜前十名如图 3 - 7 所示。

小链接

图 3-7　2013 年物流服务品牌排行榜前十名

1. 中远 Cosco（中国远洋物流有限公司）
2. 中铁快运（中铁快运股份有限公司）
3. 远成（远成物流股份有限公司）
4. 中邮 CNPL（中邮物流有限责任公司）
5. 中储股份（中储发展股份有限公司）
6. 德邦（德邦物流股份有限公司）
7. 天地华宇（天地华宇集团）
8. 海丰（海丰国际控股有限公司）
9. 佳吉快运（上海佳吉快运有限公司）
10. 宝供（宝供物流企业集团有限公司）

资料来源：中国报告大厅（www.chinabgao.com）。

（三）物流服务外延需求

物流服务外延需求主要包括客户服务需求、心理需求和文化需求。其中心理需求是一种较高层次的需求，通常表现为物流服务过程中对物流服务购买者的尊重和诚实守信。

（四）物流服务的价格需求

物流服务的价格需求是指物流服务购买者将物流服务的质量与价值进行对比后对价格的要求。它包括两层含义：价格质量比和质量价格比。其中价格质量比是指在给定质量时物流服务购买者对价格水平的要求；而质量价格比是指在给定价格时物流服务购买者对质量水平的要求。

第二节　第三方物流服务市场

随着市场经济体制的完善和企业改革的深入，企业自我约束机制增强，外购物流服务的需求日益增大。特别是随着外资企业的进入和市场竞争的加剧，企业对物流重要性的认识逐渐深化，视其为"第三利润源泉"，对专业化、多功能的第三方物流需求日渐增加，形成了庞大的物流市场。

一、第三方物流市场的分类

（一）按物流服务范围的不同划分

按物流服务范围的不同划分可分为社会物流市场和企业物流市场，前者属于宏观物流范畴，后者主要属于微观物流服务，如采购物流、生产物流、销售物流服务等。

（二）按物流服务领域的不同划分

物流市场可划分为工业物流市场和商业物流市场两种类型，前者主要是针对制造企业，后者主要针对流通领域提供物流服务。

（三）按发展的历史进程不同划分

物流市场可分为传统储运物流市场、综合物流市场和现代物流市场三种类型。其中传统储运物流市场占据较大的市场份额；综合物流市场则主要是通过运输、仓储、配送等协调组织物流过程，而现代物流市场则主要是利用高效的物流系统来提高企业运作效率。很多物流企业如中远国际货运公司、中国对外贸易运输总公司、中国储运总公司等，凭借原有的物流业务基础和在市场、经营网络、设施、企业规模等方面的优势，拓展和延伸其传统的物流服务，向现代物流企业逐步转化，以不断适应物流市场的需求。

（四）按物流流向的不同划分

物流市场可分为内向物流和外向物流。前者是指企业从生产资料供应商进货所引发的产品流动。后者是指企业到消费者之间的产品流动。

 小案例

电商需求激增　民营第三方物流将成市场新动力
2014 年 6 月 13 日

近期阿里巴巴、京东商城等电商企业纷纷在全国各地拿地，特别是物流仓储地产成为地产投资的主要热点。电子商务市场的蓬勃发展进一步带动了第三方物流市场的发展，特别是对现代物流设施市场产生了较大的影响。很多专家提出，未来民营第三方物流将成为市场发展的新动力，特别是对定制高标准仓库的需求量。

1. 物流仓储租赁需求仍将继续增加

根据艾瑞研究预测，至 2017 年，我国网络零售额将至 4.1 万亿元人民币。随着电子商务市场份额的扩大以及在线零售市场本身规模的扩大，未来电子商务对物流仓储设施的需求将会持续提升。

2. 民营第三方物流将成新动力

近年来，我国在线零售市场的飞速发展，使电子商务对现代物流仓储设施的直接需求不断增加，同时通过与第三方物流市场的联动发展传导作用，也进一步提升了民营物流市场对现代仓储的需求。未来现代物流仓储业的发展趋势为：租赁需求继续增加，民营快递企业及新型物流服务企业将成为新的物流仓储租赁需求增长点。

资料来源：新华网（http://www.xinhuanet.com）。

二、第三方物流市场发展现状

（一）全球第三方物流市场发展状况

据统计，英国第三方物流占其整个物流市场份额的 76％，美国的第三方物流每年承担其58％的物流量，而在日本这一比例更是高达 80％，是全球第三方物流比例最高的国家。相对于国外，我国第三方物流就相对落后，尚不足全国物流量的 20％。据国际咨询机构Armstrong&Associates 相关统计，2014 年全球第三方物流的收入规模已达 7507 亿美元，如图3-8所示。北美地区主要国家（包括美国、加拿大和墨西哥）第三方物流发展情况如图 3-9 所示，预计在 2017 年前，美国物流业务外包仍呈上升趋势，第三方物流市场仍处于主导地位。我国第三方物流市场规模较大，但社会物流总成本明显偏高，据统计，2014 年全国社会物流总费用 10.6 万亿元，同比增长 6.9％，但社会物流总费用与 GDP 的比例为 16.6％，而西方发达国家一般为 8％～10％左右。2014 年我国第三方物流收入规模 1491 亿美元，第三方物流占物流市场8％的份额，而发达国家的实践证明，独立的第三方物流要占到社会物流的 50％以上，物流产业才算成熟，未来几年，我国第三方物流市场面临较大的发展空间。

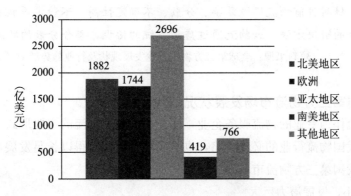

图 3-8　2014 年全球第三方物流收入规模

数据来源：中国产业信息网（www.chyxx.com）。

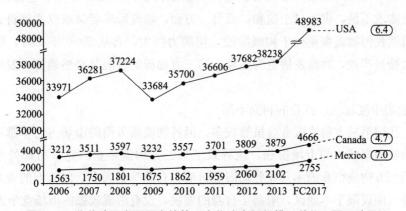

图 3-9　北美地区主要国家的第三方物流市场规模（单位：百万欧元）

资料来源：罗兰贝格 2014 年全球物流市场报告。

小知识

·城市物流：据预测，在五年内将有超过一半的全球人口居住在城市内，城市物流将变为一个难题。环境影响，交通堵塞，加上电子商务的发展，第三方物流企业迫切需要发展适合城市物流的方法。

·实时服务：随着传输技术的发展，企业可以通过实时信息的传输，高效地实施物流管理。包括实时追踪、实时风险管理、实时物流路线（根据要求改变物流运输路线）、实时存货管理等。

·大数据：随着科技手段在物流中的广泛使用，将产生大量的数据，这些数据有四个特点"容量大，多样化，周转率快，潜在价值高"。如何运用这些数据是目前的一个重要课题。

·云服务：云计算可以根据客户的需求，随时改变其所需要的物流服务。

·物联网：物流业是物流以及信息流结合的主要的获利者之一。智能包裹、智能货运单元等可以提供实时信息以便物流公司进行有效的调控。

·云计算：针对目前物流环境复杂、分散、不确定性高、不稳定等挑战，云计算被认为是一种较适合的解决方法。云物流通过虚拟系统的协调，整合分散的物流资源。

资料来源：全球第三方物流产业发展现状及行业趋势展望（www.chyxx.com）。

（二）我国第三方物流市场发展状况

第三方物流作为专业的物流服务企业，逐渐成为现代物流的主要形式。大力发展第三方物流企业是我国物流行业的必经之路，也是我国物流行业得以长足发展，继续进步的必然选择。现今我国第三方物流市场发展状况如下。

1. 规模偏小、发展潜力巨大

我国引入物流的时间较晚，起步较晚。改革开放后，我国才逐渐与国际接轨，经济才开始呈现出欣欣向荣的景象，第三方物流作为新型行业，在发展过程中也遇到许多问题，一方面物流需求不足，供给过于饱和；而另一方面，物流需求者又难以找到符合要求的物流服务，虽然我国物流企业处于初级阶段，但潜力巨大，自从2009年2月，物流行业被确认为十大振兴产业，物流发展更为迅猛，第三方物流的发展是必然趋势，发展潜力十分巨大。

2. 行业集中度较低，行业的利润不高

目前，我国第三方物流服务商虽然较多，但各物流服务商的市场占有率都不高，没有物流企业能够占据较大的市场份额，这导致了第三方物流企业的竞争力都处于较低的水平，许多第三方物流企业的主营业务仍旧是运输、仓储等利润少、门槛低的业务。许多物流企业服务范围仅限于本地区，限制了自身的发展，没有形成较强的市场竞争力。

3. 物流水平呈现地区差异化，物流需求不平衡

现今我国形成了以北京、天津为中心的华北物流区域，以沈阳、大连为中心的东北物

流区域，以上海、南京、宁波为中心的长江三角洲物流区域等大物流区域，形成原因是这些区域自身的地理位置优势，靠近沿海，物流活动频繁，再加上经济条件好，故经济发达。正是由于这种经济的不平衡进而导致了第三方物流需求的不平衡，有些地区需求的是低水平的物流服务，例如，运输。而有些地区需求的是物流服务集成以及物流系统的构建和规划。

4. 物流基础设施尚不完备，物流信息化程度较低

我国第三方物流企业起步较晚，资金和经验不足，再加上物流设施的完备化是一个长期而艰巨的过程，因此基础设施相对滞后。物流信息化程度低，许多企业都没有信息化管理系统，日常活动中主要以人工操作为主。

5. 物流成本高，集约化程度低

2014 年 11 月，中国物流与采购联合会发布了《中国采购发展报告（2014）》。该报告显示 2013 年我国社会物流总费用超过 10 万亿元，占 GDP 比重为 18.0%，是美国 8.5% 的 2 倍有余，物流成本明显偏高。中国物流总费用中运输费用约占 52.4%、保管费用占 35.0%、管理费用占 12.6%。而美国物流总费用中运输费用约占 63.0%、保管费用占 32.7%、管理费用占 4.4%。降低物流成本、提高物流效率是未来物流，特别是第三方物流发展所要解决的首要问题。

小链接

中铁总 2015 年将完善中欧班列　降低全程物流成本

为了推进国家"一带一路"战略，深化货运组织改革，2015 年，中国铁路总公司将进一步完善中欧班列境外经营网络，提高服务组织能力；强化境外集装箱分拨和转运能力，延伸服务链条，提供国际"门到门"服务；以进口汽车、机械设备、化工品、农副产品等为重点，开发回程货源，降低全程物流成本。

2014 年，中国铁路总公司共开行中欧班列 308 列，发送集装箱 26070 标准箱，较 2013 年同期多开 228 列，增长 285%，促进了中欧沿线各国间经贸交流发展。为了提升中欧班列服务品质，按统一品牌标志、统一运输组织、统一全程价格、统一服务标准、统一经营团队、统一协调平台的原则，推进中欧班列国际物流品牌建设；安排专人为客户办理货物国际联运有关单证预审、制单、打单等手续，提供全程物流服务。

中国铁路总公司表示，公司将进一步优化中欧班列运输组织，与过境国运行图顺畅对接，加强沟通协调，与口岸、海关作业无缝衔接。按照日行 1000 千米、全程运输时间在 12 天左右的要求，安排了西中东三个方向的中欧班列通道，其中西部通道经阿拉山口（霍尔果斯）出境，中部通道经二连浩特出境，东部通道经满洲里出境。在 2014 年下半年运行图调整中，将中欧班列运行线由 7 条增加到 19 条，为中欧班列运输需求提供了充足的运力保障。

三、第三方物流市场发展的动力

随着全球经济一体化进程的迅速发展和新兴市场的形成，很多企业开始采用全球战略，以寻找他们的生产资源，并将生产的产品销往全球各地。这些需求构成了物流发展的原动力，其中企业内部生产水平的降低是主要原因。同时，为参与世界性竞争，企业必须降低产品的成本（包括生产成本和销售成本）、降低库存（包括仓储和运送过程中的库存）、增加效益；企业要求准确、及时的信息，要求增加整个供应链流程的可视性。第三方物流提供者为企业解决了上述难题，因此越来越多的企业纷纷选择了第三方物流业务。具体来讲第三方物流市场发展的动力主要来自两个方面：供给方和需求方。

（一）物流服务的供给方

目前，大部分运输和仓储企业已经演变为第三方物流服务的供应商。在很多国家，运输和仓储已经成为具有竞争性的行业，企业的利润不断下降，同时一些管制条件的放松和市场的进一步开放也促使物流服务提供商进一步开拓业务领域。很多物流公司开始增加一些增值服务项目，为客户提供个性化的物流服务，以提高企业的专业化水平，从而保证第三方物流公司财务的稳定性。

（二）物流服务的需求方

对于物流服务的需求方来说，外包可以使企业得到专业的第三方物流服务，利用其专业服务优势不断提升企业的劳动效率。近年来，随着需求客户对物流服务期望的提高、物流技术的迅速发展以及全球经济与环境变化的不确定性因素日益增多，人们对物流管理的需求也越来越大。当然，不同类型的企业对第三方物流的需求服务内容也存在着较大的差异。

1. 生产制造企业的物流服务需求

调查表明：生产制造企业所需求的物流服务主要为仓储保管、城市配送、物流咨询管理等业务内容。从数据（见图3-10）中可以看出，生产制造企业所需求的服务内容主要偏向于传统仓储保管及运输业务，但也有一部分物流系统设计及供应链管理咨询服务等方面的内容。

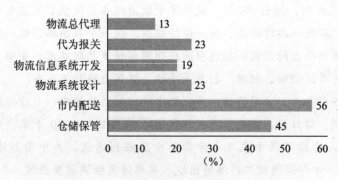

图3-10 生产制造企业物流服务需求内容

2. 商贸企业的物流服务需求

商贸企业的第三方物流服务需求内容如图 3-11 所示，从中可以看出，商贸企业物流运作主要以区域为中心，比较关注市内配送、仓储保管业务。对物流系统再设计、开发物流信息系统、条码系统等服务的需求比重较高。

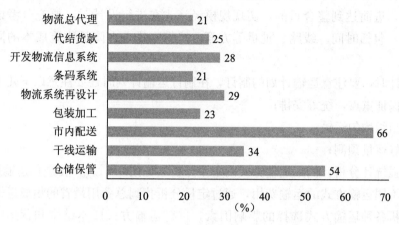

图 3-11　商贸企业物流服务需求内容

目前，我国生产企业原材料物流 50％是由供货方提供，另有 31％靠自己，第三方物流所占份额为 19％，商贸企业中采用第三方物流的约占 27％。而在美国，物流量的 57％是由第三方物流企业提供。在日本，这个比例更高，第三方物流业占整个物流市场比例的 80％。从这些数据中我们可以看到中国第三方物流发展的空间较大，而这也是第三方物流企业不断完善服务、提高专业化程度的重要驱动力。

第三节　第三方物流服务产品的开发内容

第三方物流企业的服务产品较广泛，既有运输、仓储、装卸搬运、配送等基本物流服务，也称为"常规服务"，同时在市场竞争环境日益激烈的外部环境推动下，第三方物流也开始越来越多地开发一些新的服务产品，以满足客户多层次、多种类的服务需求。

一、运输与配送服务

（一）运输和配送网络的设计

很多第三方物流企业都是从传统的运输和仓储企业转型而来，运输和配送业务是其常规业务，但从服务的复杂性和技术含量来看，如果网络覆盖面较广这些常规业务的处理难度也较大。而对于跨国公司来讲，由于其覆盖全球网络的需求，要设计一个高效并在某种程度上协同的运输网络是非常困难的，尤其是一些具有世界工厂的跨国公司。在技术水平比较领先的第三方物流公司中，一般都有专门的专家小组来负责运输网络的设计工作，以帮助制造企业解决这类问题。在我国，第三方物流企业目前具备运输网络的设计规划能力的企业相对较少。

（二）集成运输服务设计

所谓的集成运输服务是指运输需求的整合服务。第三方物流企业根据若干个客户的不同需求，将具有相同运送时间和地点要求的运输需求，在不影响运输质量的前提下进行配载运输，进而达到整合目的，实现规模经济。在进行设计时，要充分考虑各个客户的需求特点，包括时间、线路、批量等方面，统筹安排，在降低物流成本的同时提高物流效率。

具体设计时，要注意运输计划的制订，在制订运输计划时还要注意以下几个原则：

（1）要保证重点，统筹安排；

（2）要组织均匀运输；

（3）做好运量预测；

（4）加强统计分析，例如运输方式的定量分析（见图3-12），在进行运输计划制订时要充分考虑不同运输方式的运输费用，通过定量分析找到总费用最省的集成运输方案。

重点分析各种运输方式选择的影响因素，进行运输方式成本结构和营运特征的比较（见表3-4、表3-5），通过比较统筹安排、合理规划，以最合理、最有效的方式实现货物的集成运输。

表3-4 各种运输方式成本结构的比较

运输方式	固定成本	变动成本
铁路运输	高（车辆及轨道）	低
公路运输	高（车辆及修路）	适中（燃料、维修）
水路运输	适中（船舶、设备）	低
航空运输	低（飞机、机场）	高（燃料、维修）
管道运输	最高（铺设管道）	最低

表3-5 各种运输费方式营运特征比较

营运特征	铁路运输	公路运输	水路运输	航空运输	管道运输
运输价格	3	2	5	1	4
运输速度	3	2	4	1	5
运输可得性	2	1	4	3	5
运输可靠性	3	2	4	5	1
运输能力	2	3	1	4	5

注：排名按照从大到小、从高到低的顺序

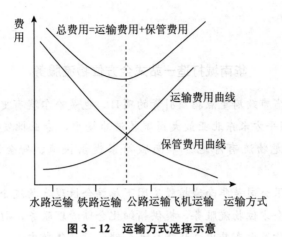

图 3－12 运输方式选择示意

 小链接

危化品运输呼唤第三方物流

根据相关部门的统计数据显示，最近几年我国所发生的危险品事故中，大约77％的事故是发生在运输阶段，9％的事故发生在仓储阶段。从这个数据可以看出，危险品物流已经成为危化品安全中风险最高的一个环节。因此越来越受到人们的重视。

随着我国产业结构调整步伐的加快以及环境要求的不断提升，危化品物流行业也在发生着重大的变化。中国仓储协会会长沈绍基提到："石化行业近几年发展状况良好，这给危化品物流行业带来了发展机遇，也提出了更高的要求。"

化工产业精细化分工的发展趋势，使其对第三方物流服务需求提出越来越高的要求。据了解，目前很多危化品物流企业都是从生产企业独立出来的，这种细化的分工能够有效提高物流效率，并降低物流成本，同时也能够减轻生产企业的物流负担。同时，未来专业的危化品物流企业所提供的服务既包括传统物流服务，也包括采购、运输、销售的一条龙服务。

资料来源：中国化工报。

(三)"一站式"全方位运输服务

"一站式"运输服务是指物流服务提供商提供多种运输方式和运输环节的整合，为客户提供门到门的服务，例如，国际多式联运业务，这是一种比单一运输方式更高一级的运输组织形式，是在集装箱运输的基础上产生和发展起来，按照国际多式联运合同，以至少两种不同的运输方式，由多式联运经营人将货物从一国境内接管货物的地点运至另一国境内指定交付地点的货物运输。这种运输组织形式能够简化托运、结算及理赔手续，节省人力、物力和有关费用，不管全程运输过程经过多少转换，对于托运人来讲，只需要办理一次托运，订立一份运输合同，支付一次运输费用即可，所有一切运输事项均由多式联运经营人负责办理。从而省区托运人办理托运手续、报关、理赔等相关事宜，为客户提供全方位的"一站式"运输服务。

小链接

华南城打造一站式全方位物流服务

哈尔滨华南城是省市政府重点招商引资的项目，也是哈尔滨有史以来最大的招商引资项目，打造为 1200 万平方米东北亚最大商贸物流市场群，专业批发市场与物流市场互为依生、互相促进，乾龙物流有序地为华南城商家提供快捷、安全、高效、低价的物流服务。

深圳乾龙物流有限公司是华南城控股集团下属综合性现代物流企业，是针对专业市场为客户群打造一站式全方位物流服务，提供精细化仓储管理服务，打造物流信息平台及运力采集、信息验证、货源发布其中包括集公共仓储、货运集散中心、货运信息交易中心及区域配送为一体的现代物流服务体系。哈尔滨乾龙物流园包含：综合服务区、大型货运集散中心，公共仓储区，加工仓储区，冷链仓储区，货运信息交易中心。一期位仓库建设总面积约 5 万平方米，分为暖仓和普通仓，仓库内按照 150 平方米、300 平方米、450 平方米、900 平方米、1200 平方米、2000 平方米、6000 平方米、12000 平方米等设置区位管理。一期货代市场设立货运档口 320 个，可容纳省内、省际专线 100 家左右。为省内线路最多的综合性货运代理市场，将成为黑龙江省内较大的物流集散中心。

资料来源：华夏经纬网。

（四）外包运输能力

在此类服务中，客户对于运输的需求是不完全外包，仅是利用物流企业的运输能力，第三方物流企业负责提供运输车辆和人员，而对运输过程进行监督、控制和管理则由客户自己完成。

（五）帮助客户管理运输力量

这是一种比较新型的物流业务，也是在具体操作时根据客户需求而进行设计的服务产品。作为生产企业或商贸企业客户，往往拥有自身的运输工具和人员，但其物流运输管理能力相对比较薄弱，因此会考虑将运输工具的使用和人员的调配外包给第三方物流公司，由第三方物流公司对其运输能力进行管理，这种服务形式在国外比较常见，但在国内目前这种物流业务还没有推广开，很多企业属于小而全、大而全，无论是生产制造企业还是商贸企业都专门设有自己的运输部门，但由于缺乏必要的第三方物流管理能力，最终导致物流成本居高不下，运输效率低下、管理混乱等很多问题。因此，这种方式在我国推广的潜力比较大。

（六）动态运输计划

第三方物流企业根据客户企业的具体需求，例如采购、生产和销售情况，通过运输调度，为客户提供动态的运输计划，以保障运输的高效化和、低成本化和专业化。

小知识

河北省首个货运中心第三方物流外包业务正式启动

北京铁路局河北省会货运中心为加快实现市场化经营步伐，将承揽大客户整体物流外包业务作为全程物流发展的重要突破口，积极探索业务模式，拿第一手货源、做第三方物流。

据了解，该中心既当发货人又当承运人，以"两种身份"与生产企业协作，将其产品发运业务承揽运输至客户指定的收货单位或收货人，生产企业按照"一个到站一口价"的方式一次性支付中心含铁路运杂费、接取送达费、物流服务费等全部费用。

2014 年 12 月，货运中心在走访客户过程中得知，河北云天化国际金农化肥有限公司在经济开发区建厂刚刚投产，有发运复合肥计划，中心物流服务科和良村营业部先后七次到企业洽谈，根据客户需求拟定各项协议和流程图，从短途车辆选用、客服经理配备、服务流程明示、装运信息反馈等方面为客户量身制定个性化运输方案，获得客户认可。12 月 17 日签订了 5 万吨复合肥物流外包协议。

据悉，2015 年 1 月以来，河北省会货运中心共计发送复合肥 18 车共计 1120 吨。针对即将到来的 3 月春农忙时节，他们根据企业生产能力，及时备足短途运输车辆，增强运输能力，为全方位满足企业需求做好了前期准备工作。

资料来源：长城网。

二、仓储类服务

(一) 订单处理

所谓的订单处理是指由订单管理部门对客户的需求信息进行及时处理，这是物流活动的核心业务环节，是从客户下订单开始到客户收到货物为止。如图 3 - 13 所示主要包括订单准备、订单传送、订单录入、订单履行、订单跟踪及反馈。订单准备是指将客户所需要的产品的订货单在指定的时间内进行收集和整理。订单传送是指将准备好的订单传递到相关的职能部门。订单录入主要是核查库存、信用、准确性等。

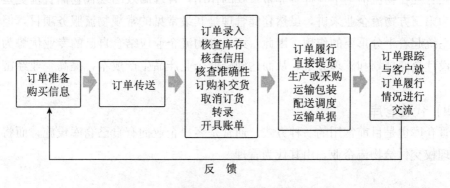

图 3 - 13　订单处理的主要业务环节示意

（二）库存管理

库存管理又称为库存控制，是对制造业或服务业生产、经营全过程的各种物品，产成品以及其他资源进行管理和控制，在保证企业生产、经营需求的前提下，使库存量经常保持在合理的水平上。其内容包括市场、采购、销售、生产等多个环节，很多企业会将库存管理的执行环节外包给专业的第三方物流企业，而对于库存管理中较为复杂的预测和计划部分，则通常由企业自己负责。

（三）仓储管理

仓储管理就是对仓库及仓库内的物资所进行的管理，是仓储机构为了充分利用所具有的仓储资源提供高效的仓储服务所进行的计划、组织、控制和协调过程。其管理的内容既有技术的也有经济的，主要包括以下几个方面。

1. 仓库选址与布点

仓库选址与布点是关系到企业整体物流网络合理性的一个重要内容，选址与布点的合理与否与企业整体的运营成本、运作效率有着重要的关系。仓库选址时应充分考虑影响选址的基本因素，例如，运输条件、用地条件、经营业务条件等。同时也要考虑仓库选址的技术方法，多点布置时要考虑物流网络中仓库的数量与规模的大小、交通位置、服务的客户等问题。

2. 仓库规模的确定和内部合理布局

这主要包括仓库库存面积和建筑物面积的确定，以及库内通道、各作业区的划分等。此部分要特别注意各作业区之间的密集程度，根据密集程度规划各作业区的具体位置。

3. 仓储设施和设备的选择和配备

仓储设施和设备的选择和配备包括如何根据仓库作业的特点和储存商品的种类和理化特性，合理地选择和配备仓库设施、作业机械以及如何合理使用和管理。

4. 仓储作业活动管理

仓储作业活动随着作业范围和功能的不同其复杂程度也不尽相同，仓储作业管理是仓储管理的重要内容，它涉及仓储作业组织的结构与岗位分工、作业流程的设计、仓储作业中的技术方法和作业手段，还包括仓储活动中的信息处理等。

仓储管理在物流活动中发挥着非常重要的作用，合理高效的现代仓储管理更是重中之重。作为第三方物流企业来讲，虽然仓储管理是其最常见的常规物流服务项目，但其对整个物流系统起着十分重要的作用，因此，第三方物流企业应结合自己的专业优势为客户量身定做设计仓储规划和管理方案，从而达到降低企业产品生产成本，提高企业经济效益的目的。

（四）代管仓库

代管仓库也是目前常用的一种方式。通常是客户企业拥有自己仓库设施，而将自己仓库的管理权交付给物流企业，由其代为管理。

三、增值服务

增值服务是竞争力强的企业区别于一般小企业的重要方面，是为了满足客户的需求，向其提供高于其期望的物流服务。企业要特别注意所提供的基础服务，在基本服务的基础上也可以实现增值服务。

（一）延后处理

第三方物流公司在仓库或物流中心内对客户的产品按单进行分拣、包装，可代替一部分原来需由工厂完成的工作，从而实现了物流环节的增值，这就是延后处理。延后处理是一种物流增值模式。企业在生产过程中，在生产线上完成标准化生产，但对其中个性化的部分，根据客户需求再进行分拣、包装。一般来讲，生产企业推出的产品系列、配套元器件常常包括几十甚至几百种，在下达订单时，顾客的要求往往是生产线上各种产品的组合，而且，还有很多公司是在不同地域的工厂里生产不同类别的产品的。企业为了能够根据客户订单的要求及时、准确地配送货物，就需要借助物流中心或集中仓库的形式来完成，而对于某些不具备这方面物流优势的企业来说，往往要花费巨大的物流成本来完成这项工作。而第三方物流企业恰恰具备这方面的竞争优势，将分拣、包装环节的工作外包，可为企业带来增值效用，既能够降低物流成本，同时又能提高服务水平。

（二）JIT 工位配送

JIT 工位配送是一种典型的配送增值服务。如中邮物流按照神龙公司的生产计划将配件运送到仓储物流中心并保持合理库存，然后根据客户下达的当日生产计划，按规定的时间与零配件规格，将物品配送到生产线上。

（三）供应商管理

供应商管理主要包括两类：一类是对运输、仓储等提供物流服务的供应商管理；另一类由第三方物流对客户企业的原材料和零配件供应商进行管理。供应商管理主要包括以下内容：质量（Quality）、成本（Cost）、交货（Delivery）、服务（Service）、技术（Technology）等方面的管理。

（四）物流金融服务

物流金融服务是指在面向物流业的运营过程，通过应用和开发各种金融产品，有效地组织和调剂物流领域中货币资金的运动。包括发生在物流过程中的各种存款、贴现、贷款、投资、信托、租赁、抵押、保险、有价证券发行与交易，以及金融机构所办理的各类涉及物流业的中间业务等。

物流金融是伴随着物流产业的发展而产生的，主要是为物流产业提供结算、资金融通和保险等服务的金融业务。主要涉及三个主体：客户、金融机构和物流企业，金融机构同物流企业联合，为资金的需求者提供各种金融服务，从而满足各方的需求，能够加快社会商品的流通，对推动流通体制的改革具有重要的作用。

小链接

沙葱平台：大宗商品物流金融平台开创者

随着互联网的飞速发展，传统行业都开始"触网"并开始创立新的业务模式。对于大宗商品物流行业来说，2014年最受关注的创新当属沙葱物流金融综合平台的问世。

沙葱物流金融综合平台由永晖控股旗下北京沙葱电子商务有限公司创办，于2014年9月正式上线，平台立足于中蒙俄口岸，专注于大宗商品散货物流，为产业链中的企业提供运输、仓储、通关、质检、金融方面的交易撮合服务，并提供在线结算与支付功能。沙葱物流金融综合平台将线下物流、仓储等服务与"大数据""云平台"等互联网技术结合，构建了全新的物流金融业务模式。实现了从快运、仓储、报关，到线上交易、实时追踪，再到全方位金融的一条龙式服务链条，全方位解决大宗商品物流参与各方的迫切需求。

目前，沙葱物流金融服务平台目前主要有三大核心业务：沙葱快运、沙葱仓储和沙葱金融。其中沙葱金融平台最具特色，主要为银行提供平台上的交易数据、合同、应收账款的凭证，为货主、承运方、仓储方提供融资服务，包括运费保理、仓单融资等。为了满足客户多样化的需求，沙葱金融推出了三种融资模式：供应链金融、P2P金融、票据金融，客户可以根据需要自由选择。

沙葱网络金融除了融资模式多样化外，其最大的特别之处在于，它是通过永晖控股这样背景较好的大宗商品专业公司买卖合同控制货权，收取融资方一定比例的履约保证金，并采取与市场价格指数联动形式控制货值风险，同时以应收账款质押形式转让债权给金融机构和个人投资者，一旦发生风险，利用专业公司的销售渠道迅速处置变现，保证出资方的利益。通过这种途径，融资企业可以获得融资，降低成本，投资者可以获得稳健、高收益的回报，金融机构可以拓宽中小企业市场，改善信贷结构，平台可以增加收入来源，达到多方共赢的效果。

资料来源：证券之星（http://finance.stockstar.com）。

（五）咨询服务

第三方物流企业提供的咨询服务主要包括物流相关市场调查分析、流程设计、运输方案、决策设施规划与设计和信息系统设计等方面。

四、信息服务

第三方物流的信息服务主要包括三个方面：

（1）运输过程跟踪服务。

（2）信息平台服务。

（3）物流业务处理系统。

五、总体策划

总体策划是指第三方物流企业以不同程度地为客户提供物流系统总体开发与设计能力作为服务范围。

第四节　第三方物流服务方案的具体设计

企业在进行物流外包和自营物流决策时，选择第三方物流的原因通常是第三方物流企业所提供的服务更加专业化和高效化。而第三方物流的服务水平和服务绩效，在很大程度上又依赖于第三方物流服务提供者是否能够提供一个具有针对性、行之有效的服务方案，所以，科学合理地进行物流服务方案的设计是第三方物流的一项十分重要的职能。

一、物流服务方案设计的一般程序

定制客户物流服务方案相当于具体的产品设计，是第三方物流服务中最体现管理水平、策划能力和技术含量的环节，也是赢得客户的关键环节。一个完整的物流服务方案包含众多的环节和过程，具体来讲大致可分为以下三个环节：调研阶段、分析阶段和确定阶段，如图 3 - 14 所示。

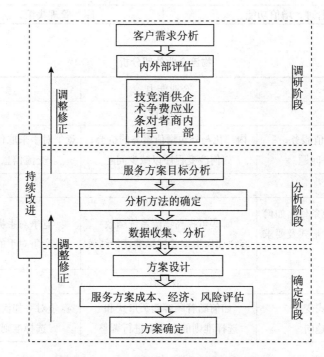

图 3 - 14　物流服务方案设计的一般流程

(一）调研阶段

调研阶段主要是在对客户需求进行详细分析的基础之上，对具体的物流活动内容进行分析，这个阶段较为关键，其主要工作是企业现有的物流系统进行调查与评估，包括企业现有物流活动的各个环节的调查与评估（表3-6），企业外部评估，例如，企业与供应商和消费者、企业现有能力以及竞争对手能力的分析（见表3-7）。

表3-6 物流企业内部各环节调查与评估

物流环节与程序	如何评估
客户服务	
信息流动；订单状况；订货程序	订单决策是如何制定的；当库存不能满足订货需求时怎样
原材料管理	
工厂与配送中心的原材料；每个制造点及配送中心的程序	制造及配送中心能力决策是如何制定的；生产计划是如何制订的
运输	
运输方式；与承运人相关的信息	运输方式与承运人的选择决策
仓库	
储存和装卸设施；设施内的生产线；储存、装卸及其他增值功能	每个设施中的集运决策；物料搬运决策；产品储存；产品选择决策
库存	
库存管理；增值功能	库存管理决策；信息系统

表3-7 物流企业外部分析

市场趋势	企业能力	竞争能力
供应商		
供应商提供的增值服务；供应商的主要问题	内部化与外包增值服务的机会；如何改变程序以减少问题	竞争对手采取什么行动来与供应商交流信息；竞争基准点
客户		
服务关键客户的约束条件；如何降低成本客户订货的形式及要求标准	哪些可提高物流系统绩效客户如何根据关键标准评价绩效	竞争对手提供的服务类型竞争对手的关键绩效指标
消费者		
客户的购买形式变化物流活动的趋向	如何随着顾客购买形式和选择准则的变化而进行调整	竞争对手如何随客户购买形式和选择准则的变化而变化

通过一系列指标对物流系统进行绩效衡量，并与标杆企业进行对比，从而发现问题所在，找到解决问题的关键所在。在调研的基础上，针对所发现的问题就明确了接下来的行

动方向。

（二）分析阶段

分析阶段主要是指对服务方案的目标的分析、分析方法的确定、数据的收集，以及数据的分析。具体来讲，主要包括针对服务方案的目标分析、分析方法选择、数据收集及数据的分析。

（1）目标的确定。物流服务方案的目标包括物流系统改进的成本与客户期望。在进行目标确定时，必须考虑到成本问题，以总成本为约束条件，尽可能地在总成本预算内来设计最优的物流服务方案。

（2）分析方法的选择。这里的分析方法主要是量化的数据分析方法，例如，数学规划法、计算机仿真法、统计分析方法等。

（3）数据的收集。

（4）数据的分析。

（三）确定阶段

根据前两个阶段的调研和分析结果，设计基本的物流服务方案，将可行性最大的几个备选方案推荐给客户企业，并重点将这些方案的优劣势进行介绍，与客户企业的管理层共同研究决定具体实施哪一种方案。同时，还要特别注意结合客户期望对推荐方案进行成本评估，确定符合企业成本预算的方案，在进行最终方案确定时要进行风险分析，判断市场在未来不同阶段会产生哪些变动，这些变动会对方案产生什么样的影响。

二、物流服务的持续改进

同有形产品一样，物流服务作为无形产品，也需要不断地持续改进，才能适应客户不断变化的需求。因此，物流服务方案的设计并不是一个静态的行为，而是一个动态的过程。通过物流服务方案的持续改进，可以与客户企业建立良好的客户关系，使客户感受到第三方物流服务商的专业化水平带来的效益和服务质量，从而能够与客户建立长久的合作甚至战略联盟关系。对于第三物流企业来讲，这种持续的改进，可以提升企业的竞争优势。因此，物流服务的持续改进无论对于客户企业还是第三方物流企业来讲都具有重要的意义。具体来讲物流服务持续改进的内容主要包括以下三个方面（见图3－15）。

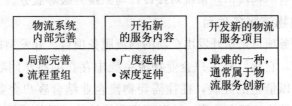

图 3－15　物流服务持续改进的三种类型

（一）现有物流系统的内部完善

根据改进的程度和改进所产生的影响可将现有物流系统的内部完善划分为系统局部的

完善和物流流程的重组两类。

1. 系统局部完善

系统局部的完善是指对物流的某些环节进行改进，产生的影响一般也是在局部范围内，如包装材料或包装方式的改变，运输网络设计的完善，仓库库位管理的科学化等。例如，风神物流公司专门针对汽车制造商提供零配件包装设计与制作服务；福建中邮物流公司为降低东南汽车公司备件配送过程中的货损率，专门改进了备件的运输包装等。

2. 流程重组

物流流程重组型改进一般会对物流服务的系统进行重新设计，其影响通常是全局性的。例如，风神物流为其大客户设计的全价值链增值服务。从零配件供应物流一直到销售、售后服务物流等环节。

这类企业一般具有较强的协调力和控制力，能够将多个物流环节进行无缝衔接，整合社会物流资源，从而满足大客户对全程化物流的服务需求。

(二) 原有服务基础上开拓新的服务内容

这里主要是指外延方面的持续改进，在原有的服务项目基础上开拓新的服务内容。根据拓展方式不同，可分为以下两种。

1. 广度延伸

广度延伸是指在原有的物流服务环节上进行延伸，例如，由一般的仓储管理向仓储一体化发展，由货运业务向物流业务发展，有代收货款向物流金融发展，这些都体现的是物流服务环节的增加。这种服务广度上的延伸往往能够取得较好的质量效果，更能得到客户企业的认可，从而建立更加稳固的客户关系，例如，现在各大物流快递企业在面对当前客户日益提高的个性化需求，往往通过物流服务环节上的延伸来满足客户的需求，从而实现企业经营效益的提高。

2. 深度延伸

深度延伸主要是指在物流服务的一个项目或环节上深化，表现为提供一些新的增值服务项目。如在原有的传统仓储管理的基础上，对出入库货物进行统计，提供市场预测和库存计划的依据，这些都属于深度延伸，例如，安得物流公司、宅急送公司等企业根据客户的个性需求，提供专有的物流信息系统对接设计与系统升级等服务。

(三) 开发新的物流服务项目

开发新的物流服务项目是指开发出全新的物流服务项目。开发型持续改进是所有的持续改进中最难的一种，它是针对客户企业物流系统中存在的特殊问题进行物流服务的创新，所以一般没有可以借鉴的经验，往往需要物流企业结合客户企业的实际情况进行分析，为其量身定做设计物流服务方案。这种开发型持续改进虽然难度比较大，但通过这种新的物流服务项目，往往可以和客户企业形成稳定的战略合作伙伴关系，与客户之间形成共赢发展的局面。

小链接

宝供物流推新发展战略 两大物流服务平台上线

2014 年 12 月 11 日

目前宝供已形成了覆盖全国的业务运作和信息网络，与世界 500 强及国内大型企业包括联合利华、三星、安利、强生、红牛、玫琳凯、蓝月亮等结成战略联盟，也为涉及日用消费品、食品饮料、家电家具、化工及危险品、服装电商、汽车零配件、钢材建材等多个行业的客户提供综合物流服务。服务产品包括供应链咨询、物流运作、物流信息、物流增值服务、供应链金融五大类产品，覆盖供应物流、生产物流、销售物流和逆向物流整个供应链领域。被国际著名的企业管理咨询机构麦肯锡及国际著名投资机构摩根士丹利评价为中国"最领先"的和"最有价值"的第三方物流企业。

2014 年 12 月，宝供集团推出针对"公路快运及物流资源交易"两个平台——宝供快运、一站网。"宝供快运"将在原有第三方的运输资源基础上整合社会公路运输资源，以标准化卓越经营为基础，以信息技术、管理技术、操作技术为手段形成价值链，以"加盟＋授权经纪人＋合作商＋直营"的方式布局渠道及运作网络，打造深度的全国网络平台和高效的运营体系。并计划在全国设立 7 个管理大区，300 多个分拨平台，2400 个集配中心，形成对全国无缝覆盖的运作网络。打造平台—平台、平台—集配中心、集配中心—客户的三级联动的快速运输网络。宝供快运希望以有序、高效、共赢的价值观来推动中国公路货运行业的整合、发展和变革，帮助客户实现业务高速扩张和深度配送，为客户提供安全、便捷、高效、透明、共赢的公路运输服务。而一站网物流资源交易平台的诞生则是为了解决整个中国物流行业物流成本高，交易链过长，运输过程不透明，司机揽货难，货主找车难，黄牛监管难等问题。"一站网"基于移动互联网的交易平台，其核心价值是让物流供需双方减少交易环节、实现海量智能撮合。它以平台式建设来准确收录、把握货主、车主需求，并为货主提供有针对性的解决方案，以解决目前运作无序、信息高度碎片化的局面，同时也改变整车物流中个体承运的种种矛盾。

资料来源：凤凰网广州（http://gz.ifeng.com）。

三、物流服务持续改进的保障措施

（一）坚持持续改进的观点

第三方物流企业作为服务类型的企业，首先要坚持持续改进的观点，特别是管理层，要树立持续改进的经营和管理理念，并鼓励员工要有服务质量不断提高的意识，很多第三方物流企业虽然技术能力较强，但由于对服务缺乏持续改进的意识，往往会导致客户不断流失，从而给企业造成较大的损失。

（二）构建服务缺陷反馈机制

所谓持续改进主要是针对物流服务中不完善的环节而言的。如何在工作中发现问题就成为持续改进的关键。因此，要实施持续改进的管理模式，就必须构建好服务缺陷反馈机制。

（三）组建持续改进推进技术小组

此措施主要是针对物流服务过程中不完善的环节，发现问题只是第一步，接下来最主要的是要解决问题。一般性的问题通过部门经理进行解决，但对于相对复杂的问题，则需要专门的技术小组来进行解决，专门负责物流项目的策划与持续改进工作。以华润物流为例，它们有专门的专家队伍负责物流项目的策划和持续改进工作。

（四）加强动态的绩效评估

服务要彻底地推行持续改进的管理模式，还必须将持续改进纳入到绩效评估中去，从而有效激发管理人员和实施人员推行持续改进的积极性。

在第三方物流服务中，差错或是意外是不可避免的，并且客户的需求也在随着市场的转变而发生变化，对于这个差错、意外或需求的变化的管理水平更能体现一个企业的技术能力和管理素质。为了处理物流服务中的这些差错、意外和变化，专门设立客户服务部门，对意外情况进行处理，是非常必要的。

实训题

设计物流服务方案

一、实训目的

通过本章内容的学习，使学生掌握设计一份完整的物流方案的整体步骤和流程，明白在设计方案的过程中应该注意的问题，能根据客户的具体情况详细分析，为其量身定做设计物流方案，并对方案的可行性进行论证分析，将所学知识进一步运用到现实企业中。

二、实训要求

1. 实训时间：两周提交设计方案相关材料。
2. 根据内容合理进行人员分工和任务分配。

三、实训内容

以小组为单位，每个小组3～6人，每组负责就近选取一个企业（生产制造企业、商贸企业等），根据对其需求的调查为其设计物流服务方案。实训具体内容包括以下几个方面：

1. 以小组为单位提交设计方案。
2. 客户背景材料与物流需求分析。
3. 小组总体设计方案及相关论证材料。
4. 第三方物流方案的技术性和经济性分析。
5. 方案持续改进的具体措施。

四、考核办法

1. 根据小组的总体设计情况进行综合评分，给出设计分。

2. 根据各小组成员的任务量和完成量及完成效率进行排名，分别打分。

3. 小组各成员的成绩以综合成绩为准。

习题

一、单项选择题

1. 物流服务质量层面需求、品牌层面需求和载体层面需求三种类型属于（　　）。

A. 物流服务功能需求　B. 形式需求　　　C. 服务外延需求　　D. 服务价格需求

2. 物流市场分为传统储运物流、综合物流和现代物流市场三种类型是按照（　　）不同来进行划分的。

A. 物流服务范围　　　B. 服务领域　　　　C. 发展的进程　　　D. 物流流向

3. 在物流服务方案设计中，（　　）阶段需要进行竞争对手能力、企业内外部评估的。

A. 调研　　　　　　　B. 分析　　　　　　C. 确定　　　　　　D. 修正

4. 同有形产品一样，物流服务作为无形产品，也需要不断的持续改进，才能适应客户不断变化的需求。具体来讲物流服务持续改进的内容主要包括三个方面，其中（　　）是最难的一种，通常属于物流服务创新。

A. 物流系统内部完善

B. 原有服务基础上开拓新的服务内容

C. 开发新的物流服务项目

D. 修正原有物流系统

5. 在物流系统持续改进中，一般会对物流服务的系统进行重新设计，其影响通常是全局性的。这是属于（　　）。

A. 广度延伸　　　　　B. 局部完善　　　　C. 深度延伸　　　　D. 流程重组

二、多项选择题

1. 物流服务需求的特点包括（　　）。

A. 时空特定性

B. 可转移性

C. 可分解性

D. 规则性和不规则性

E. 派生性和独立性

2. 物流服务需求主要有（　　）。

A. 功能需求　　　　　B. 形式需求　　　　C. 外延需求　　　　D. 价格需求

3. 流服务的需求方主要包括（　　）。

A. 生产制造企业　　　B. 商贸企业　　　　C. 事业单位　　　　D. 机关办事处

4. 第三方物流的信息服务主要包括（　　）。

A. 信息平台服务　　　B. 物流业务处理系统

C. 运输过程跟踪　　　D. 分拣与配送

5. 在物流服务持续改进的三个方面中，物流系统内部完善包括（　　）。

A. 广度延伸 　　　　B. 局部完善 　　　　C. 深度延伸 　　　　D. 流程重组

三、填空题

1. 物流方案设计中，分析阶段主要包括 _____ 、 _____ 、 _____ 、 _____ 四个方面的分析。

2. 物流服务的购买者不同，其对物流活动的要求也不同，在对物流需求进行分析时，必须结合不同的购买者来进行分析，开展相应的物流服务。一般情况下，物流服务的购买者主要有 _____ 、 _____ 、 _____ 。

3. 第三方物流市场发展的动力主要来自 _____ 和 _____ 两个方面。

4. 物流服务方案设计包括三个环节： _____ 、 _____ 、 _____ 。

5. 在需求预测中有两种方法，即 _____ 和 _____ 。

四、判断题

1. 物流服务需求包括有形需求和无形需求。　　　　　　　　　　　　　（　　）

2. 物流服务形式需求主要有客户服务需求、心理需求和文化需求三方面。（　　）

3. 当其他条件不变时物流需求量随着物流服务水平的提高而降低。　　　（　　）

4. 消费水平的提高，会增加企业对物流服务的潜在需求；消费水平的降低，会抑制企业对物流服务的需求。　　　　　　　　　　　　　　　　　　　　　　　（　　）

5. 按物流服务范围的不同划分可分为社会物流市场和企业物流市场，前者属于宏观物流范畴，后者主要属于微观物流服务，如采购物流、生产物流、销售物流服务等。（　　）

6. 在物流金融中涉及三个主体：物流企业、客户和金融机构。　　　　　（　　）

7. 原有基础是开拓新的服务内容，又称为开发型持续改进，是指开发出全新的物流服务项目。开发型持续改进是所有的持续改进中最难的一种。　　　　　　　（　　）

8. 平时我们所提到的库存控制通常指的就是仓储管理。　　　　　　　　（　　）

9. 物流服务方案的目标包括物流系统改进的成本与客户期望。在进行目标确定时，必须考虑到成本问题，以总成本为约束条件，尽可能地在总成本预算内来设计最优的物流服务方案。　　　　　　　　　　　　　　　　　　　　　　　　　　　（　　）

10. 订单处理的主要业务环节包括订单准备、订单传送、订单录入、订单履行和订单跟踪五个方面。　　　　　　　　　　　　　　　　　　　　　　　　　　（　　）

五、名词解释

1. 物流服务价格需求

2. 库存管理

3. 延后处理

4. 物流服务持续改进

5. 代管仓库

六、简答题

1. 物流服务需求的影响因素有哪些？

2. 物流需求预测的步骤包括哪些？

3. 简述我国第三方物流市场发展的状况。

4. 第三方物流服务的开发内容主要有哪些?

5. 列举第三方物流的增值服务有哪些?

七、论述题

1. 试结合企业实例分析第三方物流企业如何进行物流服务方案的设计与开发。

2. 举例说明第三方物流企业是如何进行物流服务方案的持续改进。

八、案例分析

某家电企业在国外有较长的发展历史,品牌具有相当的知名度,后打入中国市场,在国内投资建厂。该企业产品种类较多,且质量有保障,有较好的口碑,但是在国内,该品牌并不为大家所熟知,同时,由于国内同类产品的竞争非常激烈。为了能够快速打开市场,该企业制订了一个长期发展战略,摈弃那种砸钱打广告的做法,而是采取"精耕细作、加强服务"的策略来赢得市场。

该企业的物流业务由自己承担,总部则根据分公司或办事处的申请发货,各分公司只负责销售和仓储管理,这样的状态持续了近两年的时间,发现存在较多的问题:各分公司物流成本大幅度增加;库存大量增长,坏机现象严重;销售回款下降较快,呆坏账较多;总部对各地情况难以及时掌握。后来,总部下决心运用第三方物流模式,委托中集集装箱总公司为其完成物流服务。中集接到委托后,采取了一系列措施,首先根据其公司具体情况为其量身定做设计物流方案。针对该公司在国内市场"深耕细作,加强服务"的长期经营策略,中集制定了"配合销售,加强服务,总部控制,透明及时"的物流战略。物流战略确定之后,就要在具体方案操作中贯彻和体现这一战略。由于该公司产品需要在全国各地销售,涉及区域范围广,而且各地市场特点不同。根据该公司要求,中集总公司利用本系统网点多、功能齐全的优势,组织有关公司参与该项目、中集总部及各所属公司成立项目组,中集总部负责管理和协调,提供一体化管理。

思考题:

1. 该家电企业下决心采用第三方物流的原因有哪些?

2. 中集为该家电企业提供了哪些物流服务?

3. 你认为中集在提供物流服务时应注意什么问题?

第四章　第三方物流企业的经营战略与业务管理

第一节　第三方物流企业的经营战略

宝供物流战略转型

宝供物流企业集团有限公司创建于 1994 年，总部设于广州，是国内第一家以物流名称注册的企业集团。目前已在全国 65 个城市建立了 8 个子公司、50 多个办事处，形成了一个覆盖全国，并向美国、澳大利亚、泰国、中国香港等地延伸的物流运作网络。

宝供作为国内较为成功的第三方物流企业，从一个小小的转运站到物流业的翘楚，宝供在短期内似乎并无利润之忧。但需要注意的是，物流行业的整体利润正日趋下降却是不争的事实。特别是随着传统行业的竞争日趋激烈，这些企业为获得竞争优势而纷纷在压缩成本方面下工夫，而储运成本在很多时候成了他们下手的首要目标。如何选择合适的竞争战略，提高竞争力成为摆在宝供集团面前的重要问题。

在这种背景下宝供集团提出了战略转型的方案，试图通过集中化的竞争战略获得竞争优势，在竞争中胜出。为了确保转型，宝供集团目前主要采取了三个方面的措施。一是对运作资源进行整合，宝供集团投入巨额资金在广州、上海、苏州、合肥等地建设了大型的物流基地；二是加强信息技术，宝供集团为此开发了仓库管理系统和 ERP 系统；三是提高人员素质，邀请专家加盟，充实物流规划方面的人员，并实施其用于加深员工对供应链认识的人员培训计划——"北极星计划"。在以上三个方面措施的保障下，宝供顺利地实施了战略转型，从一个提供基础第三方物流业务的第三方物流企业顺利转变为能够提供较高水平的增值服务，具有供应链整合能力的第三方物流企业，合理的拓展了企业利润空间，在行业竞争中再一次走在了国内众多同行的前列。

作为第三方物流企业，宝供集团之所以转型成功，因为宝供实施的是集中化的经营战略，宝供的集中化战略主要体现在对现有资源进行整合，通过建设大型物流基地构建全国性的物流网络，结合信息技术与人才战略，有效地将现有资源集中于其核心业务，提高企业核心能力，并通过实施集中化战略，使宝供能够更加有效地利用企业资源，提高企业内部的核心竞争力，从而使企业效费比高于其同行业者，进而获得竞争优势。

近几年来，国内物流持续升温，物流作为一个新兴产业，已成为新的经济增长点。第三方物流则是现代物流发展的主流模式。尤其是第三方物流企业更是发展迅速，同时物流企业的战略管理也越来越受到企业管理层的重视。制订切实可行的物流经营计划和战略，是第三方物流企业有效开展物流服务业务，突出核心竞争力的重要一环。

一、第三方物流企业经营战略的内涵

第三方物流企业战略就是在企业经营过程中，通过对第三方物流的产业竞争环境进行审核研究，做出对企业的物流服务产品的定位、物流市场定位及价值与核心能力定位的总体决策与完整的实施计划。

第三方物流企业与其他任何在市场上竞争的企业一样，在制定企业战略时，必须要思考三个首要的核心问题：

（1）企业提供什么物流服务产品，即产品定位。

（2）谁是本企业的客户，即市场定位。

（3）客户认知的价值是什么，即价值定位。

目前，很多第三方物流企业的市场定位，基本上都是在全国范围提供综合性的物流服务，不明确自己的市场定位，却没有明确的经营战略，这是中国物流业战略意识低下的重要表现。

小链接

五环速递：用高端服务杀出物流红海

物流市场之所以饱和是因为大家都挤在一个区域竞争。现在的物流市场和电商很像，都是大家拼命在烧钱，看谁先倒下。很多人都认为物流市场已经极度饱和，所以才会造成今天的局面，其实这种认识是错误的，现在物流竞争惨烈的本质原因是——所有人都提供同质的物流服务，造成了在同一个物流服务中拥挤了太多的企业，自然造成了激烈的竞争，而其实这种竞争是可以避免的。因为从市场规模来看，发达国家的快递市场占本国GDP的0.8％以上，而我国的快递市场占GDP仅为0.21％。按照专业机构对市场的分析，占GDP 0.3％以下的市场是无序的、不成熟的自由竞争市场；占GDP 0.3％～0.6％的市场是一个发展中的完善市场；占GDP 0.6％以上的市场是相对稳定的成熟市场。可以看出我国的快递业仍然处在一个尚未成熟的自由竞争市场中。

所以，中国的物流市场并没有饱和，而是行业内存在太多的同质竞争，造成了资源严重的浪费和行业的不合理。物流市场的机会还是十分巨大的，但是要进行差异化竞争。

五环速递是一家专业从事快递服务的民营企业，坚持资源优化配置的原则，打造物流行业价值链，为物流行业网络标准化经营进行实践与探索，目前服务网络以东北三省为起点，涵盖香港、珠三角、长三角，环渤海地区，福建以及全国大部分地区，业务涉及国际件、国内件和同城件三大品种及物流服务。如图4-1所示。

图4-1　五环速递官方网站首页

五环速递，瞄准高端物流市场的差异化竞争，很敏锐地切入了物流行业的差异化竞争，把自己的特色物流服务定位为高端物流服务，五环速递提供为奢侈品、艺术品、易碎品等高端物品的商家与个人提供速递特有服务。而这直接使五环速递在同质竞争的行业红海市场中脱颖而出，杀入现在中国物流市场很弱的高端物流市场，避免了和众多物流大佬烧钱打正面战的局面。

虽然现在的五环速递现在提供的高端物流服务还有很多需要改进的地方，例如，不够个性化，难以满足高端人士的需求；赔偿制度不明确，难以让运送高端物品的客户放心委托运送。但是五环速递给中国的物流行业提出了一种启示，大家完全不用在一个同质服务中对掐，物流行业还有很大的市场可以做，进行差异化竞争才是最好的选择，而这也必将是未来物流行业的发展趋势。

资料来源：http://news.zol.com.cn/tech/7842.html.

二、第三方物流企业经营战略的基本类型

第三方物流企业有效开展物流服务业务，突出核心竞争力的一个重要环节就是制定切实可行的物流经营计划和战略。从企业发展的战略角度来分析，我们可以从企业的资产专用性和功能整合能力两个方面着手进行分析，将第三方物流企业划分为综合型、集成型、系统性和柔软性四种类型，如图4-2所示。

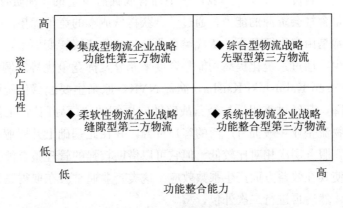

图4-2　第三方物流企业经营战略的四种类型

资产专用性是指第三方物流企业自身所拥有的耐久性和专门性的投资，包括物流人力资本专用性、信息技术专用性、网络专用性、物质资产和专项资产专用性。资产专用性越高，退出的成本就越高，其他同类企业进入同一经营领域的壁垒也就越高。而功能整合性主要指第三方物流企业的管理能力，即自身不拥有资产或者拥有较少资产时，能够通过自己的管理能力，高效率、低成本整合社会资源的能力。

(一) 综合型物流战略——先驱型第三方物流

先驱型第三方物流是一种综合性的物流企业，具有独特的品牌优势，运输和仓储设施和设备先进，具有独特的品牌优势，物流网络遍布全国甚至全球，同时又拥有经验丰富的物流人才。其最大的特点是资产专用性高，具有较强的功能整合能力，能对货主企业的全球化经营从事国际物流，优点是实现一站式托运：集商品周转、流通加工、保管为一体的综合设施，能够有效降低综合物流服务成本。这类第三方物流企业通过不断引进学习国外先进的管理技术和方法，巩固资产专用性，提升其社会资源的整合能力，注重规模优势，确立行业寡头地位。例如，United Parcel Service（UPS）联合速递，世界最大配送公司向

全球制造商、批发商、零售商、服务公司提供多种范围的陆、空包裹、单证递送、增值服务；中国远洋运输（集团）公司简称中远或 COSCO，是中国大陆最大的航运企业，全球最大的海洋运输公司之一。借助强大的航运能力，整合中远集团丰富的全球物流资源，将对客户的服务由运输扩展到仓储、加工、配送，直至深入到产品的生产、流通、分配的大部分环节，中远航运的运输服务由此而大大增值，提高了赢利能力和市场竞争力，也巩固了中远航运作为全球承运人的地位，并逐步向全球物流经营人转变。中远航运的战略方向非常明确，即从全球承运人的优势地位出发，以全球物流电子商务平台为依托，强化信息网络建设，以具有全球供应链的跨国公司为主要客户群，以提供全过程整体解决方案为服务产品，迅速推进物流业的发展。

（二）系统性物流企业战略——功能整合型第三方物流（专业物流服务商）

功能整合型第三方物流经营战略的特点是以货物为核心，导入系统物流，改进分拣、货物跟踪以提供高效的物流服务，主要服务于一些特定的目标市场。这类企业的资产专用性比较低，而功能整合度比较高，一般自己不拥有或拥有少量的物质资产或专用性资产，但它具有很强的整合社会资源的能力，通过整合获得低成本的竞争优势。

这类企业通常是由咨询管理类、货代类企业经过业务拓展转变而来，其特征是固定设备、设施的投资少，通过系统化提高功能整合度来充分发挥竞争优势。例如，日本邮船株式会社 Nippon Yusen Kabushiki Kaisha，简称 NYK，原来主要经营传统海运服务，但随着航运业利润下降，其经过重组后，经营战略转向更细的"门到门"，定位为全方位综合物流公司。这类物流企业一般拥有广泛的客户资源，并在此基础上开展业务拓展，因此客户分布比较广泛，服务层次相对比较低。但它可以借助较强的管理整合能力，充分利用闲置的社会资源，使其在效益方面产生乘数效应。这类企业通常会在取得物流项目的总承包后进行资源整合，然后再进行二次外包。

（三）集成型物流企业战略——功能性第三方物流

此类企业的主要特点是资产专用性高，但对社会资源的整合能力相对较弱。这类企业一般都是从传统的运输和仓储企业转型而来，所提供的服务大部分属于基础服务，功能单一，种类较少，属于物流市场中的运输代理者。这类企业通常为特定的合同用户提供基础服务，虽然也综合运用铁路、船舶、航空等多种运输方式开展货物运载服务，但由于网络化服务缺乏，信息技术落后，往往运作成本较高。在对客户服务上一般是对传统运输仓储业务进行拓展，提供增值服务，比如再包装、贴标签、商品质量检验、回收物流等逐步向物流过程管理、库存控制、订货方向发展。

（四）柔软性物流企业战略——缝隙型第三方物流

此类企业的主要特点是功能整合度和资产专用性都较低。这类企业是伴随着电子商务出现而发展起来的小型物流企业，起步晚、规模小，物流服务范围窄，在经营资源数量和质量方面都受到很大的限制。但是此类企业通常在特定功能或特定服务方面具有一定的优势，目前这方面比较突出的物流服务主要有搬家综合服务、代收商品服务、仓储租赁服务等。这类第三方物流企业要在激烈的市场中占据一席之地，就必须发挥在特定机能或特定物流服务方面的优势，在战略上实现物流服务的差别化和低成本化。

三、第三方物流企业的战略选择途径

（一）兼并

兼并是指企业为了增强其竞争能力，减少竞争对手，扩大企业规模，提高企业效率，实现多个独立的企业结合在一起的一种法律行为。它包括三种具体形式，即：公司合并；一个公司购买另一个公司的全部或大部分财产；一个公司通过购买另一个公司的一定数量的股份来控制该公司。从法律的角度看，这三种形式是三种不同性质的法律行为。

当前的物流市场，呈现出新的需求，在这种需求下，整个物流行业发生了巨大的变化，一方面，不断升级的客户需求。客户个性化、差异化、专业性的要求，迫使物流企业参与到客户的采购、生产、运输等活动中，成为客户供应链中不可分割的组成部分；另一方面，不断增加的经营风险和日益革新的营销技术。这些特点决定了当前以及未来，能够适应客户需求的物流应该是一种多环节活动，提供服务的物流企业必须具有规模效益，必须具有网络化、规模化的特征。而这些特点要求促使很多企业联合起来，不断扩大经营规模，降低运作成本，并减少相互间的竞争。

（二）合资

合资是兼并以外的另一个重要选择，由两家公司共同投入资本成立，各自拥有部分股权，共同分享利润、支出、风险及对该公司的控制权。2005 年，国内最大的汽车物流服务企业安吉汽车物流公司与国际航运业巨头日本邮船株式会社（NYK）签订了合资协议，投资近 4000 万元人民币，成立安吉日邮汽车物流有限公司，这也是国内首家专业汽车物流的合资企业。安吉日邮的成立，一方面可大幅度提升为上汽集团服务的效率，另一方面也为上汽进一步抢占汽车服务贸易市场的迈出了重要一步。2014 年 3 月，京港公司联手成立物流合资公司，嘉里物流、和记黄埔港口、北京建立（控股）有限公司关联公司北京陆港国际物流有限公司及北京建立（控股）有限公司合资公司 New Concord 将投资 20 亿元成立一家合资公司。这四家公司将分别持有该合资公司 24%、24%、20% 及 32% 的股份。2014 年 11 月，金杯汽车与外方合资 3000 万美元设立金杯全球物流（沈阳）有限公司，双方各投资 50%，即各投入 1500 万美元，经营范围：仓储、物流服务；对仓储货物进行包装、分拣、检测、中转、报关、报检；普通货物运输；自营和代理各类商品和技术的进出口；商务和物流信息咨询服务。

（三）战略联盟

联盟是企业间由于自身发展的需要而形成的相对稳定、长期的契约关系，是介于独立的企业与市场交易关系之间的一种组织形态。物流联盟则是指以物流为合作基础的企业之间的战略联盟，通常是指两个或多个企业之间，为实现自己物流战略目标，通过各种契约、协议而结成的优势互补、风险共担、利益共享的松散型的网络组织。在我国，目前物流水平还处于初级阶段，是否组建物流联盟是企业物流战略的重要决策之一。

物流企业通过战略联盟，可以有效实现市场开拓、资源共享等战略目标。同时也可以

在未做大规模的资本投资的情况下，共享联盟企业的物流服务资源，从而增加物流服务品种，扩大物流服务的地理覆盖面，为客户提供一体化的物流增值服务。很多大企业通过物流联盟能够迅速开拓国际市场，例如，Laura Ashley，通过与联邦快递联盟，构建全球物流配送网络，从而使业务能够迅速开展。企业（尤其是中小企业）通过物流服务提供商结成联盟，能有效地降低物流成本，提高企业竞争能力。

（四）托管

托管主要包括对其他物流资源或物流企业进行经营或资产管理等方面的委托工作，主要包括项目开发、资源整合、资本运作和资产种族等。物流企业通过托管，可以使其在不增加投资的前提下，实现兼并重组，从而扩大规模、延伸网络。这种托管不同于物流联盟，在这种方式下，被托管的资源完全纳入物流企业，从而避免了因利益分配、商业机密和技能的保密问题等带来的控制力度有限的瓶颈。同时，被托管企业或资源由于先进的管理、技术、人力资源、客户资源和网络优势，可以获得较托管前更高的资产回报率。

四、我国第三方物流发展的战略思考

（一）进行物流企业内部流程重组

由于现阶段我国物流企业的管理集成度不高，究其原因主要是缺乏一个明确的协调沟通渠道，从而使各种管理职能无法有效整合。第三方物流企业只有按照现代物流发展的规律，重组企业的业务流程，构建一个完善的信息沟通渠道，才能从根本上提高企业管理的整合能力和快速反应能力。

（二）重视企业核心竞争力的提升

第三方物流要可以在提供基本物流服务的同时，根据市场需求，进行市场细分，开展物流增值服务，用专业化的服务满足客户个性化的需求。特别是对中小型物流企业，由于自身拥有的物流资源无论从数量上还是竞争力上，都与大型物流企业存在较大的出，更应当重视市场定位和增值服务产品的开拓。

（三）强化增值服务，创新物流服务

第三方物流企业在物流客户需求变动的推动作用下，从传统的运输、仓储等基础功能转向一体化的物流服务，进行物流服务的延伸，根据客户的需求为其量身设计物流服务，优化物流方案，不断提高服务水平。

（四）发展战略联盟，确立竞争优势

这主要包括两个方面：一是横向联盟，可以同其他的第三方物流企业进行联盟，将各自的企业资源进行合理配置，从而形成规模化经营，降低运作成本。二是纵向联盟，主要考虑同电商企业的战略联盟，培育长期的合作伙伴关系，既能降低电子商务企业的物流运作成本，又可促进物流企业的快速发展。

第二节　第三方物流的基本业务管理

佐川急便株式会社的第三方物流管理

　　佐川急便株式会社是日本著名的综合性第三方物流企业（见图4-3、图4-4），成立于1957年，在日本，居物流行业第二位，全球100强物流企业之一。公司拥有300多个营业网点、2万余辆汽车和3万余名职工。每年货物运量大约为11亿个标准箱。佐川急便株式会社的业务范围覆盖中国、中国香港、美国、越南、新加坡、菲律宾、马来西亚等国家和地区，在中国的北京、深圳市、上海、西安已陆续建立了国际货运代理或仓储公司。

图4-3　佐川急便株式会社官方网站首页

图4-4　佐川急便株式会社官方网站信息处理

　　随着市场需求的变化，现代物流业向着供应链式物流服务发展方向发展，佐川急便利用自己所积累的物流实际经验，自主研发了具有国际水平的物流信息管理系统（E-Global），能够提供全程化跟踪管理、电子结算和 EDI 等相关服务，物流运作的效率和可靠性大大提高，同时通过遍布日本的物流基地和信息系统构成完备的物流体系，为顾客提供全面支援和服务，使顾客能随时掌握商品和原料的库存量，从而控制从订货到出库的流程。

为了更好地满足客户的需求，佐川急便株式会社还研发了其他先进的物流技术和设备，例如，CTI（Computer Telephony Information）系统，能够实现自动处理客户委托，加强配送车辆与货物受理人之间的联系。为更好地提高货物行踪报告服务质量，佐川急便有研发了货物送达信息自动发送系统，在所有配送车辆上安装专用通信系统，货物到达后，该系统可以迅速向操纵台发送跟踪信息，从而实现实时报道配送状态。

在分析客户运营现状的基础上，佐川急便设计了完善的业务操作流程，并根据用户需要进行个性化的方案的定制，所设计的物流系统可以实时与客户系统进行对接，如图 4-5 所示。

图 4-5　日本最著名的品牌之一——日冷食品（NICHIREI FOODS）

一、第三方物流运输管理

（一）第三方物流运输管理概述

1. 第三方物流运输管理的概念

第三方物流企业的运输管理是对整个运输过程的各个部门、各个环节以及运输计划、发运、中转、接运等活动的人力、物力、财力和运输设备进行合理组织，统一使用，实时控制、监督执行，以求用同样的劳动消耗，创造更多的运输价值，取得更好的经济效益。

2. 第三方物流运输管理的特点

（1）系统性。第三方物流企业运输管理对系统性的要求更高，不但要求对传统运输工具的合理运用进行管理提高运输效能，而且要通过信息系统对运输资源、运输客户及其需求、各类单证等方面进行综合管理，以求得效益最大化。例如，第三方物流管理系统，可以实现将业务管理、作业管理功能融合在一起，贯穿整个企业的商务活动及业务流程，实现实时订货、收货、分拣、出库、配送等各业务之间数据的连接与共享，从而实现更高水平的运营管理。

（2）专业化。作为专业的第三方物流企业，其最大的特点就是"专"。包括专业化的运输管理人员、专业的运输设施与设备以及专业的第三方物流管理。

（3）信息化。为了有效地对运输过程进行管理和控制，必须建立完善的信息系统。通过信息系统可以及时把握市场信息，有效运用运力，做出最经济、最合理的运输方案。

小链接

上海山汉国际物流有限公司：物流运输管理系统应用平台

中外合资企业上海山汉国际物流有限公司（以下简称山汉物流）系山汉物流集团（香港）有限公司全资子公司，成立于 1995 年，是一家集公路普通货物运输、冷链化学品运输、危险品运输、仓储配送、供应链管理、解决方案咨询等业务为一体的专业第三方物流企业。

山汉物流立足上海、广州、北京、深圳等国内大中型城市，并设立了立体化的营运网络。公司拥有强大的信息网和先进的 TMS 物流管理系统，所有运输车辆均装有 GPS 监控系统，让客户随时随地了解货物在途信息。

运输是物流运作的重要环节，在各个环节中运输时间及运输成本占有相当比重。现代运输管理是对运输网络和运输作业的管理，在这个网络中传递着不同区域的运输任务、资源控制、状态跟踪、信息反馈等信息。山汉物流运用 TMS 系统，通过分解和组合订单，在确保及时交付的前提下以最优化的配载方式和线路安排运输计划。TMS 系统可以与 GPS 系统和短信网关连接，帮助运输管理人员和客户更准确及时地跟踪运输动态。

安装 GPS 定位系统可以随时帮助山汉物流监控车辆的位置，随时监控车辆的运行状态，方便调度，减少车辆的空载率，杜绝公车私用、私拉乱卸的现象发生，GPS 油耗监控系统。通过互联网实现信息共享，实现三方应用，车辆使用方、运输公司、接货方对物流中的车货位置及运行情况等都能了如指掌，透明准确，利用三方协调好商务关系，从而使山汉获得最佳的物流流程方案，取得最大的经济效益。

TMS 系统的应用。此系统主要作为山汉物流管理系统的子系统，主要功能是实现对物流环节中的运输环节的具体管理，包括车辆管理，在运途中货物的管理等。主要功能包括：业务流程管理、订单跟踪、货物跟踪、从业人员管理、运输业户管理，实现运输业务流程的可视化监控、结算管理等。TMS 能够对本公司的所有车辆进行实时跟踪（结合 GPS 系统），保持信息流和物流的畅通。采用该系统，将使车辆调度最优、最快、最准，达到节省费用、减少时间、提高效率的目的。

3. 第三方物流运输管理的基本内容

第三方物流运输管理的基本内容如图 4-6 所示。具体来讲，主要包括三部分：运输决策、运输过程管理和运输结算管理。

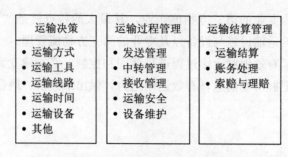

图 4-6　第三方物流运输管理的主要内容示意

（1）运输决策管理。

运输决策管理是整个运输管理的前提，同时也是物流管理体系中的最基本决策，主要包括运输方式、运输工具、运输线路、运输时间、运输人员与运输设备等多种方案和最优方案的选择过程。

①运输方式的选择决策。主要的运输方式有铁路、公路、水运、空运和管道五种。企业根据对各运输方式的运输速度、运输工具容量及线路的运输能力、运输成本、经济里程等技术经济特点（见表 4-1），并结合不同运输方式的影响因素（见表 4-2）做出选择。例如，目的是低成本，那么水运和铁路就是主要的选择对象。

表 4-1　　　　　　　　　　　　　五种运输方式的技术经济特点及其运输对象

运输方式	技术经济特点	运输对象
铁路运输	初始投资大，运输容量大，成本低廉，连续性强，可靠性好	大宗货物、散件杂货等的中长途运输
公路运输	机动灵活、适应性强，短途运输速度快，能源消耗大，成本高、空气污染严重	短途、零担运输及门到门运输
水路运输	运输能力大、成本较低，速度慢，连续性差，能源消耗及土地占用较少	中长途大宗货物运输、海运、国际货物运输
航空运输	速度快、成本高、运量小	中长途运输、贵重货物运输、鲜活货物运输
管道运输	运输能力大、土地占用较少，成本低廉，连续输送	长期稳定的流体、气体及部分浆化货物运输

表 4－2	影响运输方式选择的六种因素
影响因素	详述
货物特性	货物的价值、形状、单件的重量、容积、危险性、储存特性等都是影响运输方式选择的重要因素
可选择的运输工具	对于运输工具的选择，不仅要考虑运输费用，还要考虑仓储费用以及运营特性等
运输总成本	包括运输成本、库存成本、设施成本、作业成本、服务水平成本等总成本
运输时间	是指从货源地发货到目的地接收货物之间的时间。运输时间的度量是货物如何快速实现发货人和收货人之间门到门的时间，而不仅仅是运输工具如何快速移动、货物从起运点到终点的时间
运输的安全性	运输的安全性包括运输货物安全、运输人员安全和公共安全。对运输人员和公共安全的考虑也会影响到货物的安全措施，进而影响到运输方式的选择
其他因素	例如经济环境、行业环境和社会环境的变化等也制约着托运人对运输方式的选择

选择运输方式时主要根据用户对运输成本、时间、可靠性、可用性和运输能力几方面的需要来进行综合分析。

②运输工具的选择决策。在对运输工具的选择决策时，不仅要考虑运输费用、仓储费用，还要考虑不同运输方式的营运特性，例如，速度、可得性、可靠性、能力等。

③运输线路的决策。运输线路的选择影响到运输设备和人员的利用，正确地确定合理的运输线路可以降低运输成本，这也是运输决策的一个重要领域。选择合理的运输路线对于产品流通范围广、用户分散的企业具有重要意义，在区域内短途、多用户的频繁"配送"业务方面更是一项重要决策。再进行决策时要着重把握以下三个原则：一是应保证把货物运抵顾客处的时间最短；二是应能减少总的运输里程；三是应首先保证重要用户得到较好的服务。具体确定运输路线时常常运用线性规划（图上作业法和表上作业法）等数学方法，在实际运输中，要考虑一些具体限制，因为这些限制将会使实际问题变得更为复杂，例如，部分或全部地点的线路开放时间有所限制、车辆容量的限制等。

 小知识

图上作业法和表上作业法

• 图上作业法——这是一种通过运输网络图进行求解的线性规划方法。很多类似的交通运输问题都可以利用涂上作业法进行解决。具体做法是首先画出流向图，然后再根据有关规则进行必要调整，直至求出最小运输费用或最大运输效率的解。这种求解方法就是图上作业法。图上作业法的内外圈流向箭头，要求达到重叠且各自之和都小于或等于全圈总周长的一半，这时的流向图就是最佳调运方案。

• 表上作业法——指利用列表的方法求解线性规划问题中运输模型的计算方法。是线性规划一种求解方法，其实质是单纯形法，又称为运输问题单纯形法。当某些线性规划问题采用图上作业法无法进行直观求解时，便可将各元素列成表格，作为初始方案，然后通过检验数来验证这个方案是否为最优解，如果不是，则需要采用闭合回路法、位势法等方法进行调整，直至得到最优方案的结果。这种列表求解方法就是表上作业法。

（2）运输过程管理。运输过程管理是整个运输管理过程的核心内容，由于整个运输操作过程的复杂性也使这部分成为运输管理的难点。运输过程管理主要涉及发送、中转接运和运输安全管理等。本部分内容会在运输业务管理过程中详细介绍。

（3）运输结算管理。这部分是物流企业运输管理的最后一个环节，主要包括费用结算、财务处理、索赔与理赔等。

（二）第三方物流运输业务管理

从空间上来看，物流系统是一个由点和线构成的网络。线上的活动就是运输，运输在第三方物流企业中占据着十分重要的地位。具体来讲运输业务管理主要包括三个重要的环节：发送业务、中转业务和接收业务，如图4-7所示。

图4-7 第三方物流运输业务环节

1. 第三方物流企业的发运业务

第三方物流企业的发送业务是指第三方物流作为发货单位，与承运企业协商，根据双方认可的计划和合同，通过一定的运输方式，将货物从发货地运送至目的地的具体业务工作。货物发送业务主要有三种方式：整车发送、零担发送和集装箱发送（见图4-8）。其主要流程包括七个环节（见图4-9）。

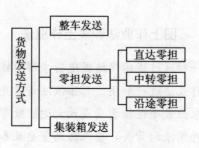

图4-8 货物发送的三种方式

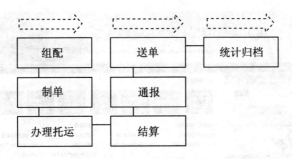

图4-9 货物发运的主要流程

（1）组配。货物的组配就是根据货源、运力的情况，将待运的各种货物按照性质、重量、体积、包装、形状、运价等因素合理地配装在一定容器的运输工具里。组配是一项技术性很高的工作，直接关系到运输工具的利用程度、运费的高低和货物的安全。组配是发运业务的第一道环节，直接影响运输的质量，因此在组配之前最好要制订相应的计划，同时还要注意遵循安全性、合理性、先急后缓、总成本最低等原则。

🔷 小链接

中国铁路总公司开始正式实施货运组织改革

自2013年6月15日开始，中国铁路总公司正式实施货运组织改革，推动铁路货运全面走向市场，实现铁路货运加快向现代物流转变。

据中国铁路总公司运输局相关负责人介绍，此次铁路货运组织改革主要有四方面重大变化：一是改革货运受理方式。简化手续，拓宽渠道，敞开受理，随到随办，给广大客户提供最直接、最方便、最快捷的服务。二是改革运输组织方式。根据客户的运输需求编制运输计划，及时安排装运，提高运输效率。三是清理规范货运收费。严格执行国家的运价政策，坚持依法合规、公开透明收费。四是大力发展铁路"门到门"全程物流服务。构建"门到门"接取送达网络，实行"门到门"全程"一口价"收费。

此次改革，铁路总公司向广大客户做出"简化受理、随到随办、规范收费、热情服务"的"四句话"承诺。

简化受理，就是对客户取消货运计划申报、请求车等繁杂手续，全面放开受理。客户可以选择多种方式联系发货：一是拨打各铁路货运站受理电话；二是拨打中国铁路客户服务中心12306客服电话；三是在中国铁路客户服务中心网站（www.12306.cn）点击"我要发货"（见图4-10、图4-11）；四是到铁路货运营业场所直接办理；五是由铁路营销人员直接上门服务。

图4-10 中国铁路客户服务中心网站

图4-11 中国铁路客户服务中心铁路货运电子商务系统

（2）制单。制单主要指货物运单和运输交接单。货物运单是办理托运和承运手续的依据，同时也是物流企业安排运力、办理商品交接和计费的原始凭证，它一经签订便具有契约性质。货物运单规定了在货物运输过程中托运人、承运人和收货人的权利、义务和责任，并对所填记的内容负责。货物运单既是办理货物运输最原始依据，又是划清承运人与托运人、收货人之间责任的重要依据，因此，货物在运输过程中，如果发生货运事故或运输费用计算错误时，货物运单就是处理承运人与托运人，收货人间责任的依据。具体内容包括托运人信息、发站、到站、货物名称、包装标志、件数重量、承运日期、运到期限、运输费用、货车类型等（见图4-12、图4-13、图4-14），不同的运输方式、不同企业格式也有所不同。

运输交接单是企业与接运方或中转方之间货物交接的凭证，也是收货方掌握在途商品情况及交付货款的依据（见图4-15）。

货物约定于 年 月 日交接

货位

号码

运到期限　日

武汉铁路局
货 物 运 单
托运人→发站→到站→收货人

运单号：

承运人/托运人装车
承运人/托运人施封

货票号：

发站		专用线名称			专用线代码		车种车号	
到站（局）		专用线名称			专用线代码			
托运人	名　称						货车标重	
	地　址			邮编				
	经办人姓名		经办人电话		E-mail		货车施封号码	
收货人	名　称						货车篷布号码	
	地　址			邮编				
	经办人姓名		经办人电话		E-mail			
选择服务	□门到门运输： □上门装车 □上门卸车 □门到站运输： □上门装车 □站到门运输： □装载加固材料 □上门卸车 □站到站运输： □装载加固材料 □保价运输 □仓储				取货地址			
					取货联系人		电话	
					送货地址			
					送货联系人		电话	

货物名称	件数	包装	集装箱箱型	集装箱箱号	集装箱施封号	货物价格	托运人填报重量（千克）	承运人确定重量（千克）
合计								
托运人记载事项				承运人记载事项				

托运人盖章或签字	发站承运日期戳		承运货运员签章	到站交付日期戳	交付货运员签章
年　月　日	年　月　日		年　月　日	年　月　日	年　月　日

注：本单不作为收款凭证，托运人签约须知和收货人领货凭证须知见领货凭证背面。托运人自备运单的认为已确知签约须知内容。

图 4－12　铁路运输货运单

水路运输货运单

交接清单号码　　　　　运单号码

船名　航次		起运港			到达港		到达日期（承运人章）	收货人
托运人	全称			收货人	全称			
	地址、电话				地址、电话			（章）
	银行、账号				银行、账号			

发货符号	货号	件数	包装	价值	托运人确定		计费重量		等级	费率	金额	项目	费率	金额
					重量（吨）	体积（长、宽、高）(m³)	重量（吨）	体积(m³)				运费		
												装船费		
合　计														
运到期限（或约定）				托运人（公章）　月　日					总　计					
									核算员					
特约事项				承运日期 起运港承运人章					复核员					

图 4－13　水路运输货运单

航空货运单

999				999——

Shipper's Name and Address	Shipper's Account Number	NOT NEGOTIABLE 中国民航		CAAC
		AIR WAYBILL AIR CONSIGNMENT NOTE ISSUED BY:THE CIVIL AVLATTON ADMINLASTRATION OF CHINA BEIJING CHINA		
		Copies 1,2 and 3 of this Air Waybill are originals and have the same validity		
Consignee's Name and Address	Consignee's Account Number	It is agreed that the goods described herein are accepted in apparent good order and condition (except as noted) for carriage SUBJECT TO THE CONDMONS OF CONTRACT ON THE REVERSE HEREOF. THE SHIPPER'S ATIENTION IS DRAWN TO THE NOTICE CONCERNINC CARRIER'S LIMITATION OF LIABILITY. Shipper may increase such limitation of liability by declaring a higher value for carriage and paying a supplemental charge if required. ISSUING CARRIER MAINTAINS CARGO ACCIDENT LIABILITY INSURANCE		

Issuing Carrier's Agent Name and City | Accounting Icformation

Agent's IATA Code | Account No.

Airport of Departure(Addr. of First Carrier)and Requested Routing

to	By First Carrier	Routing and Destination	to	by	to	by	Currency	CHGS Code	WT/NAL PPD	COLL	Other PPD	COLL	Declared Value for Carriage	Declared Value for Customs

Airport Destinetion	Flight/Date	For Carrier Use only	Flight/Date	Amount of Insurance	INSURANCE if carrier offers insurance,and such insurance is requested in accordance with conditions on reverse here of, indicate amount to be insured in figure in box marked amount of insurance.

Handling Informiation

(for USA only)Those commodities licensed by U.S. for ultimate destination...Diversion contray to U.S.law is prohibited.

NO.of Pieces RCP	Cross Weight	Kg Lb	Rate Class Commodity Itern No.	Chargeable Weight	Rate Charge	Total	Nature and Quantity of Goods (incl.Dimensions or Volume)

Prepaid	Weight Charge	Collect	Other Charges
	Valuation Charge		AWA:50
	Tax		

	Total Other Charges Due Agent	Shipper certifies that the particulars on the face hereof are correct and that insofar as any part of the consignment contains dangerous goods,such part is properly described by name and is in proper condition for carriage by air according to the applicable Dangerous Goods Regulations.
50	Total Other Charges Due Carrier	
		------------------------------ Signature of Shipper or his Agent
Total Prepaid	Total Collect	
Currcency. Conversion Rates	CC Charges in Dest.Currency	---------------------------- Executed on(date) at (place) Signature of Issuing carrier or its Agent
For Carrier's use only at Destination	Charges at Destination	Total Collect Charges

999——

图 4－14　航空货运单

货运交接单

发货地点：　　　　　发货人：　　　　　发货日期：　　年　月　日

承运方：　　　　承运人：　　　　承运车牌号：　　　　承运驾驶员：

序号	货 物 名 称 型 号 规 格	单位	数量	备 注

卸货地点：　　　　收货方验收人：　　　卸货日期：　　年　月　日

图 4－15　货物运输交接单

（3）办理托运手续。交由其他运输企业运输的商品，要根据制好的单据办理托运手续，其受理后，即可根据指定的时间和货位送货，办理交接手续。送货时，必须保证商品包装完整、标志清楚，以防止错串。

（4）送单。领货凭证、付费收据、运输交接单、补运单等随货物同行的单据，应在办完托运手续后及时发给接收方，以便其收货时清点验收。例如，铁路整车发运一般采取单货同行的方式，而水运由于其速度较慢所以多采用邮寄方式。

（5）通知。货物发运后应立即向收货方通报发站、到站、发运车号、运单号、件数、重量、发运日期等情况，以便收货方及时做好接收商品准备工作，或中转方充分做好接转商品的衔接工作。

（6）结算。货物发运后，根据不同的发运方式，发货方向收货方或承运方核算和收付代垫运杂费和其他费用。

2.第三方物流企业的中转业务

中转业务是指第三方物流企业将商品运送至某一物流节点，再进行转运、换装或分运的工作，如发货地用地方管辖的船舶发运，路途中换装交通部所管辖的船舶运输；或火车整车到达后再用火车零担转运到目的地，都称为中转运输业务。中转运输是商品运输的有机组成部分，是联结发货和收货的重要环节。它对于做到统一发、收、转，适应商品多渠道运输，加速商品流转，做到商品合理组配，提高运输质量，节约运输费用，满足人们需要，都有重要的意义。

小链接

中欧班列最大"中转站"

2014 年 8 月 1 日，郑欧班列归编中欧班列"国字号"队伍，不仅列车运行由中国铁路总公司统一调度，缩短时间，还可以组团和沿线各国"铁老大"砍价，降低成本。

中国铁路总公司制定了《中欧班列中转集结组织办法》，通过"中转集结"方式，对货源实行就近集结，发挥中欧班列快速、便捷的运输优势。

随着郑欧班列运行线路的逐步增加，其在全国中欧班列中的地位越来越突出、越来越重要。这意味着，郑州作为我国重要的交通枢纽，将分到更多的中欧班列货源。

据了解，在目前中欧班列最重头线路西线（经阿拉山口出入境）中，郑州铁路集装箱中心站（圃田站）将承接包括豫、晋、冀、鄂、鲁、皖六省站点发车的中转货物；在中欧班列中部线路（二连浩特出入境）中，该中心站承接了豫、鄂、桂、湘、粤、鲁、皖、赣共八省的中转货物。

郑州铁路集装箱中心站相关负责人告诉记者，通过目前中转集结分块情况看，由于开通了两条直通欧洲的线路，加上郑欧班列开行密度较大，在郑州聚集的货运将越来越多，这里也将成为中欧班列各始发站中最大的中转中心。

资料来源：http://news.163.com/15/0210/01/AI2BSUJC00014Q4P.html.

青岛重点发展货物中转业务

在山航等航空公司物流冷线被激活的同时，青岛机场的货运量也有了大幅增加。目前，青岛空港物流国内辐射范围包括山东、河南以及苏北等地，而国际则以日韩为基础辐射到欧美等地。青岛机场利用地域优势和航线资源，构建货物中转枢纽，开展货物中转业务，增强并完善中转功能，推动货邮吞吐量再创新高。据统计，2011 年上半年共完成中转货物运输量1932 吨，比去年同期同比增长 67.4%。

机场货运部有关负责人告诉记者，机场充分利用丰富的航线网络资源和沟通南北的区位优势，为各航空公司和代理公司搭建起安全顺畅的中转桥梁。目前，青岛机场已成为宁波、厦门、杭州等中东部机场与东北地区哈尔滨、长春、沈阳等机场之间货物中转运输的重要枢纽。同时，机场不断丰富操作模式，在以往航空公司内部货物中转的基础之上，引入货代公司参与航空公司间的换单中转操作业务，充分利用航线航班的整体衔接优势，为货物中转创造更为便捷的条件。"在货物中转中效率非常关键，所以机场把'优化流程、提高效率'放在重要的位置上。"目前，青岛机场采取有效措施缩短货物中转操作时间，在中转货物信息接收、中转货物快速入库、中转货物运单交接换开、中转货物交接转库等各个环节简化流程、提高效率。"机场必要时为货主提供机坪现场中转操作，为航空公司和货代公司提供高效优质的中转服务。"

资料来源：中国产业投资决策网。

（1）中转业务的主要内容。

①衔接中转运输计划。中转业务涉及车辆、仓位、人员、时间、线路等要素，是一项计划性较强的工作，操作起来具有一定的复杂性。为了能够有效的节约时间、提高效率，加强多方的联系，中转单位可以通过同收、发货人签订中转合同来巩固和稳定各方的协作关系，明确各方的职责。

②接收中转货物。中转运输单位在收到发货预报和交通运输部门的发货通知后，即

应尽量衔接运力，争取就站、就港、就库直拨。

③ 发运中转商品。为减少商品待运期，发运中转货物应按货物到达顺序，先来先转；对救灾、支农、鲜活易腐和市场急需的商品应优先转运；对已破散的包装必须修补、加固或更换之后才能发运；接收的中转商品如发现收货标记有错时不能将错就错，应留下查清更正后处理，并在中转交接单中批注清楚；商品中转之后，应按规定将货物运单和运输交接单的留存联统计、归档、成册，以备查询。

（2）中转业务操作注意事项。

①加强计划衔接，实行计划运输。

②把好收、转、发货的质量关。对于到达的商品要认真清点、验收。在转运程序上，中转方要立足于"快"，按照轻重缓急和先后次序，做到先来先转，急来急转。在发运时搞好商品分理和交接工作。

③认真填写各种运输票据，做到项目齐全，内容准确，字迹清楚。

④严把包装质量关。为了方便中转运输，商品包装两端应有字迹清楚、项目齐全的"唛头"标记。

3. 第三方物流企业的接收业务

货物接收是指货物从发运地到收货地后，收货单位根据货物到达站、港通知，同物流企业办理的货物点验接收工作。具体来讲主要包括接运准备工作和办理接运手续两个方面。

（1）接运准备工作。

根据发货预报或到货通知（见图 4-16），联系相关业务部门，根据车次、船号、到达日期以及品名、数量，组织人力、物力，安排仓库货位，能直拨的尽量直拨以减少运转环节。

到货通知单

制单日期： 编号：

合同名称							
供货单位				收料库房			
发运单位				运单号			
承运车号				到货日期			
承运车号			发站			到站	
序号	物资编码	物资名称及规格	计量单位	数量		备注	生产厂家
				应到	实到		
1							
2							
3							
4							
5							
6							
7							

验收： 制单： 第1页，共1页

图 4-16 公路货物运输到货通知单

（2）办理接运手续。

①向到达站、港递交关接运手续，交付费用。

②根据领货凭证（见图 4 - 17），到站、港的站台或仓库接收、点验商品。

③不同的商品接运方式，具体的接运手续和方法也有所不同。例如铁路接运大致有四种情况：发站装车到站收货、专用线装车到站收货、发站装车专用线收货、专用线装车专用线收货。

领货凭证	
车种及车号	
货票第　　号	
运到期限　　日	
发站	
到站	
托运人	
收货人	
货物名称	
托运人盖章或签字	
发站承运日期	
注：收货人领货须知见背面	

图 4 - 17　铁路运输领货凭证

二、第三方物流配送业务管理

（一）配送及第三方物流配送管理

1. 配送的概念

中国国家标准《物流术语》中对配送的定义：在经济合理区域范围内，根据客户要求，对物品进行拣选、加工、包装、分割、组配等作业，并按时送达指定地点的物流活动。

配送是物流和商流的紧密结合，包含了商流和物流活动，同时也包含了物流若干功能的一种形式，甚至某些特殊的配送活动还包括加工。但是，配送的主体活动不同于一般的传统物流，配送所包含的面更广泛，例如，运输、分拣、配货等。

2. 第三方物流企业配送服务类型

按服务方式的不同进行分类，第三方物流企业的配送服务形式可分为以下几种类型。

（1）定时配送。

所谓的定时配送是指按规定的时间及时间间隔开展配送活动。在实际操作中，第三方物流企业同客户签订协议，双方就每次配送的品种及数量预先在协议中确定。由于定时配送时间确定，对客户而言，更易于根据自己的经营情况，按照最理想的时间进货，方便安排接货力量（如人员、设备等）。而对于第三方物流企业而言，通过这种方式更方便制订工作计划，有利于对多个用户实行共同配送以减少成本的投入，易于计划使用车辆和规划路线。但如果配送物品种类、数量有比较大变化，配货及车辆配装的难度则较大，会使配送运力的安排出现困难。

小链接

阿里、京东、顺丰三巨头比拼物流配送

"方便、成熟的物流不仅在卡车上，更在你触手可及的地方。"在这样的思想指引下，阿里、京东、顺丰纷纷将目光投向了线下门店。2014年3月，京东与上海、北京、广州等15座城市的上万家便利店达成合作，将快客、好邻居等便利店打造成自家物流体系的一环，与线下商家整合发展。消费者可以京东上下订单，货品则由附近的便利店直接配送，并推出了"1小时达""定时达""15分钟极速达"等个性化的物流体验，致力于解决"最后一公里"的物流问题。

2014年，顺丰在全国布局的"嘿客"便利店亮相，消费者可在店下单购物，也可以收发快递，打造立体化的O2O模式。不过，鉴于铺租、人员成本等问题，"嘿客"的赢利模式未被看好，但顺丰仍计划在一年内建设4000家"嘿客"，打造物流领域的"百货公司"，让业界对于线下门店与线上电商的互动展开了更多的想象。

事实上，阿里与邮政的合作也致力于打通交易、实物信息系统，充分挖掘邮政网点价值，开展O2O等新商业模式，未来，线下网点可为线上商品提供订购和自提、配送等服务；此外，还会将菜篮子工程搬入到社区、校园、街道、乡村。业内人士分析认为，"未来物流不再是简单的快递，而是和邮政一样的有门店、有收储、有送货的'第二邮局'。"

资料来源：中国物流与采购网。

小知识

定时配送的形式

①小时配。小时配是接到配送订货要求之后，在1小时之内将货物送达。这种方式适用于一般消费者突发的个性化需求所产生的配送要求，也经常用作配送系统中应急的配送方式。B2C型的电子商务，在一个城市范围内，也经常采用小时配的配送服务方式。

②日配。接到订货要求之后，在24小时之内将货物送达的配送方式。日配是定时配送中实行较为广泛的方式，尤其在城市内的配送，日配占绝大多数比例。一般而言，日配

的时间要求大体上是，上午的配送订货，下午可送达；下午的配送订货，第二天早上送达。这样就可以使用户获得在实际需要的前半天得到送货服务的保障，如果是企业用户，这可使企业的运行更加精密化。日配方式广泛而稳定开展，就可使用户基本上无须保持库存，不以传统库存为生产和销售经营的保障，而以配送的日配方式实现这一保证，也即实现用户的"零库存"。

③准时配送方式。按照双方协议时间，准时将货物配送到用户的一种方式。这种方式和时配、日配的主要区别在于：时配、日配是向社会普遍承诺的配送服务方式，针对社会上不确定的、随机性的需求。准时方式则是两方面协议，往往是根据用户的生产节奏，按指定的时间将货送达。这种方式比日配方式更为精密，可以利用这种方式，连"暂存"的微量库存也可以取消，绝对地实现零库存。准时配送方式要求有高水平的配送系统来实施。由于用户的要求独特，因而不大可能对多用户进行周密的共同配送计划。这种方式适合于装配型、重复、大量生产的企业用户，这种用户所需的配送物资是重复、大量而且没有太大变化的，因而往往是一对一的配送。

④快递方式。一种快速配送服务的配送方式。快递服务一般而言覆盖地区较为广泛，所以服务承诺期限按不同地域会有所变化，这种快递方式，综合利用"小时配""日配"等在较短时间实现送达的方式，但不明确送达的具体时间，所以一般用作向社会广泛服务的方式，而很少用作生产企业"零库存"的配送方式。

资料来源：智库百科。

（2）定量配送。

定量配送是指按规定的批量开展配送业务，通常不确定严格的时间，只是规定在一个指定的时间范围内配送。

定量配送的特点是每次配送的品种和数量固定，对于第三方物流企业而言备货工作较为简单，不用经常改变配货备货的数量，可以按托盘、集装箱及车辆的装载能力规定配送的定量，既能有效利用托盘、集装箱等集装方式，也可做到整车配送，所以配送效率较高，成本较低。由于时间不严格限定，第三方物流企业可以将不同用户所需物品凑整装车后配送，能有效提高车辆利用率。

（3）定时定量配送。

定时定量配送是指按照规定的配送时间和配送数量进行配送，兼有定时、定量两种方式的优点。对第三方物流企业要求比较严格，管理和作业难度都比较大，需要企业具有较强的计划性和准确度，是一种精确度高的配送服务方式。通常在用户有特殊要求时才采用，不是一种普遍适用的方式。

（4）定时定路线配送。

定时定路线配送是指在确定的运行路线上制订到达时间表，按运行时间表进行配送，用户可在规定地点和时间接货，可按规定路线及时间提出配送要求。这种方式比较有利于企业合理、高效利用运力资源，能够实现对多个用户的共同配送，配送成本较低，在配送用户较多的区域，可以避免因为过分复杂的配送要求所带来的配送计划、配货工作、车辆安排的难度。对于用户来讲，则可以有计划的安排接货作业，特别适合商业集中区的连锁企业的配送。

（二）第三方物流企业配送业务管理

不同的第三方物流企业其配送业务的流程会有所差异，下面主要是以配送中心为例，来介绍其配送业务管理的具体流程及相关的工作规范。具体的配送业务流程如图4-18所示，可分为订单处理作业、进货作业管理、分拣与配货作业、出货作业四个主体部分。

1. 订单处理作业

作为配送中心，在接到客户的订单后，需要对客户的配货需求进行确认并实施处理，这里需要特别注意核对客户需求的品种、等级、数量、日期等关键信息。除此以外还包括客户信用、订单价格、确认加工包装等信息，并为客户设定订单号码，建立客户档案，将客户情况详细登记，以便于日后进行查询；接下来需要进行存货查询，查看存货是否充足，如果存货充足，则计算拣货标准时间，将订单转换为分拣单，并确定拣货先后顺序，接下来开始分拣及配货作业；如果查询后发现现有仓库存货不足，则需要及时与客户取得联系，看是否允许延期交货，如果允许延期交货，则可以另行安排拣货作业；如果客户不允许延期交货，则进行重新调拨，然后安排出货作业；如果不允许重新调拨则取消部分订单或整张订单。

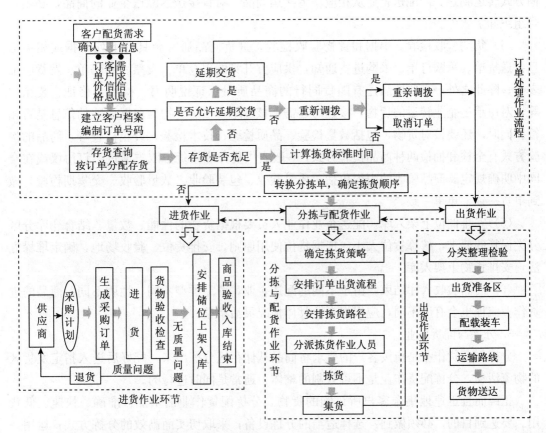

图4-18　第三方物流企业配送业务流程示意

注：特别注意需求品种、等级、数量日期等。

2. 进货作业

配送中心的进货环节是商品从生产领域进入流通领域的第一步，进货作业是指对物品实体上的接收，从货车上将物品卸下，并核对该物品的数量及状态，包括数量检验、品质检验、技术检验、开箱检查等，然后将必要信息书面化的过程。它是配送的基础环节，又是决定配送成败与否、规模大小的基础环节。同时，它也是决定配送效益高低的关键环节。其作业流程包括以下主要环节。

（1）制订采购计划。此环节是配送活动的准备环节，同时也是配送中心开展后续配送业务活动的龙头，因此需要制订周密的采购计划，包括组织货源、选择供应商、采购方式等环节。采购计划制订的主要基础和依据是需求订单。

（2）生成采购订单。配送中心根据采购计划向供应商发出采购的通知，及时安排发货时间，并做好进货作业计划，方便进货前的准备工作。

（3）进货。在商品到达配送企业之前，必须根据进货作业计划，在掌握入库商品的品种、数量和到库日期等具体情况的基础上做好进货准备。做好入库前的准备，是保证商品入库稳中有序的重要条件。准备工作的主要内容有：储位准备、人员难备、搬运工具准备及相关文件准备；接下来的环节是接运与卸货，有些商品通过铁路、公路、水路等公共运输方式转运到达，需配送企业从相应站港接运商品，对直接送达配送企业的商品，必须及时组织卸货入库。

（4）货物验收检验。单据和货物验收检验，进货商品通常会具备下列单据或相关信息：送货单、采购订单、采购进货通知，供应方开具的出仓单、发票、磅码单、发货明细表等；除此之外，有些商品还随货同行的商品质量保证说明书、检疫合格证、装箱单等；对由承运企业转运的货物，接运时还需审核运单，核对货物与单据反映的信息是否相符。同时，还要核对货物，包括数量检验、品质检验、技术检验、开箱检查等，商品的检验方式有全检和抽检两种商品检验方式，一般由供货方和接货方双方通过签订协议或在合同中明确规定。商品验收的内容包括：质量验收、包装验收、数量验收、交货期检验，做到单货一致、单单一致。

（5）安排储位上架入库。配送企业作业人员要根据货物的性能、数量、结合仓库分区分类保管的要求，核算货位大小，根据货位使用原则，安排货位、验收场地，确定堆垛方法，安排货物上架入库。

（6）商品验收入库结束。由于不同的配送企业，商品类型不同、性质不同，商品的进货作业流程也会有所不同，应根据企业具体情况灵活调整。

3. 分拣与配货作业

分拣与配货作业是指按客户的要求将商品从储存区分拣出来，配好后送入指定发货区的物流活动，分拣配货作业是不可分割的整体，通常是同时进行的。

正确而且迅速地集合客户所订购的货物。分拣配货作业的重点：准确、快速、低费用。要达到目的，必须做到：选择适当的分拣设备；采取切实而高效的分拣方式；运用一定的方法策略组合，提高分拣效率，提升作业速度与能力。

分拣配货作业是工作量较大的配送业务，尤其是客户多、品种规格多，而需求批量又小时，如果再加上需求频度很高，就必须在很短的时间内完成分拣配货作业。所以选择合适的分拣方式，高效率地完成配货作业，在某种程度上决定着配送中心的服务质量和经济效益。

小知识

·拣选式配货

拣选式配货作业是分拣人员或分拣工具巡回于各个储存点并将分店所需货物取出，完成配货任务，货位相对固定，如图4-19所示。

图4-19 某配送企业大件商品分拣作业示意

·分货式配货

①"人至货"分拣方法。这种方法通常是指分拣货架不动，也就是货物不动，通过人力进行货物的拣取作业。在这种情况下，分拣的货架是静止的，而分拣人员带着流动的集货货架或容器到分拣货架进行拣货，然后将货物送到静止的集货点。

②分布式的"人至货"分拣方法。这种分拣作业系统的分拣货架也是静止不动，但分货作业区被输送机分开。这种分拣方法也简称为"货到皮带"法。

③分拣式配货。

——"货至人"的分拣方法：此种作业方法是指作业人员不动，自动输送系统带着货物运动到分拣人员面前，再由不同的分拣人员进行拣选，拣出的货物集中在集货点的托盘上，由搬运车辆送走。

——闭环"货至人"的分拣方法：通过输送机将分拣货架（或托盘）送至集货区，分拣作业人员根据拣货单拣选货架中的货物，放到载货托盘上，然后移动分拣货架，再由其他的分拣人员拣选，最后通过另一条输送机，将拣选完毕后的分拣货架（拣选货架）送回。

④自动分拣式配货。

自动化分拣系统的分拣作业与上面介绍的不同于传统分拣系统，主要有自动分拣机分拣、机器人分拣（见图4-20）。

图4-20　某配送企业自动分拣系统示意

——自动分拣机分拣系统：自动分拣机，一般称为盒装货物分拣机，是药品配送中心常用的一种自动化分拣设备（见图4-21）。这种分拣机有两排倾斜的放置盒状货物的货架，架上的货物按货物品种和规格分别进行码放；货架的下方是皮带输送机；根据集货容器上条码的扫描信息控制货架上每列货物的投放；投放的货物接装进集货容器，或落在皮带上后，再由皮带输送进入集货容器。

图4-21　九州通上海物流中心自动分拣示意

——机器人分拣系统与装备：与自动分拣机分拣相比，机器人分拣具有很高的柔性（见图 4 - 22）。

图 4 - 22 医药行业机器人自动分拣示意

资料来源：智库百科。

具体内容如下：

（1）确定拣货策略。决定拣货策略的四个主要因素为：分区、订单分割、订单分批及分类，各因素特点如表 4 - 3 所示。其中分区主要有拣货单位分区、拣货方式分区、工作分区等；订单分割是指当订单所订购的商品项目较多，或设计一个快速处理的拣货系统时，为了使其能在短时间内完成拣货作业，可将订单切分成若干的子订单，交由不同的拣货人员同时进行拣货作业以提高拣货效率。订单分割策略必须与分区策略联合运用，才能有效发挥其长处；订单分批是指为了提高拣货作业效率而把多张订单集合成一批，进行批次拣取作业，其目的主要在于缩短拣取时行走搬运的时间及距离；分类通常和分批结合在一起，有拣取时分类，也有拣取后集中分类。

表 4 - 3 影响拣货策略的四个要素特点

拣货策略		优点	缺点
分区	拣货单位分区	依各区不同的商品特性，设计储存、搬运方式，可有效利用自动化设备	要求储存单位一致，否则容易增加物流操作费用
	拣货方式分区	可根据商品需求频率的高低，设计分区拣货作业方式	拣货信息处理较为复杂，系统设计困难度增加
	工作分区	缩短拣货人员移动距离和寻找时间，增加拣货的速率	分区工作平衡必须时常检查，拣货信息处理必须加快

续　表

拣货策略	优点	缺点
订单分割	配合分区策略，各区同时进行拣货，缩短完成时间	集货作业需求增大
订单分批	多张订单集合为一批，可有效提高分拣作业效率、缩短搬运行走时间和距离	订单数量变化不宜过大，前置处理时间较长
订单分类	作业弹性较大、节省拣货后再分类时间，稳定性较高	需利用计算机辅助来降低错误率

（2）安排订单出货流程。根据拣货策略合理安排订单的出货流程。

（3）安排拣货路径。要最少时间、最短路线以合理的拣货路径拣选存放在仓库的货物，并根据交货时间和拣货作业标准时间安排货物拣选时机。

（4）分派拣货作业人员。根据拣货方法和时间安排，选择相应的设备并配备恰当数量的作业人员。

（5）拣货。拣货的过程可以由人工或自动化设备完成。通常小体积、少批量、搬运重量在人力范围内且出货频率不是特别高的，可以采取手工方式拣取；对于体积大、重量大的货物可以利用升降叉车等搬运机械辅助作业；对于出货频率很高的可以采取自动拣货系统。

（6）集货。经过拣取的商品根据不同的客户或送货路线分类集中，有些需要进行流通加工的商品还需根据加工方法进行分类，加工完毕再按一定方式分类出货。由于多品种分货的工艺过程较复杂，难度也大，因此很容易发生错误，因此必须在统筹安排形成规模效应的基础上，提高作业的精确性。在物品体积小、重量轻的情况下，可以采取人力分拣，也可以采取机械辅助作业，或利用自动分拣机自动将拣取出来的货物进行分类与集中。

4. 出货作业

出货作业主要是指把拣选分类好的货品经过配货检查过程后，装入容器，做好标示，再运到出货准备区，配载装车，规划运输线路，将货物安全、准时送达用户手中的过程。

 小链接

智能的配送中心
——交通集团天运通公司解决物流配送"最后一公里"

数米高的货架上，货品码放整齐，在位于北辰区的交通集团天运通物流有限公司（以下简称"天运通"），2014 年 6 月刚刚投入试运营的超万平方米城市物流配送中心里，叉车工人们驾驶智能叉车有条不紊地入库商品。

记者看到，每一位叉车工在进行下一个动作前，都会从左手边的盒子里拿出一张银行卡大小的白色卡片，在叉车上的感应装置前刷卡，一旁的屏幕则会指示他下一步的操作。

天运通物流有限公司经理陈杰介绍："叉车之所以能高效无误地入库、出库、堆垛，都要靠这张卡片，它通过无线射频识别技术，存储了每一批货物的详细信息，通过刷卡，仓库管理系统会自动给货物分配货架位置，并提供最佳入库线路。叉车工通过车载终端读取相应信息，并根据屏幕指示进行操作，完全不用费心去寻找货物码放位置，最大限度地提高了堆垛效率。"

在城市物流配送中心二层拆零分拣区，分拣工人们分散在各条分拣线上，每一条分拣线两侧的货架都摆满了待分拣货物，对应每种货物都有一个小小的电子标签。当分拣线上第一位分拣工给一个分拣箱上的条码进行扫描后，上方分拣线上，对应各种货物的电子标签就会亮起红色的数字，提示分拣员在分拣箱内放入相应数量的货物。而在另一侧的低频货物分拣区，分拣工人则是推着小车，根据车上的电子屏幕提示进行相应操作。几分钟不到，数十种产品就分拣完成。

陈杰介绍，每一个分拣箱就代表了一个连锁超市的订货需求，分拣箱上有唯一的条码标签，商品上也有对应的编码。在充满了无线信号的物流配送中心里，商品从入库上架、堆垛、分拣、拆零分拣，再到出库发货，每一个步骤都要依靠智能系统完成操作。

资料来源：天津日报数字报刊。

三、第三方物流仓储业务管理

仓储管理是第三方物流企业的一个重要组成部分，是第三方物流企业为制造企业或商贸企业提供优质的全方位管理服务的重要领域，而仓储管理最基础的部分则是仓储的业务操作，主要包括入库管理、在库管理和出库管理三大块，如图4-23所示。其中在库管理是指对存储商品的管理，如货物包装、拆卸、库中调配、再加工等典型的物流服务，通过对出入库货物数量的计算，可以得出准确的库存结存量，另外还可以根据物流订单信息进行库存的预测和控制。

高效、合理的仓储管理流程的设计是第三方物流企业提高服务水平的重要方面。下面主要就这三个方面进行介绍。

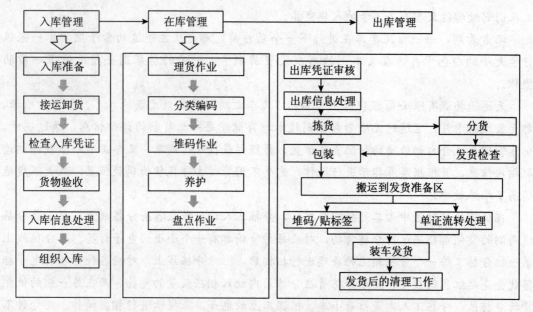

图 4 - 23　第三方物流企业的仓储业务流程示意

（一）入库管理

入库管理又称为收货管理，指作业人员根据商品入库凭证接收商品入库储存时，经过接运、提货、卸货、搬运、清点数量、检查质量、办理入库手续等一系列操作的综合。入库作业管理就是对上述作业活动的计划与组织。

入库作业是仓储作业的开始阶段，包括入库商品的交接和入库商品的验收。入库管理的质量直接影响仓储管理的质量，因此，及时、准确、规范地完成商品入库作业是对入库作业的基本要求。

1. 入库准备工作

入库准备工作主要是指仓储部门接受商品入库的具体实施方案。主要掌握入库商品的品种、数量、到货地点、到货日期等具体情况。相关作业人员在入库前需认真查阅入库商品的资料，包括商品的品种、规格、数量、包装、到库时间、保管要求等，以便于妥善安排仓位及装卸设备和作业人员的准备，并根据入库商品的性能、储存要求、数量以及保管场所的具体条件等，确定入库商品的堆码形式和苫盖、下垫形式，准备好苫垫物料。

2. 接运卸货

这里主要涉及接运方式，不同的运输方式，其接运方式和交接方式也有所不同。具体来讲接运方式有四种类型：车站、码头接货；专用线接货；仓库自行接货；库内接货。

（1）车站、码头接货。仓储企业受存货人委托或合同约束到车站、码头接运货物到指定地点。车站、码头接运时，作为提货人员要注意核对运单以及有关资料详细核对货物，并在物品到库时，与仓储保管人员密切配合。

（2）专用线接货。仓储企业在本企业的专用线，例如，专门为某企业修建或使用的铁路专用线，通常为支线进行货物接运。

（3）仓库自行接货。仓储企业直接到存货委托人指定的企业接货。自行提货时要注意和验收工作结合在一起同时进行。

（4）库内接货。仓储企业在仓库内接到存货委托人送来的物品。保管员或验收人员直接与送货人员办理交接手续，当面验收并做好记录。若有差错，应填写记录，由送货人员签字证明，据此向有关部门提出索赔。

3. 检查入库凭证

货物到库后，仓库收货人员首先要检查货物入库凭证，然后根据入库凭证开列的收货单位和货物名称与送交的货物内容和标记进行核对。

4. 商品验收

凡商品进入仓库进行储存，必须经过商品验收，方可入库保管。货物入库验收是仓库把好"三关"（入库、保管和出库）的第一道，抓好货物入库质量关，能有效防止劣质商品流入流通领域，从而划清仓库与生产部门、运输部门的责任界线，也为货物在库场中的保管提供第一手资料。

商品验收的基本内容包括数量、质量和包装验收。其中商品数量验收是保证商品数量准确不可缺少的重要步骤，按商品性质和包装情况，数量检验主要有计件、检斤、检尺三种形式。质量检验包括外观检验、尺寸检验、化学成分检验和机械物理性能检验四种形式。仓库一般只作外观检验和尺寸精度检验，后两种检验如果有必要，则由仓库技术管理职能机构取样，委托专门检验机构进行检验。商品包装的好坏直接关系到其储存和运输的安全。所以对商品的包装要进行严格验收，凡是产品合同对包装有具体规定的要严格按规定验收。

接下来进行相关入库信息的处理，包括交接手续、登账、立卡、建档等，并完成入库作业。

（二）在库管理

1. 理货作业

理货作业指在配送作业过程中，对物品进行的数量清点、内外质量检查、分类等一系列活动。

2. 分类编码

将仓储物资进行编码，方便客户、采购企业、仓储企业能够更直接、更快捷、更准确、更统一地进行物资使用、采购和存储，从而达到物资仓储的标准化管理，编码方法有很多例如，按物资使用周期长短来划分、按物资大小来划分、按物资特性来划分等。

3. 堆码作业

堆码又称为堆垛。堆垛就是根据商品的包装形状、重量和性能特点，结合地面载荷、气候情况以及储存时间，将商品按一定的规律分别堆成各种垛形（见图4-24）。商品验收入库，根据仓库储存规划确定货位后，即应进行堆码，这也是商品在库保管过程中的一项重要工作。

（a）仓库商品垛形——重叠式

（b）仓库商品垛形——交错式

（c）工钢堆码方式——仰伏相间式

（d）五五化堆码方式

图 4 - 24　仓库堆码的不同垛形

小知识

堆码作业操作要求

操作要求：

堆码的作业人员要严格遵守安全操作规程；严禁超载使用各种装卸搬运设备，同时还须防止建筑物超过安全负荷量。码垛必须不偏不斜，不歪不倒，牢固坚实，以免倒塌伤人、摔坏商品。

①合理。不同商品的性质、规格、尺寸不相同，应采用各种不同的垛形。不同品种、产地、等级和单价的商品，须分别堆码，以便收发和保管。货垛的高度要适度，与屋顶、照明灯保持一定距离；货垛的间距，走道的宽度、货垛与墙面、梁柱的距离等，都要合理、适度。垛距一般为 0.5～0.8 米，主要通道为 2.5～3 米，如涉及叉车叉运，则通道一般设计为 4～5 米。

②方便。货垛行数、层数，力求成整数，便于清点、收发作业。若过秤商品不成整数时，应分层表明重量。

③整齐。货垛应按一定的规格、尺寸叠放，排列整齐、规范。商品包装标志应一律朝外，便于查找。

④节约。堆垛时应注意节省空间位置，适当、合理安排货位的使用，提高仓容利用率。

堆码五距：

商品堆码要做到货堆之间，货垛与墙、柱之间保持一定距离，留有适宜的通道，以便商品的搬运、检查和养护。要把商品保管好，"五距"很重要。五距是顶距、灯距、墙距、柱距和堆距。

①顶距。顶距是指货堆的顶部与仓库屋顶平面之间的距离。留顶距主要是为了通风，顶距应在50厘米以上为宜。②灯距。灯距是指在仓库里的照明灯与商品之间的距离。留灯距主要是防止火灾，商品与灯的距离一般不应少于50厘米。③墙距。墙距是指货垛与墙的距离。留墙距主要是防止渗水，便于通风散潮。④柱距。柱距是指货垛与屋柱之间的距离。留柱距是为防止商品受潮和保护住脚，一般留10~20厘米。⑤堆距。堆距是指货垛与货垛之间的距离。留堆距是为便于通风和检查商品，一般留10厘米即可。

资料来源：百度百科。

4. 养护作业

商品在未进入消费领域之前，为了实现销售目的所进行的暂时存放，称为商品储存。商储存在仓库的商品，表面上看是静止不动，但实际上不同的商品在储存过程中都会发生一些变化，通常只有这种变化达到一定程度后才会被发现，而这些变化会严重影响到商品的质量，如果不加以控制就会给企业带来巨大的损失。因此，有必要对保管过程中的商品进行养护，以减少因为商品质量的变化所带来的损失。

商品养护的基本任务就是面向库存商品，根据库存数量多少、发生质量变化速度、危害程度、季节变化，按轻重缓急分别研究制定相应的技术措施，使货物质量不变，以求最大限度地避免和减少商品损失，降低保管损耗。商品养护作业的主要措施有：经常对商品进行检查测试，及时发现异常情况；合理地对商品进行通风；控制阳光照射；防止雨雪水湿商品，及时排水除湿；除虫灭鼠；妥善进行湿度控制；防止货垛倒塌；防霉除霉，剔出变质商品，并对特殊商品采取特殊防护措施。

5. 盘点作业

盘点主要是为了掌握货物的入库、出库、在库保管的流动情况，定期或临时对库存商品的实际数量进行清点的作业。通过盘点对在库商品的实际数量与账面上的记录进行核对，以便于准确地掌握库存数量。盘点主要有定期盘点和临时盘点两种方式，定期盘点，也就是仓库的全面盘点，是指在固定时间内，一般是每季度、每半年或年终财务结算前进行一次全面的盘点，由货主派人会同仓库保管员、商品会计一起进行盘点对账；而临时盘点是指即当仓库发生货物损失事故、保管员更换、仓库与货主认为有必要盘点对账时，组织一次局部或全面的盘点。

（三）出库管理

商品出库管理是商品存储阶段的最后一个环节。商品出库业务是仓库根据业务部门或存货单位开具的商品出库凭证，按其所列商品的编号、名称、规格、型号、数量等项目，组织商品出库的一系列工作的总称。商品出库管理要遵循先进先出、后进后出，凭证发货的原则，严格遵守仓库有关出库的各项规章制度。

不同的仓储企业，由于其商品性质不同，出货作业管理的流程也存在一些差异，但总体来讲主要经过以下几个环节。

1. 出库凭证审核

出库凭证有发货通知书、提货单和调拨单等。在同一个企业内，出库凭证应统一规格。并且作为仓库管理人员要认真核对出库凭证上所列商品的名称、规格、数量，确保"单货一致"和"单单一致"，备料时还要注意商品规格、批次和数量，按先进先出的原则进行安排。

2. 出库信息处理

出库信息处理的方式有两种：人工处理流程和出库作业管理信息系统。其中人工处理主要涉及登记入账、批注出库商品的编号、核对结余。出库作业管理信息系统则主要涉及信息录入、打印拣货信息也就是拣货单。

3. 拣货和分货

拣货作业主要是依据客户的订单要求或者配送中心的配送计划，尽可能迅速、准确地将商品从其储位或其他区域挑选出来的作业过程。分货又称为配货，拣货作业完毕后，根据订单或配送路线的不同组合方式对货品进行分类，这类作业称为分货作业。

4. 发货检查

货物备好后，为避免出现差错，应该按照规定进行发货检查，对商品品名、规格数量等进行复核查对，此项作业可以由保管员自行检查，也可以由保管员相互检查。

5. 包装

凡是由仓库分装、改装或拼装的商品，装箱人员要填制装箱单，标明箱内所装的商品的名称、型号、规格、数量以及装箱日期等，由装箱人员签字或盖章以后放入箱内供收货单位查对。在进行包装时要注意选用适宜的包装材料；符合商品的运输要求；严禁互相影响；充分利用包装容积；要节约包装材料，尽量使用原包装和旧包装物。

6. 搬运至发货准备区

包装或分装后的货物，根据业务流程应将其搬运至发货准备区，以便备运。

7. 堆码/贴标签

为方便接下来的装车作业，作业人员将物品整齐、规则地摆放成货垛，并张贴标贴或吊鉴的作业，既可以方便清点，又可以提高装车的作业效率。

8. 装车发货

此环节为发货作业的最后一项业务操作。作业人员按照发送的先后顺序进行装车，并遵循装车的基本原则，例如，重下轻上、大下小上、先送后装等原则，合理配载运输。

9. 发货后的清理工作

该环节主要包括两项作业清理现场和清理档案。其中清理现场是当商品出库后，有的货垛被拆开，有的货位被打乱，有的现场留有一些杂物等，保管人员应根据储存规划要求，该合垛的合垛，该挪位的挪位，并及时清理发货现场，保持清洁整齐，腾出新的货位、库房，以方便新商品入库。清理档案是指当一批商品发送完毕后，要收集整理该批商品的出入库信息包括出入库、保管保养、盈亏数量等，然后存入商品档案，妥善保管，以备查用。

实训题

企业物流战略及业务管理调研

一、实训目的

通过本章的学习，使学生熟悉第三方物流企业的经营战略的类型和战略选择方法，掌握其具体的业务操作流程，并能结合所学知识对现有企业的经营战略和业务流程分析分析，发现其存在的问题，进行论证。

二、实训要求

1. 实训时间：两周提交设计方案相关材料。

2. 根据内容合理进行人员分工和任务分配。

三、实训内容

以小组为单位，每个小组 3～6 人，各小组选取熟悉的物流企业，对其物流战略及业务流程进行调研并结合所学知识进行论证。实训具体内容包括以下几个方面：

1. 小组人员分工及任务分配。

2. 翔实的调研和统计数据。

3. 过程佐证材料。

4. 论证分析报告。

四、考核办法

1. 根据小组的总体设计情况进行综合评分，给出设计分。

2. 根据各小组成员的任务量和完成量及完成效率进行排名，分别打分。

3. 小组各成员的成绩以综合成绩为准。

习题

一、单项选择题

1. 以下（ ）对第三方物流企业要求比较严格，管理和作业难度都比较大，需要企业具有较强的计划性和准确度，是一种精确度高的配送服务方式。

　　A. 定时配送　　　　B. 定量配送　　　　C. 定时定量配送　　D. 定时定路线配送

2. 配送中心（ ）是商品从生产领域进入流通领域的第一步，进货作业是指对物品实体上的接收，从货车上将物品卸下，并核对该物品的数量及状态，包括数量检验、品质检验、技术检验、开箱检查等，然后将必要信息书面化的过程。

　　A. 订单处理　　　　B. 进货作业　　　　C. 出货作业　　　　D. 配货作业

3. 物流服务质量层面需求、品牌层面需求和载体层面需求三种类型属于（　　）。

A. 物流服务功能　　　B. 形式需求　　　C. 服务外延需求　　　D. 服务价格需求

4. 以下（　　）要素的缺点是要求储存单位一致，否则容易增加物流操作费用。

A. 订单分区　　　B. 订单分割　　　C. 订单分批　　　D. 订单分类

5. （　　）物流战略的特点是功能整合度和资产专用性低。这类企业是伴随着电子商务出现而发展起来的小型物流企业，起步晚，规模小，物流服务范围窄，在经营资源数量和质量方面都受到限制。

A. 综合型物流战略　　　　　　　　B. 集成型物流企业战略

C. 柔软性物流企业战略　　　　　　D. 系统化物流企业战略

二、多项选择题

1. 第三方物流企业在制定企业战略时，必须要思考三个首要的核心问题是（　　）。

A. 产品定位　　　B. 市场定位

C. 利润目标　　　D. 价值定位

2. 第三方物流企业经营战略的基本类型有（　　）。

A. 综合型物流战略

B. 集成型物流企业战略

C. 柔软性物流企业战略

D. 系统化物流企业战略

3. 第三方物流企业的战略选择途径（　　）。

A. 兼并　　　B. 合资　　　C. 物流联盟　　　D. 托管

4. 以下（　　）是分区的三种方法。

A. 拣货单位分区　　　B. 拣货方式分区　　　C. 工作分区　　　D. 分类分区

5. 仓储作业中商品接运方式的四种分型分别是（　　）。

A. 车站、码头接货　　　B. 专用线接货　　　C. 仓库自行接货　　　D. 库内接货

三、判断题

1. 系统化物流企业战略第三方物流的特点是资产专用性高，自身拥有大量的专用性资产，且具有很强的功能整合能力。　　　　　　　　　　　　　　　　　　（　　）

2. 合资是兼并以外的另一个重要选择，由两家公司共同投入资本成立，分别拥有部分股权，并共同分享利润、支出、风险及对该公司的控制权。　　　　　　　　（　　）

3. 功能整合型第三方物流经营战略的特点是以货物为核心，导入系统物流，改进分拣、货物跟踪以提供高效、迅速的物流服务，主要服务于特定目标市场。　　（　　）

4. 作为专业的第三方物流企业，其最大的特点就是"专"。包括专业化的运输管理人员、专业的运输设施与设备以及专业的第三方物流管理。　　　　　　　　（　　）

5. 定时配送是指按照规定的配送时间和配送数量进行配送，兼有定时、定量两种方式的优点。　　　　　　　　　　　　　　　　　　　　　　　　　　　　（　　）

四、简答题

1. 简述第三方物流企业经营战略的基本类型。

2. 简述第三方物流企业基本业务环节。

3. 简述商品出库管理的业务环节。

4. 列举拣货策略的四个主要因素。

5. 简述分拣与配货作业的具体流程。

五、案例分析

上海友谊集团物流有限公司为联合利华提供定制物流服务

上海友谊集团物流有限公司自 20 世纪 90 年代初便为国际上最大的日用消费品公司——联合利华有限公司提供专业的物流服务，并与其建立了良好的物流合作伙伴关系。

友谊物流与联合利华的合作可追溯到 10 年前，联合利华杨浦加工厂与友谊物流签订了第一个合同，租赁了 1174 平方米的仓库，用来存储沐浴露、洗发水、香皂和金纺柔顺剂。而现在的仓储面积已经达到 63957 平方米。同时，友谊物流又承接联合利华将货物运输到其上海市关键客户的业务，以及联合利华的华东区部分顾客的配送业务。

目前，友谊物流与联合利华的合作是采取"合同制物流"的方式，以合同来约束双方的行为。即利用企业外部的运输、仓库资源来执行本公司的物料管理或产品分销职能，并以合同来约束双方的权利义务。友谊物流每年与联合利华签订一次合同，按照合同法的六要素，对双方的职责、权利、义务作了明确的约定，同时又把双方的合作视为"伙伴关系"，联合利华负责物流的有关人员与友谊物流联合在现场办公，处理日常事务，并及时掌握上海总库与全国十二个城市的中转库的信息，协调好整个物流的各个环节，确保货畅其流，提高服务质量。

第三方物流的特征是为客户提供个性化的物流服务，它与公共物流不同，友谊物流的做法如下。

（1）改变作业时间。

由于联合利华采用 JIT 即时制生产方式，要求实现"零库存"管理，如生产力士香皂的各种香精、化工原料需从市内外及世界各地采购而来，运到仓库储存起来，然后根据每天各班次的生产安排所需的原料配送到车间，不能提前也不能推迟，提前将造成车间里原料积压，影响生产，推迟将使车间流水线因原料短缺而停产。因此，友谊物流改革了传统储运的白天上班夜间双休日休息的惯例，实施 24 小时作业制和双休日轮休制，法定的节假日与物流需求方实施同步休息的方法来满足市场和客户对物流服务的需求，保证了全天候物流服务。

（2）更改作业方式。

友谊物流根据不同商品、流向、需求对象，实行不同的作业方才在商品入库这一环节上，除了做好验收货物有元损坏、数量、品名、规格是否正确等之外，针对联合利华公司内部元仓库的特点。友谊物流采取了两条措施来确保其商品的迅速及时地入库。其一，实行托盘厂库对流，产品从流水线下来后，直接放在托盘上，通过卡车运输进入仓库；其二，对从流水线上下来的香皂，因为现在工艺上没有冷却到常温这一环节，工厂又无周转库，每班生产出来的产品必须立即运到仓库，这样进仓的香皂箱内温度在 50℃～60℃，为保证这样高温高湿的商品不发生质量问题，香皂到库后立即进行翻板，摆置成蜂窝状以利散热散潮。商品出库是仓库保管与运输配送两个业务部门之间在现场交接商品的作业，交接优劣直接影响商品送达到商店（中转仓）的时效性及正确性，在出货过程中为了提高车辆的满载率，将几十种品种及相邻近地区需要的产品首先进行组配成套装车，送往市内，华东地区采用卡车以商店为单位组合装车；发往中转仓的商品，采用集装箱运输，每箱的装运清单由仓库复核签字后一联贴在集箱门的内侧，使开箱后对该箱所装货物一目了然。

（3）商品在库管理。

友谊物流对联合利华的所有在库商品实施批号、项目号管理，各种商品根据批号进、出仓，凡同种商品不同批号不得混淆，并用计算机管理，来确保商品的先进先出，保持商品的较长保质期，最大限度地保护消费者的利益。此外，按照要求定期进行消毒，每月进行微生物、细菌测试，确保库存商品质量安全。

（4）信息服务。

友谊物流除了每天进行记账、销账、制作各类业务报表外，还按单价、品类、颜色、销售包装分门别类做出商品统计，每天的进出货动态输入电脑，及时将库存信息传送给利华，使联合利华随时了解销售情况及库存动态。

为客户提供个性化服务，是因为物流需求方的业务流程各不一样，而物流、信息流是随价值流流动的，因而要求第三方物流服务应按照客户的业务流程来定制。一项独特的物流服务能给客户带来高效、可靠的物流支持，而且使客户在市场中具有特别的、不可模仿的竞争优势。这也是友谊物流能够成功的最主要的原因。

思考题： 上海友谊集团物流有限公司是如何为联合利华提供定制物流服务的？

第五章 第三方物流的合同管理

知识目标

1. 理解第三方物流合同的概念及其特征；
2. 了解第三方物流合同管理的内容和措施；
3. 了解《中华人民共和国合同法》中关于第三方运输、仓储的条款；
4. 掌握第三方物流合同的撰写方法。

能力目标

1. 知道第三方物流合同的主要条款；
2. 知道第三方物流合同签订的阶段；
3. 会撰写第三方物流合同；
4. 会用本章知识签订第三方物流合同。

导入案例

中国远洋运输（集团）总公司海上货物运输合同纠纷案

原告中国土产畜产浙江茶叶进出口公司与被告中国远洋运输公司海上货物运输合同纠纷一案，于 1999 年 12 月 8 日向人民法院提起诉讼。

原告中国土产畜产浙江茶叶进出口公司诉称：1999 年 8 月，原告与恰宁（香港）有限公司（以下简称恰宁公司）签订了号码为 GS64/990823/HG 的《销售合约》，从该公司进口一批马来西亚产单板，卸货港为中国乍浦港。合同签订后，原告委托中国银行浙江省分行开出 UC9100990/99 号信用证。随后，受益人以中国远洋运输公司签发的 CSDK/99—343A 号提单等全套单证议付。该提单货物 A 项为底板 423.2256 立方米，B 项为中板937.6920 立方米，共计 655 件。原告承兑后取得了包括提单在内的全套单证。船抵乍浦港后，中国外运浙江嘉兴公司（以下简称嘉兴外运）受原告委托。持该提单与嘉兴外轮代理公司（以下简称嘉兴外代）联系换取小提单报关，但嘉兴外代告知该提单没有船东的放货通知，故原告至今无法提货。

原告在与怡宁公司签订合同的同时，与杭州广安经济发展有限公司（以下简称广安公司）签订了《购销合同》，向该公司销售底板 423.2256 立方米，中板 937.6920 立方米，总价为 5244939 元，并收取预付款 250 万元。现因不能交付货物，原告不但不能实现公司的利润，还要赔偿该公司相当于合同价 10% 的违约金 524494 元。特提起诉讼，请求判令被告交付马来西亚产单板，其中底板 423.2256 立方米，中板 937.6920 立方米，或赔偿经济损失 5773496.21 元，并承担本案的诉讼费用。

被告中国远洋运输（集团）总公司辩称：被告既未在 1999 年 10 月、11 月间从事过由山打根至乍浦港的胶木板运输业务，也未在 1999 年 10 月 30 日委托过从无业务往来的海运船务代理有限公司（Coastway Agencies SDN. BHD.，以下简称海运船务公司）签发过任何形式的提单，甚至也不是"天目山"轮的船东与经营人或承租人，因此，被告并非原告诉称的 CS-DK/99—343A 号提单承运人；原告呈送贵院的 CSDK/99—343A 号提单系若干年前业已不再使用的而今在少数各自独立的分公司内部仍可能沿用的过时格式提单，提单所示的中国远洋运输公司及其子公司早已不复存在，即便存在，对货物承运人也应依船舶的归属或提单的实际使用状况而定；被告调查获悉，海运船务公司于 1999 年 10 月 30 日在马来西亚山打根代表承运人签发提单，纯属与托运人、信用证受益人及香港怡宁公司等恶意串通所实施的诈骗行为，无论是被告还是船东，均未授权其签发提单，何况提单签发日"天目山"轮尚锚泊在远离马来西亚山打根的 Bintulu，因此，本案应由刑事司法部门侦处。

经当庭质证及调查取证，最终法院认为：被告与天津远洋虽系各自独立的法人，但 2000 年 2 月 15 日之前，均允许各成员公司签发抬头为中国远洋运输公司或中国远洋运输（集团）总公司的提单，以其名义对外经营，而"天目山"轮属天津远洋所有和经营，其代理海运船务公司签发了原告持有的 CSDK/99—343A 号中国远洋运输公司的提单，故被告应视为本案的契约承运人。被告辩称其既未委托海运船务公司签发过任何形式的提单，也不是"天目山"轮的船东与经营人或承租人，并非原告诉称的 CSDK/99—343A 号提单项下货物的承运人，理由不足，不予采纳。

海运船务公司签发原告所持有的虚假提单，虽超越了代理权限，但从原告凭海运船务公司徐舜有签发的中国远洋运输（集团）总公司的 CSDK/99—287 号、CSDK/99—288 号提单已提取货物，以及海运船务公司徐舜有签发的"天目山"轮该航次的 CSDK/99—344 号中国远洋运输公司的提单，其持有人也已提取货物的情况看，原告有理由相信代理人有权签发其持有的提单，且原告经承兑从开证行取得与信用证规定完全一致的提单等单据，无任何过错，被告也不能证明其有过错，故代理人的签单行为符合表见代理的构成要件，应为有效。被告虽不是实际承运人，但作为契约承运人，也应当对实际承运人的行为或者实际承运人的受雇人、代理人在受雇或者受委托的范围内的行为负责。因代理行为有效，代理人签发虚假提单，造成原告经济损失，被告应负赔偿责任。被告庭审中关于代理人超越代理权限而签发的虚假提单应属无效，被告不应承担任何责任的辩称，与法律规定不符，也不予采纳。

资料来源：最高人民法院民事审判第四庭编，全国法院优秀涉外商事海事裁判文书选，人民法院出版社，2002 年 09 月第 1 版。

第一节 第三方物流合同的概述及管理要点

一、第三方物流合同的概述

（一）第三方物流合同的定义

第三方物流的一个重要特点是物流服务关系的合同化。第三方物流主要是借助合同的形式来规范物流经营者和物流消费者之间的关系。物流经营者则依据合同的要求，提供多功能甚至全方位一体化的物流服务，并按照合同的要求来管理其提供的所有物流服务活动及过程，因此，第三方物流也可以叫作合同制物流或契约物流，开展第三方物流活动也就需要订立第三方物流合同。

第三方物流服务活动的当事人之间设立、变更、终止权利义务关系的协议，这就是第三方物流合同。第三方物流服务需要企业与第三方物流公司经过协商后，在双方认可的基础上，签订相关的协议，用以明确双方的责任、权利和义务并规范双方的行为，这份协议即为第三方物流合同。

（二）第三方物流合同的特征

第三方物流不仅要把资产或业务外包出去，还要为满足客户与物流企业双方的业务发展需要而为客户量身制定解决方案，所以第三方物流合同涉及的环节多、时间长、需求复杂。第三方物流合同具有以下特点。

1. 第三方物流合同应为双务有偿合同

第三方物流合同中一方提供物流服务，另一方付给报酬，双方均享有合同规定的权益，并须向对方履行相应的义务。

2. 第三方物流合同应为诺成合同

第三方物流合同的当事人各方意见一致，合同即成立。物流合同包括人量的货运内容。在我国的司法实践中，货运合同已经脱离传统民法上实践合同的范围，而成为诺成合同。因为在物流标的物交付之前，物流服务需求方和物流服务企业可能已经为履行合同进行了准备，支出了成本，如果以交付标的物为合同成立要件，则不利于保护双方当事人的利益。

 小知识

诺成合同与实践合同

· 以当事人双方意思表示一致，合同即告成立的，为诺成合同。

· 除双方当事人意思表示一致外，尚须实物给付，合同始能成立，为实践合同，亦称要物合同。

3. 第三方物流合同应为要式合同

物流合同涉及运输、仓储、加工等内容，运输中可能又包括远洋运输、公路运输、铁路运输、航空运输等，而且双方的权利、义务关系复杂，只有具备一定形式（比如书面形式），才能使物流合同得到更好的履行，才能更好地保护合同当事人的合法权益。

4. 第三方物流合同应有约束第三者的性质

第三方物流合同的主体通常是第三方物流企业和物流服务需求方，虽然收货方有时并没有参加合同签订，但第三方物流公司应向作为第三方的收货方交付货物，收货方可直接取得合同规定的利益，并自动受合同的约束。

（三）第三方物流合同主体法律关系分析

由于物流合同中经常包含海运、铁路、公路、河运、仓储、加工、装卸等内容，并且第三方物流经营人拥有的资源不同，所以第三方物流合同当事人之间的法律关系也变得复杂起来。总体来讲，主要有以下三种法律关系：

（1）当第三方物流经营人自己完成物流合同所约定的内容时，当事人双方形成相应的法律关系，比如运输法律关系、仓储法律关系、加工法律关系等。此时，物流合同当事人之间的权利、义务关系就要受到《海商法》《合同法》等不同法律的调整。

（2）委托代理关系。任何一家物流企业都不可能拥有履行物流合同的所有资源，因此在第三方物流合同中约定物流经营人在一定权限内可以以物流需求方的名义委托第三人完成物流业务，此时第三方物流合同的当事人之间就形成了委托代理关系，包括直接代理关系和间接代理关系，即第三方物流经营人以物流需求方的名义同第三人签订分合同，履行物流合同部分内容，该分合同的权利、义务物流需求方也应享有和承担。

（3）居间法律关系。当第三方物流经营人只提供与物流有关的信息，促成物流需求方和实际履行企业签订合同，从中收取一定费用，而自己并未同任何一方签订委托代理合同时，第三方物流合同当事人之间就存在居间法律关系。第三方物流经营人处于居间人的法律地位，享有报酬请求权，并依法承担相应的诚信义务。

（四）第三方物流合同当事人

（1）物流服务需求方，一般作为物流合同的当事人之一，享有法律及物流合同规定的权利，履行相应义务，是物流法律关系中主要的一方，主要包括各种工业企业、批发零售企业及贸易商等。

（2）第三方物流经营人是物流合同的另一方，与物流服务需求方签订物流服务合同的企业。

（3）物流合同的实际履行方。物流服务需求方和第三方物流经营人是第三方物流法律关系中的重要主体，但一般还包括物流合同的其他实际履行方，包括运输企业、港口作业企业、仓储企业、加工企业等。第三方物流经营人通过实施代理权或分包权使这些企业参与物流合同的履行，成为第三方物流法律关系不可或缺的主体。

小知识

第三方物流合同经理的工作职责

（1）根据客户的物流要求，设计业务流程，编制物流解决方案；

（2）了解客户的需求，与客户有良好的沟通，并负责合同的商务谈判；

（3）完成合同所规定的运作要求，达到合同规定的KPI；

（4）完成财务指标及成本的控制；

（5）团队建设及管理。

二、第三方物流合同的管理要点

（一）第三方物流合同管理的内容

在第三方物流服务工作中，合同是确定第三方物流企业与客户之间权利、义务关系的最重要的法律文本。合同既是业务的最终结果，又是业务实施过程中的执行依据，更是解决业务纠纷的主要依据，其重要性显而易见。物流业务合同是影响物流营销和服务战略的一个重要因素，加强第三方物流合同的管理工作应从合同订立前的准备工作到合同的订立以及合同履行过程的监控和合同完成后的归档等各环节，对合同进行科学的全过程、全方位管理。具体来说，第三方物流合同的管理主要包括以下阶段。

1. 第三方物流合同的准备阶段

合同签订是关系到企业生存发展的大事，尤其是第三方物流合同。由于第三方物流业务的时间跨度较长、服务范围较广，企业在签订合同时应避免操之过急。首先，应加强企业物流部门的管理者之间、管理者和员工之间的交流沟通，明确企业物流外包项目和外包目的。其次，应对第三方物流公司进行调查了解，选择合适的第三方物流公司。在确定准备合作的第三方物流公司之后，企业应与第三方物流公司进行广泛的沟通，增进彼此的了解。一方面，企业要了解第三方物流公司的服务能力是否符合自身的要求；另一方面，要将自身的情况向第三方物流公司详细介绍。

2. 第三方物流合同的订立阶段

在合同双方彼此了解之后，合同管理进入实质性阶段，即合同的订立阶段。此阶段包括合同的起草、谈判和最终订立。在这一阶段，企业应就合同涉及的必要内容和条款详细地与第三方物流公司进行谈判和协调，确保合同内容全面，措辞严密。双方对合同内容的理解应一致，以避免产生歧义和纠纷。

3. 第三方物流合同的履行阶段

第三方物流服务并不意味着企业可以甩手不管；恰恰相反，企业必须随时了解合同的履行情况，监督第三方物流公司的服务，及时发现问题，解决问题，从而保证合同的顺利实施。

4. 第三方物流合同的归档阶段

第三方物流合同履行后，企业均对合同进行归档管理。企业还要对合同的执行情况进行全面评估，总结经验教训，就出现的问题查明责任，提出改进措施，完善管理制度，不断改进自身的物流外包业务。

（二）第三方物流合同管理的具体措施

企业一旦实施了物流外包，就必须加强对第三方物流合同的管理，具体措施如下。

1. 强化合同管理意识，建立完善的合同管理制度

企业应从思想上树立合同管理的科学理念，真正认识到合同管理对物流外包的重要性，强调按合同办事，通过学习交流提高全员的合同管理意识。合同管理应从完善管理制度入手，制定切实可行的合同管理制度。其主要内容为：成立专门的合同管理机构，指定专业人员对合同进行持续性全过程管理，包括签订前的调查准备、合同文本管理、合同履行监控和纠纷处理、评价和总结合同执行的情况等。

2. 建立信息交流平台

在第三方物流合同的订立到履行的全过程中，离不开充分的信息交流和沟通。有效的合同管理应建立信息平台，使合同双方的信息沟通制度化，保证及时地进行交流，从而增进彼此的理解，避免误会，以保证合同的顺利实施。

3. 建立监控和评价机制

在订立合同后，企业应建立合同履行的监控和评价体制，密切跟踪合同履行过程中的各个环节，注意收集合同执行的信息，搜索相关资料，并进行相应的信息处理，将合同实施情况按照规定的标准进行评价和分析，找出偏差，以便及时解决问题。

4. 加强合同管理人才的培养

第三方物流合同内容复杂，专业性强，其管理人员不仅要具备较高的合同管理知识和法律知识以及物流管理的经验，还要对企业的整体目标和物流需求有全面的理解。因此，企业要重视人才，选择素质高、能力强的人员参与合同管理，同时加强在职培训，提高管理人员的素质，只有这样才能保证合同的有效管理。

（三）第三方物流合同的后续管理

第三方物流合同的履行依靠双方的长期密切合作。第三方物流服务在合约执行的阶段通常争议颇多，若未能采取有效的对策，合作双方往往会对簿公堂。因此，为保证第三方物流公司有效地履行合同，实现合同的目标，企业有必要对第三方物流合同的执行过程进行及时的跟踪与反馈，加强后续管理工作。

1. 加强合作双方的交流和沟通

在第三方物流合同管理中，信息的交流和沟通应是贯彻始终的。在合同履行过程中，双方应通过召开会议或其他形式定期进行沟通，在一种制度化而又较轻松的环境下坦诚交流。重点是确认双方对项目的期望值和外包目标，对合同的进展情况及时交流，并可根据具体情况进行协商，做一定的调整改变。

2. 加强企业内部的交流和沟通

合同的履行离不开全体员工和各部门的共同努力和协作，但是物流外包将对企业的生产经营方式产生重大影响，企业的生产、营销、财务、人力资源等部门的运作方式和工作内容必须进行相应的变革。因此，企业应加强与员工关于物流外包的重要性及其具体工作程序的交流和沟通，使员工成为利益共享、风险共担的团结合作的整体，只有这样才能保证外包合同的顺利实施。

3. 及时解决合同履行中出现的问题

当合同履行出现的问题时，企业应及时和第三方物流公司协调，分析原因，找出解决方案。如果是对方的责任，应及时按照合同和法律规定，行使合同履行抗辩权，通过合同保全、合同变更、合同权利义务转让等方式加以解决，最大限度地减少企业的损失。在可能的情况下，以尽量减少必要的损失为原则，给第三方物流公司适当的时间来挽回，同时也可避免因转向其他的第三方物流公司而增加额外的交易费用。当企业利益严重受损时，企业可根据合同，搜集证据，利用法律手段要求赔偿。

4. 认真总结合同实施过程，不断改进

企业在合同履行后应将合同妥善存档，并对合同实施的全过程进行总结，学习他人的先进经验，吸取教训，不断改进，以取得更大的成功。

第二节　《中华人民共和国合同法》中有关第三方运输、仓储的条款

《中华人民共和国合同法》（以下简称《合同法》）于 1999 年 3 月 15 日由第九届全国人民代表大会第二次会议通过，并于 1999 年 10 月 1 日起正式实施。《合同法》中有部分是关于第三方运输、仓储的条款。其中，《合同法》中的第十七章运输合同的第二百八十八条至第二百九十二条是关于运输合同的一般规定，第三百零四条至第三百一十六条是关于货运合同的规定，第三百一十七条至第三百二十一条是关于多式联运合同的规定；第二十章仓储合同的第三百八十一条至第三百九十五条是关于仓储合同的一般规定。

一、我国《合同法》中第三方运输的条款

货运合同是指承运人将货物运送至约定的地点，托运人向承运人支付运费的合同。

《合同法》中的第十七章运输合同是关于第三方运输的合同条款，具体内容如下。

（一）一般规定

（1）《合同法》第二百八十八条规定：运输合同是承运人将旅客或者货物从起运地点运输到约定地点，旅客、托运人或者收货人支付票款或者运输费用的合同。

运输合同中有承运人（即第三方物流服务商）和托运人两方当事人。在合同涉及的客体为货物时，通常还有收货人参与合同关系。托运人可能是法人也可能是公民个人，可能是货物所有人，也可能不是货物所有人。在多数情况下，收货人是托运人以外的人，在少数情况下，收货人就是托运人本人。如果运输合同涉及的收货人与托运人并非同一人，则运输合同有承运人、托运人和收货人三方当事人，这样就产生了第三方物流业务。

（2）《合同法》第二百八十九条规定：从事公共运输的承运人不得拒绝旅客、托运人通常、合理的运输要求。

本条是关于从事公共运输的承运人规定。

(3)《合同法》第二百九十条规定：内将旅客、货物安全运输到约定地点。

本条是关于承运人（即第三方物流服务商）按时、安全、准确运输义务的规定。承运人的权利与义务在运输合同中居于重要地位。承运人依照业务内容担负一系列的义务，但其基本义务就是在约定期间内将货物安全运输到约定地点。

(4)《合同法》第二百九十一条规定：承运人应当按照约定的或者通常的运输路线将旅客、货物运输到约定地点。

本条是关于承运人（即第三方物流服务商）遵守有关运输路线指示的义务的规定。这里的"通常的运输路线"，应是指货物运输中从出发点到目的地之间对双方当事人来说最为经济有效、对托运人或收货人员为有利的运输路线。

(5)《合同法》第二百九十二条规定：旅客、托运人或者收货人应当支付票款或者运输费用。承运人未按照约定路线或者通常路线运输增加票款或者运输费用的，旅客、托运人或者收货人可以拒绝支付增加部分的票款或者运输费用。

本条是关于旅客、托运人或者收货人支付票款或者运输费用义务的规定。运输合同原则上为双务有偿合同。在运输合同中，承运人（即第三方物流服务商）有将货物或旅客由此地运往彼地的义务，旅客、托运人或收货人则有向承运人按规定支付票款或运输费用的义务。根据权利与义务相统一的原则，旅客、托运人或收货人按照约定支付票款或者运输费用是应尽的义务。运输合同多为标准合同。在标准合同条件下，票据运费已由承运人事先拟定，旅客、托运人或收货人只有同意或不同意的权利，一旦同意即视为约定。在一些集体运输企业，尤其是运输个体户或专业户作为承运人所签订的非标准合同条件下，双方可就票款、运输费用的数量、付款方式、付款期限、付款地点等予以商定。对此种约定法律奉行合同自由原则，不加干预。旅客、托运人或收货人亦应按照约定支付票款或运输费用。

（二）货运合同

(1)《合同法》第三百零四条第一款规定：托运人办理货物运输，应当向承运人准确表明收货人的名称或者姓名或者凭指示的收货人，货物的名称、性质、重量、数量，收货地点等有关货物运输的必要情况。

第二款规定：因托运人申报不实或者遗漏重要情况，造成承运人损失的，托运人应当承担损害赔偿责任。

本条第一款是关于托运人准确申报货物运输情况义务的规定。根据本条第一款规定，托运人办理货物运输有准确申报的义务。托运人应向承运人（即第三方物流服务商）表明的合同的主要内容包括：收货人的名称或者姓名，收货地点，货物的性质、重量、数量，其他有关货物运输的情况。这是一项弹性规定，这里的"其他情况"因货运合同类型不同等原因而差异很大，故立法在此留一活性规定，便于根据实际情况规定。

第二款是关于托运人申报不实或者遗漏重要情况的违约损害赔偿责任的规定。如果托运人申报不实，或者遗漏重要情况，很可能造成承运人的直接损失。如果报错收货人，将导致承运人无法按时交货而影响其收入；报错地点，将导致承运人多走冤枉路而加大开支；报错货物性质、重量、数量，将导致安全事故等致使承运人受损。根据本条第二款的规定，托运人应当承担损害赔偿责任。

（2）《合同法》第三百零五条规定：货物运输需要办理审批、检验等手续的，托运人应当将办理完有关手续的文件提交承运人。

本条是关于托运人文件交付义务的规定。货物运输合同人都属于规范性合同，有自己的特殊要求。除一般货物外，国家出于维护社会公益的目的，通常会规定某些货物的运输，如特殊货物和动植物、出入关货物、危险品等的运输，需要到有关行政机关办理审批、检验等手续。根据本条款规定，需凭证明文件运输的货物，托运人应当将办理完有关手续的文件提交给承运人（即第三方物流服务商），如托运人未按规定提出有关办理手续的证明文件，承运人有权拒运。对于由于托运人提供虚假的办理完有关手续的证明文件或者未提供有关手续的证明文件而导致的迟延运输，货物毁损、灭失，承运人不承担或免除相应的违约责任。

（3）《合同法》第三百零六条第一款规定：托运人应当按照约定的方式包装货物。对包装方式没有约定或者约定不明确的，适用本法第一百五十六条的规定。

第二款规定：托运人违反前款规定的，承运人可以拒绝运输。

本条是关于托运人妥善包装义务的规定。

本条第一款规定中的"适用本法第一百五十六条的规定"是一个援引式的规定。根据第一百五十六条的精神，关于对包装方式没有约定或者约定不明确的，即在包装方式没有统一的专业包装标准和双方事先没有约定或约定不明确的情况下，双方当事人可以就包装方式进行协议补充。不能达成补充协议的，按照合同有关条款进行交易。如仍不能确定的，应当按照通用的方式包装；没有通用方式的，应当根据货物的性质、重量、运输种类、运输距离、气候以及承运设备装载等条件，采用足以保护标的物的包装方式。

本条第二款规定，托运人违反第一款规定，即违反妥善包装义务的，承远人（即第三方物流服务商）可以拒绝运输。这里的"拒绝运输"有两层意思：一是指在运输合同成立以前，如果托运人不能妥善包装，承运人有权拒绝缔约，托运人不能以承运人负有承诺而提出抗辩。二是指在运输合同成立以后，如果托运人违反妥善包装义务，承运人因托运人的根本违约而拥有法定的合同解除权，得以解除与托运人之间的货物运输合同，不再负担运输义务。需要指出的是，如果是由于货物包装缺陷产主破损致使他人货物或运输工具，机械设备被污染、腐蚀和损坏，或者造成人身伤亡的，托运人应承担赔偿责任。但承运人明知包装不合格而承运的，对该损害也应负责。

（4）《合同法》第三百零七条第一款规定：托运人托运易燃、易爆、有毒、有腐蚀性、有放射性等危险物品的，应当按照国家有关危险物品运输的规定对危险品妥善包装，作出危险物标志和标签，并将有关危险物品的名称、性质和防范措施的书面材料提交承运人。

第二款规定：托运人违反前款规定的，承运人可以拒绝运输，也可以采取相应措施以避免损失的发生，因此产生的费用由托运人承担。

本条第一款是关于托运危险物品的妥善包装，做出危险物标志和标签，并将有关危险物品书面材料提交承运人（即第三方物流服务商）义务的规定。根据本条第一款的规定，托运人托运易燃易爆、有毒、有腐蚀住、放射性等危险物品的，应当按照《危险货物运输规则》等国务院有关危险物品运输的规定承担相关基本义务。此义务实际上是托运人申报义务的具体化。由于危险物品托运的严肃性，本条规定托运人向承运人表明危险物品有关情况应采用书页形式。

第二款是关于托运人违反上述义务，承运人应持的态度和采取的措施的却定。根据此款规定，托运人违反上述义务的，承运人可以拒绝运输，即承运人有权拒绝与托运人缔结运输合同，或者在运输合同成立、履行过程中解除合同。承运人还可以采取相应措施以避免损失的发生，但因此产生的费用由托运人承担。

（5）《合同法》第三百零八条规定：在承运人将货物交付收货人之前，托运人可以要求承运人中止运输、返还货物、变更到达地或者将货物交给其他收货人，但应当赔偿承运人因此受到的损失。

本条是关于托运人单方变更或解除货物运输合同的规定。根据本条规定，在承运人（即第三方物流服务商）将货物交付给收货人之前，托运人可以请求承运人中止运输、返还货物、变更到达地或者将货物交给其他收货人，但应当赔偿承运人因此受到的损失。托运人不仅应承担债务不履行的损害赔偿，而且还应承担因恢复原状而发生的损害赔偿。

（6）《合同法》第三百零九条规定：货物运输到达后，承运人知道收货人的，应当及时通知收货人，收货人应当及时提货。收货人逾期提货的，应当向承运人支付保管费等费用。

本条是关于货物运输到达后，承运人（即第三方物流服务商）与收货人的相关义务的规定。这可从三个方面来理解：①承运人格物品运送到达目的地后，应及时通知收货人，以便收货人请求运送货物的交付。但是，如果托运人有处分权而依有效指示已排除收货人的受领权，或者运送货物到达后直接交与收货人时，则不必另行通知。②收货人有接到到货通知后及时提货的义务。这里的"及时"在无法定期限标准又无双方约定的情况下。可依交易习惯或按照诚信原则确定。收货人提货时，应该向承运人出示提货凭证，这是保证货物准确交付、提货规范化的需要。③收货人有支付应交费用的义务。根据本条规定，收货人的应交费用是指托运人未付或者少付的运费以及其他费用。这里的"其他费用"是指运货人有支付相关费用的义务，此条规定是为了全面保障债权人即承运人的利益。

（7）《合同法》第三百一十条第一款规定：收货人提货时应当按照约定的期限检验货物。对检验货物的期限没有约定或者约定不明确，依照本法第六十一条的规定仍不能确定的，应当在合理期限内检验货物。

第二款规定：收货人在约定的期限或者合理期限内对货物的数量、毁损等未提出异议的，视为承运人已经按照约定的期限检验货物的义务及收货人索赔时效的规定。

根据本条第一款的规定，收货人应按照约定的期限检验货物。这一方面是为了督促收货人及时验收、及时提货；另一方面是为了定纷止争。如果收货人未在约定期限内检验或未在约定期限内检验出货损，承运人得以免责。检验货物的具体期限并无固定限制，允许货物运输当事人予以约定。如果没有约定或者约定不明确则依照《合同法》第六十一条的规定；如果仍不能确定，则应按照诚实信用原则，结合具体情况确定合理期限。

根据本条第二款的规定，收货人检验货物后发现货物损坏、损失等与合同内容不符的情况，应立即向承运人提出异议。如果收货人没有在约定的期限内或合理期限内对货物的数量、毁损等提出异议，根据本条规定，视为承运人已经按照运输单证的记载交付的初步证据。在约定期限或者合理期限内，收货人未提出异议，或者是货物检验合格或者是收货人疏于发现。

（8）《合同法》第三百一十一条规定：承运人对运输过程中货物的毁损、灭失承担损害赔偿责任，但承运人证明货物的毁损、灭失是因不可抗力、货物本身的自然性质或者合理损耗以及托运人、收货人的过错造成的，不承担损害赔偿责任。

根据本条款规定，承运人（即第三方物流服务商）对于运输过程中货物毁损、灭失应承担损害赔偿责任。承运人的这种责任比一般违反合同的责任更重，因为除了不可抗力外，对于一般的意外事件，承运人也要承担赔偿责任。这里的"运输过程中"是指从承运货物时起，至货物交付收货人或者依照有关规定处理完毕时止。"毁损"是指托运的货物因损坏而价值减少。"灭失"是指承运人无法将货物给收货人，既包括货物的物质上的灭失，也包括占有的丧失及法律上不能回复占有的各种情形。

（9）《合同法》第三百一十二条规定：货物的毁损、灭失的赔偿额，当事人有规定的，按照其约定；没有约定或者约定不明确，依照本法第六十一条的规定仍不能确定的，按照交付或者应当交付时货物到达地的市场价格计算。法律、行政法规对赔偿额的计算方法和赔偿限额另有规定的，依照其规定。

本条是关于确定货物的毁损、灭失的赔偿额的规定。承运人（即第三方物流服务商）对货物毁损、灭失的赔偿责任范围可分为以下两种情况：未报价运送的货物受损和保价运送的货物受损。根据本条规定，货物的毁损、灭失的赔偿范围，当事人有约定的，按照其约定；当事人没有约定或者约定不明确的，可依照本法第六十二条规定协议补充；不能达成补充协议的，按照合同的有关条款或者交易习惯确定。

（10）《合同法》第三百一十三条规定：两个以上承运人以同一运输方式联运的，与托运人订立合同的承运人应当对全程运输承担责任。损失发生在某一运输区段的，与托运人订立合同的承运人和该区段的承运人承担连带责任。

本条是关于数个承运人（即第三方物流服务商）以同一运输方式联运时，各承运人的责任的规定。数个承运人以同一运输方式联运的，与托运人订立合同的承运人应当对全程运输承担责任。与托运人订立合同的承运人作为缔约一方，一般情况下，负责全程运输的组织工作，直接与托运人发生关系。它不像各运输区段的承运人，只要在运输区段完成了运输任务就履行了全部义务，而是自始至终与承运人之间有权利、义务关系存在。与托运人订立合同的承运人对全程运输享有权利、承担义务，同时对全程运输负责。当损失发生的运输区段不明确时，应首先由与托运人订立合同的承运人负责。这对于保护托运人的利益有重要意义。当损失发生在某一运输区段时，与托运人订立合同的承运人与该区段的承运人承担连带责任，即债务方为两人以上。

（11）《合同法》第三百一十四条规定：货物在运输过程中因不可抗力灭失，未收取运费的，承运人不得要求支付运费；已收取运费的，托运人可以要求返还。

本条是关于货物在运输过程中因不可抗力灭失，承运人（即第三方物流服务商）丧失运费请求权的规定。货物在运输过程因不可抗力灭失，这就使作为货物运输合同一方当事人的托运人、收货人的利益要求客观上已无法得到满足。这在民法理论上称作债的目的不能达到。根据本条规定，承运人承运的货物在运输过程中因不可抗力灭失的，承运人虽不负赔偿责任，但丧失部分的货物未能取得运费的，承运人丧失运费的请求权，不得请求托运人或者收货人支付运费。托运人已支付运费的，可以请求承运人返还，承运人不得拒绝。

(12)《合同法》第三百一十五条规定：托运人或者收货人不支付运费、保管费以及其他运输费用的，承运人对相应的运输货物享有留置权但当事人另有约定的除外。

本条是关于承运人（即第三方物流服务商）对运输货物的留置权的规定。留置权是指债权人按照合同约定占有债务人的动产，当债务人不按照合同约定的期限履行债务时，债权人可依法留置该财产，以该财产折价或者以拍卖、变卖该财产的价款优先受偿的担保物权。享有留置权的债权人叫作留置债权人，留置的财产称为留置物。在货物运输合同中，承运人是留置债权人，不支付运费、保管费及其他运输费用的托运人或收货人是留置物所有人。法律规定承运人享有留置权，目的在于利用物之交换价值担保承运人的运费、保管费及其他相关费用的请求权。

(13)《合同法》第三百一十六条规定：收货人不明或者收货人无正当理由拒绝受领货物的，依照本法第一百零一条的规定，承运人可以提存货物。

本条是关于承运人（即第三方物流服务商）提存货物的规定。提存是指由于债权人的原因而无法向其交付合同标的物时，债务人将该标的物交给政府机关而消灭合同的制度。债务的履行往往需要债权人的协助，如果收货人无正当理由而拒绝受领或者不能受领，收货人虽然应负担受领迟延责任，但承运人的债务却并未消灭。在此场合，承运人仍应随时准备履行，为债务履行提供的担保也不能消灭。为显示公平，提存缺席的设立规定承运人的收货人不明或者收货人拒绝受领货物时，可以将货物提交给有关机关，从而免除交付义务。这符合效益原则，有利于货物运输的良性运行。

（三）多式联运合同

(1)《合同法》第三百一十七条规定：多式联运经营人负责履行或者组织履行多式联运合同，对全程运输享有承运人的权利，承担承运人的义务。

本条是关于多式联运经营人负责或者组织履行多式联运合同的规定。所谓多式联运合同是指多式联运经营人（即第三方物流服务商）以两种以上的不同运输方式将货物从接收地运至目的地的合同。多式联运经营人对全程享有承运人的权利，承担承运人的义务。

多式联运经营人的权利包括：①有权向托运人、收货人收取符合规定的各项费用。②如能证明其本人、受雇人、代理人或为履行联运合同而服务的任何人，为避免事故的发生及其结果，已经采取一切可能的合理措施时，则有权拒绝赔偿责任。③如果多式联运经营人由于发货人或其雇用人或代理人的过失或疏忽而遭受损失，多式联运经营人有权向发货人提出索赔。

多式联运经营人的义务包括：①必须将多式联运单据项下的货物运至目的地，完成多式联运合同规定的义务。②在运输的责任期间，对货物的灭失、损坏、延迟交货等造成的损失承担赔偿责任。③如果多式联运经营人故意欺诈，在多式联运单据上列入有关货物的不实资料，或者漏列有关应载明的事项，或货物的损失是由多式联运经营人故意造成的，则有义务负责赔偿因此而遭受的任何损失或费用。④在发货人如期按规定支付各项费用后，必须向收货人交付货物。

（2）《合同法》第三百一十八条规定：多式联运经营人可以与参加多式联运的各区段承运人就多式联运合同的各区段运输约定相互之间的责任，但该约定不影响多式联运经营人对全程运输承担的义务。

本条是关于多式联运的经营人与各区段承运人之间责任划分的规定。在多式联运中，多式联运的经营人作为联运合同的缔约者和组织者，各区段承运人作为联运合同的实际履行者，它作为共同一方与托运人、收货人发生多式联运的法律关系。在多式联运经营人组织履行多式联运合同的情况下，它一般又处于各运输区段的托运人地位，与各运输区段的承运人发生关系。

（3）《合同法》第三百一十九条规定：多式联运经营人收到托运人交付的货物时，应当签发多式联运单据。按照托运人的要求，多式联运单据可以是可转让单据，也可以是不可转让单据。

本条是关于多式联运的经营人签发多式联运单据的规定。所谓多式联运单据是指多式联运经营人（即第三方物流服务商）在接管货物时，向发货人签发的，证明多式联运合同以及证明多式联运经营人接管货物，按照合同条款交付货物的单据。它是多式联运合同的证明，是多式联运经营人已接管货物的收据，也是多式联运经营人交付货物和收货人提取货物的凭证。

（4）《合同法》第三百二十条规定：因托运人托运货物时的过错造成多式联运经营人损失的，即使托运人已经转让多式联运单据，托运人仍然应当承担损害赔偿责任。

本条是关于托运人的损害赔偿责任的规定。托运人对多式联运承运人的损失应当承担违约损害赔偿责任。多式联运合同依法成立即对合同当事人具有法律越是力，当事人必须认真履行。包括托运人、多式联运承运人在内的任何一方因自身过错而违反合同规定的，均应承担违约责任。托运人对多式联运承运人的损害赔偿责任的归责原则是过错责任原则，即因托运人托运货物时的过错造成多式联运承运人的损失的，托运人应当承担损害赔偿责任。

（5）《合同法》第三百二十一条规定：货物的毁损、灭失发生于多式联运的某一运输区段的，多式联运经营人的赔偿责任和责任限额，适用调整该区段运输方式的有关法律规定。货物毁损、灭失发生的运输区段不能确定的，依照本章规定承担损害赔偿责任。

本条是关于多式联运经营人的货物损害赔偿责任的规定，可以从以下三个方面进行理解：

第一，多式联运经营人应对其责任期间货物的毁损、灭失承担违约损害赔偿责任。多式联运经营人的责任期间，一般自其接管货物时起到交付货物时止。根据《合同法》的规定，多式联运经营人对全程运输承担承运的义务，因此多式联运经营人也有安全运输货物的义务。对于货物的毁损、灭失，应当承担损害赔偿责任。

第二，货损发生区段明确时，多式联运经营人的损害赔偿责任实行"网状责任制"，即如果货物的毁损、灭失发生于多式联运的某一运输区段时，多式联运的经营人的赔偿责任和责任限额使用调整该区段运输方式的有关法律规定。这种网状责任制度的主要缺点是责任制度不确定，随发生损失区段而定，事先难以掌握。

第三，多式联运经营人对隐蔽损害应当依照本章规定作为承运人承担损害赔偿责任。在多式联运中，货损发生的运输区段有时不易查清，则网状责任制通常是用"隐蔽损害一般原则"规定多式联运经营人的责任，即对这一类货损采用某项统一的办法确定经营人的责任。本条规定，如果货物毁损、灭失发生的运输区段不确定，多式联运的经营人按照本章规定承担损害赔偿责任。

二、我国《合同法》中第三方仓储的条款

仓储合同又称仓储保管合同，是指当事人双方约定由仓库营业人（即第三方物流服务商）为存货人保管储存货物，存货人为此支付报酬的合同。

仓库营业人为保管货物的一方当事人。仓储合同一成立，仓库营业人即有以下义务：①依照存货人的要求，向存货人开具由其签名的仓单的义务；②按合同的约定，承担接受存货人交付储存的货物并将其入库的义务；③按照合同约定的储存条件和保管要求，妥善保管保管物的义务；④在储存的货物出现危险时，有及时通知存货人的义务；⑤在合同约定的保管期限届满或因其他事由终止合同时，应承担将储存的原物返还给存货人或存货人指定的第三人的义务。

存货人的义务主要有以下几项：①按照合同的约定交存货物入库；②支付保管费；③偿付仓库营业人因保管货物所支出的必要费用；④按照合同的约定及时提取货物。

《合同法》中的第二十章仓储合同是关于第三方仓储的合同条款，具体内容如下。

（1）《合同法》第三百八十一条规定：仓储合同是保管人储存存货人交付的仓储物，存货人支付仓储费的合同。

仓储合同法律关系的主体是保管人（即第三方物流服务商）和存货人。保管人指拥有一定设施，从事仓管业务的法人、其他经济组织和自然人。存货人指将一定货物交付保管人，由其储存的法人、其他经济组织和自然人。仓储合同法律关系的客体是仓储行为。债权法律关系的客体是债务人的行为。仓储合同是为实现一定的仓储行为而进行的，双方当事人签订合同的目的也是围绕这一行为展开的。仓储合同法律关系的内容，即双方当事人的权利、义务是确定的。保管人有提供仓储行为的义务，同时享有获得仓储费的权利；存货人有支付仓储费的义务，同时享有将货物提供给保管人由其储存并保管的权利。

（2）《合同法》第三百八十二条规定：仓储合同自成立时生效。

从本条可以看出，仓储合同是诺成合同。所谓诺成合同是指当事人一方的意思表示一旦为对方同意即能产生法律效果的合同，即"一诺即成"的合同。此种合同的特点在于以当事人双方意思表示一致（即达成合意）之时合同即告成立。本法区分了合同的成立和生效的两个法律概念。本法对合同的成立与生效做了明确的区分，有利于解决合同纠纷、确立合同不成立、合同无效而产生的不同责任。

（3）《合同法》第三百八十三条第一款规定：储存易燃、易爆、有毒、有腐蚀性、有放射性等危险物品或者变质物品，存货人应当说明该物品的性质，提供有关资料。

第二款规定：存货人违反前款规定的，保管人可以拒收仓储物，也可以采取相应措施

以避免损失的发生，因此产生的费用由存货人承担。

第三款规定：保管人储存易燃、易爆、有毒、有腐蚀性、有放射性等危险物品的，应当具备相应的保管条件。

本条第一款规定了存货的告知义务，即存货人应当向保管人（即第三方物流服务商）说明存储物的性质，危险物品或易变质物品的名称、种类、化学成分及性质等，并提供相应的材料，如存储物的说明书、化学检验单等。

本条第二款规定了保管人在存货人违反告知义务的情形下，有拒绝收取仓储物的权利，或者采取相应措施避免损失发生的权利，如转移仓位、增加保管手段等，同时有权要求存货人支付由此产生的费用。

本条第三款是关于保管人应当具有相应保管条件的规定，即在储存易燃、易爆、有毒、有腐蚀性、有放射性等危险物品时，保管人应具有相应的防火、防化、防毒等必要措施的能力。

（4）《合同法》第三百八十四条规定：保管人应当按照约定对入库仓储物进行验收。保管人验收时发现入库仓储物与约定不符合的，应当及时通知存货人。保管人验收后，发生仓储物的品种、数量、质量不符合约定的，保管人应当承担损害赔偿责任。

本条是关于保管人（即第三方物流服务商）依照合同应承担验收入库仓储物的义务的规定。本条规定了当入库仓储物与约定不符合时，保管人有及时通知存货人的义务，以及保管人验收后发生仓储物不符约定时应承担的损害赔偿责任。保管人应当按照约定对入库仓储物进行验收，即保管人应承担验收入库仓储物的义务与验收的内容，本法并未作规定，但通常认为应包括货物的品名、规格、数量、质量、外包装，以及无须开箱拆包直观可见可辨的质量情况等。保管人验收时发现入库仓储物与约定不符合的，应当及时通知存货人。也就是说，当货物不符合约定时，保管人有及时告知存货人的义务。通知的内容包括仓储物与约定不符之处，自己采取的措施等，通常也可以包括处理的建议。保管人验收后，发生仓储物的品种、数量、质量不符合约定的，保管人应当承担损害赔偿责任。

（5）《合同法》第三百八十五条规定：存货人交付仓储物的，保管人应当给付仓单。

仓单是表示所有权（物权）的证券，同时又有债权效力，为不至于混淆，我们将仓单定义为：保管人（即第三方物流服务商）接受存货人交付的仓储物后依法给付存货的单证。

（6）《合同法》第三百八十六条规定：保管人应当在仓单上签字或者盖章。

仓单包括下列事项：

①存货人的名称或者姓名和住所；

②仓储物的品种、数量、质量、包装、件数和标记；

③仓储物的损耗标准；

④储存场所；

⑤储存期间；

⑥仓储费；

⑦仓储物已经办理保险的，其保险金额、期间以及保险人的名称；

⑧填发人、填发地和填发日期。

本条规定了仓单所应包括的 8 项内容，而这 8 项内容也是仓储合同的主要内容。实务中应注意两个问题：

第一，仓单上必须有保管人（即第三方物流服务商）的签字或者盖章。仓单是物权证券，表明了仓储物的所有权关系，但在仓储合同履行期间却由保管人合法占有并进行管理，因而保管人应在仓单上签字或者盖章以证明其收到保存的货物。仓单以保管人的签字或者盖章为必要条件，否则应认为仓单是无效的，因为它不具有证明力。

第二，仓单上保险条款的适用问题。根据本条第七项的表述分析，仓单并不要求一定的保险条款，这一事项的有无根据双方的合同予以确定。仓单中如记有保险条款，则应明确地将保险金额、期间及保险公司的名称予以记载。所谓保险金额是指投保人和保险人约定的保险事故或事件发生时，保险人应当赔偿或交付的最高限额，是计算保险费的依据。

（7）《合同法》第三百八十七条规定：仓单是提取仓储物的凭证。存货人或者仓单持有人在仓单上背书并经保管人签字或者盖章的，可以转让提取仓储物的权利。

本条是关于仓单属性的规定，同时规定仓单可以经背书转让。这可从以下两个方面进行分析：

第一，仓单是提取仓储物的凭证。我们知道，保管人（即第三方物流服务商）与存货人之间的仓储合同旨在以双方合意为基础，确定就仓储物的保管而形成的权利、义务的具体内容。但在合同履行时，会因货主的变换而出现货物的所有人与合同当事人即存货人不一的情况。因而以仓单作为仓储物的凭证，更好地解决了这一问题。如上所述，仓单是文义证券，即以仓单上记载的内容为准，因而从某种意义上说，仓单有证明仓储物现实的所有关系的作用。保管人应根据仓单持有人出示的仓单交付仓储物，而不能以其不是原合同当事人而拒绝交付仓储物。

第二，仓单可以经背书转让。所谓"背书转让"，是指在仓单背面或者粘单上记载有关事项并签章的行为。转让人称为背书人，受让人称为被背书人。

（8）《合同法》第三百八十八条规定：保管人根据存货人或者仓单持有人的要求，应当同意其检查仓储物或者提取样品。

根据本条款规定，仓单持有人享有要求保管人（即第三方物流服务商）同意其检查仓储物和提取样品的权利。通常在商业运作中，尤其是在转换新货主时，货主（存货方和经背书转让的新的仓单持有人）为便于顺利交易，会比较关心存储货物的保管情况以便于以后的交易，因而本条款根据这一现实需要赋予仓单持有人这项权利，以便仓单持有人方便有力地行使权利。但要注意的是，仓单持有人必须事先向保管人要求后才能行使这项权利，而不能擅自干扰保管人正常的业务活动。

根据本条款规定，保管人还负有应仓单持有人要求同意其检查仓储物或者提取样品的义务。保管人应当遵照合同妥善地履行义务，并应接受仓单持有人合理的要求，检查货物或者提取样品。条文表述中用"应当"，可见立法者将之视为保管人的一项义务。保管人履行这一义务时应注意三项内容：一是要求检查的必须是仓单持有人，包括存货人和新货主；二是提取样品、检查货物的要求必须合理，与仓单记载的内容必须一致；三是保管人有阻止仓单持有人任意地干扰其业务活动的权利。

（9）《合同法》第三百八十九条规定：保管人对入库仓储物发现有变质或者其他损坏的，应当及时通知存货人或者仓单持有人。

本条是关于保管人（即第三方物流服务商）的告知义务的规定，该项义务的发生以发现仓储物有变质或者其他损坏为前提条件。从条文的表述来看，以损坏发生的现实性为条件，即变质或者其他损害确实已经发生。但是当仓储物已存在变质或者其他损失发生具有可能性时，应将其作为该项告知义务发生的前提。保管人履行告知义务时必须及时。所谓"及时"就是一经发现即不作耽搁地履行告知义务。如果保管人履行告知义务过于迟延，造成仓储物不必要损失的。应承担相应的责任。

（10）《合同法》第三百九十条规定：保管人对入库仓储物发现有变质或者其他损坏，危及其他仓储物的安全和正常保管的，应当催告存货人或者仓单持有人作出必要的处置。因情况紧急，保管人可以做出必要的处置，但事后应当将该情况及时通知存货人或者仓单持有人。

本条规定了保管人（即第三方物流服务商）的两项告知义务，即催告存货人或者仓单持有人处置损坏仓储物的义务和事后告知存货人或者仓单持有人保管人已对损坏仓储物作了处置的义务。入库仓储物出现变质或者其他损坏，危及其他仓储物的安全和正常保管的，应当催告存货人或者仓单持有人作出必要的处置。所谓"催告"是指让某人赶快行动或者做某事。因情况紧急保管人做出必要处置后，保管人负有将该情况及时通知存货人或仓单持有人的义务。所谓"事后"是指在保管人实施必要的处置后，即在保管人来不及或者无法及时与存货人或者仓单持有人取得联系时而自行处置后。

（11）《合同法》第三百九十一条规定：当事人对储存期间没有约定或约定不明确的，存货人或者仓单持有人可以随时提取仓储物，保管人也可以随时要求存货人或者仓单持有人提取仓储物，但应当给予必要的准备时间。

根据本条规定，当事人对储存期间没有约定或者约定不明确的仓储物，存货人可随时提取的权利。所谓"储存期间"是指仓储物由保管人（即第三方物流服务商）保管的期间，即保管人履行仓储保管义务的期间。本条规定实际上是允许当事人对履行期限不做出约定的。当合同对储存期间没有约定或者约定不明确时，存货人有随时提取合同中规定的仓储物。这一规定便利于存货的交易。所谓"随时"是指不论任何时候，即存货人只需要提取仓储物品的一部分或全部，保管人都应当允许并提供便利。由于保管人可能同时管理大批的、多种多样的货物，因而存货人随时提取货物会给保管人造成正常开展业务的不便。因此，存货人在提取货物时应当事先告诉保管人，以便其能够事先安排提取，这既有利于存货人及时地提取，同时也不会干扰保管人的正常业务活动。同样，当事人对没有约定储存期间或者约定不明确的，保管人也可以随时要求存货人提取仓储物，但应当给予必要的准备时间。

（12）《合同法》第三百九十二条规定：储存期间届满，存货人或者仓单持有人应当凭仓单提取仓储物。存货人或者仓单持有人逾期提取的，应当加收仓储费；提前提取的，不减收仓储费。

根据本条规定，储存期间届满，仓单持有人负有凭仓单提取仓储物的义务。这一义务的主体是仓单持有人，其内容包括两个方面：一是到期凭仓单提取仓储物。二是向保管人提交仓储物验收证明。这一内容实际上是由仓单持有人在提货后向保管人提交的证明，包括已收到仓储物，仓储物的品质、数量、包装等。保管人取得此项验收资料后便可对仓单持有人再行提出的请求（如货损、变质等）进行抗辩。若仓单持有人违反上述义务，应承担相应的责任。换言之，当仓单持有人逾期提取时应当加收仓储费，而提前提取则不减收仓储费。

（13）《合同法》第三百九十三条规定：储存期间届满，存货人或者仓单持有人不提取仓储物的，保管人可以催告其在合理期限内提取，逾期不提取的，保管人可以提取仓储物。

本条是关于储存期间届满，仓单持有人不提取仓储物时，保管人（即第三方物流服务商）享有的权利的规定。储存期间届满，仓单持有人不依合同约定提取仓储物，保管人享有的权利包括两个方面：

第一，保管人可以催告仓单持有人在合理期限内提取仓储物，即保管人通过一定方式告知并催促仓单持有人在合理期限内提取仓储物。如上所述，储存期间届满，保管人基于合同而发生的仓储保管义务履行完毕，没有义务再行保管仓单持有人的货物，因此便有权利要求仓单持有人及时提取货物。

第二，仓单持有人逾期不提取的，保管人可以提取货物，所谓"逾期"即超过"合理期限"以外。当仓单持有人在保管人催告其提取仓储物的合理期限内仍不提取该仓储物时，保管人可以依照本条规定提存该仓储物。所谓"提存"是指由于债权人的原因而无法向其交付合同标的物时，债务人将该标的物交给提存机关而消灭合同的制度。在仓储合同中，仓储物的所有权属于仓单持有人，因而他是所有权人，同时他有权要求保管人交付仓储物而成为债权人。

（14）《合同法》第三百九十四条第一款规定：储存期间，因保管人保管不善造成仓储物毁损、灭失的，保管人应当承担损害赔偿责任。

第二款规定：因仓储物的性质、包装不符合约定或者超过有效储存期造成仓储物变质、损坏的，保管人不承担损害赔偿责任。

本条第一款规定了在储存期间，仓储物毁损、灭失的，保管人应当承担违约赔偿责任。所谓"毁损"是指货物的物质形态尚存在，但其品质已经降低或丧失，或其全部的或部分的功能已经失去。所谓"灭失"是指货物的物质形态根本不复存在，如被烧毁、丢失等。

本条第二款规定了因仓储物包装不符合约定或者超过有效储存期造成仓储物变质、损坏的，保管人不承担责任。根据交易习惯，存货人在交付仓储物时，仓储物已经包装妥当，由保管人验收后也置于保管人保有之下，保管人无包装的义务，因而不应由其承担因包装不符合约定造成损失的赔偿责任。当然，如果当事人约定入库前由保管人负责包装，相应的责任即应由保管人承担。仓储物超过有效储存期造成仓储物变质、损坏，也是不可归责于保管人的。因为仓储物的内在品质是保管人无法处置的，他只能根据合同全面适当地履行合同义务，除此之外，不应负担其他义务。作为物权人的存货人（或者其他仓单持有人）对自己货物的品质是应予以充分考虑的，否则因超过有效储存期而导致仓储物变质、损坏的，保管人不承担责任。

（15）《合同法》第三百九十五条规定：本章没有规定的，适用保管合同的有关规定。

本条是指没有相应规定时，适用保管合同的有关规定的仓储合同是一种特殊的保管合同，在实践中与一般保管合同的签订、履行有许多相似之处，所以在上述条款未做规定时遵照保管合同的有关规定是合适的。保管合同是指保管存货人交付的保管物，并返还该物的合同。仓储合同与保管合同制度除了具体称谓不同外，其区别还包括：一是保管合同可以是有偿的也可以是无偿的，取决于当事人的意愿，在未作约定或者约定不明确时，应视为无偿；仓储合同是有偿合同。二是保管合同为实践合同，具有实践性；仓储合同为诺成合同。三是从现实生活来看，仓储合同的主体有一定的特殊性，即保管人一般为从事仓储保管业务的法人或依法经批准从事仓储保管业务的个体户和集体经营户；关于保管合同的当事人，现有法律法规未作限制。

第三节　第三方物流服务合同案例

在本节中，将以一个典型的第三方物流服务合同为范本，展示一个物流服务合同的具体内容。该合同是物流服务提供者与使用者根据其发展过程中遇到的一些问题总结而得来的。该合同对物流服务的业务范围，包括运送、仓储提供、额外服务、损失责任等作了具体规定，对保险、风险分担、索赔和诉讼也制定了相应的条款。该合同的重点是与仓储有关的服务，可以根据实际情况对其进行增减。该合同的格式大大减少了合同达成的时间与费用。

第三方物流服务合同

本合同在＿＿＿＿＿＿＿物流公司（第三方物流企业）与＿＿＿＿＿＿＿用户之间产生，于＿＿＿＿年＿＿＿月＿＿＿日在＿＿＿＿＿（某地）生效。

1. 服务、支付和期限

第三方将履行"业务范围"所规定的服务，支付费用与价目表中所定的服务费用一致。如果在合同下提供的物流服务的货币价值（在其中任何1个月内）比价目表提出的每月最小额要少，客户须支付不小于最小额的费用。

除非任何一方根据条款提出书面终止通知，合同期限自＿＿＿＿＿日（起始日期）起3年，然后自动延期1年（续定条款）。合同的起始条款与续定条款中规定的终止日期前的60天，双方将重新洽谈下一个延期合同的物沈、仓储费。

2. 运送

（1）货物运送以第三方作为指定收货人。客户可不以第三方作为指定收货人来运送货物。第三方有权拒绝或接受货物。如果第三方同意接受货物，客户应在得到第三方同意后，立即书面通知承运人，并送副本一份给第三方，说明第三方与货物没有利益关系。

（2）不符合规定的货物。客户不能把下列货物运送到第三方：①与货物清单中的规定不一致的货物；②与同一批次包装标记不一致的货物。第三方有权拒绝或接受任何不符合规定的货物。如果第三方接受了这种货物，客户应支付价目表中所规定的费用，若价目表中没有规定，则支付合理的费用。第三方一旦收到这些不符合规定的货物，将尽快通知客户，以获得有关指令。第三方不对口头传递所造成的失误负责。

3. 仓储的提供

由第三方配送的所有货物在经过恰当地标记和包装后送到仓库以便配送。客户在送货前应准备符合"业务范围"的货单。双方同意第三方根据协议规定的价格储存和搬运其他货物。

4. 送货要求

（1）没有客户准确的书面要求，第三方不运送或转运货物口头传递信息进行货物发送造成失误时，第三方不承担责任。

（2）客户要求从仓库中提货，必须给第三方合理的提货期限。如果因为天灾、战争、公敌、罢工等不能控制的任何情况，以及因为法律的一些规定而造成货物的损失或损坏，第三方不承担过失责任。如果送货过程中遇到了特殊情况或困难，客户与第三方应适当地延期。

5. 额外服务（特殊服务）

（1）不属于通常物流服务（即"业务范围"内）的服务所耗费的第三方的劳动力，按第三方的通常费用标准收取费用。

（2）客户所需要的额外服务包括编制特定的存货报表，标出重量及包装上的系列数字或其他数据，进行货物的物理检验和填写物流运送清单等，这些服务按第三方的通常费用标准收取费用。

（3）为客户提供包装材料或其他特殊材料，按第三方的通常费用标准收取费用。

（4）出于事先安排，未在正常商业时间内收到或运送货物，客户应按第三方的通常费用标准承担合理约额外费用。

（5）邮资、电传、电报或电话的通讯费用超过通常的服务标准的部分，以及在客户的要求下不采用邮政的正常方式而造成的费用，由客户支付。

（6）有时第三方在没有得到客户书面同意的情况下形成一些"非常"费用是必需的，客户因此同意支付第三方由此而产生的合理适当的费用。但是第三方在造成这些费用前，应尽可能从客户那里获得许可。如果这种许可是口头的，则第三方对口头传递信息所造成的失误不负责任。

6. 责任和损失限制

（1）损失责任。客户把私人财产送到作为受托人的第三方处，第三方在下列条件下同意接受这些财产：第三方对货物的丢失或损坏不负责任，由于第三方没有照管好而造成的丢失或损坏除外；对这些财产，第三方不为客户保火灾险或其他意外事故险，因火灾或其他事故造成的损失，第三方不负责任。

（2）保险。对因任何原因所造成的货物损失不由第三方负责保险，但第三方同意当前的保险单继续生效。该保险单包括：在协议的期限或延期内，对放在协议中指定的第三方仓库里的财产，如果遭受丢失、毁坏或损坏，作为受托人的被保险人，应根据法律规定进行赔偿，但这些赔偿（在其保险范围内）由保险公司代表第三方来支付。该保险单在协议期限包括延期内，应全部生效（除去一些除外条款）。客户若需要的话，第三方应提供该保险单的副本。

（3）损失计算。如果第三方使客户的货物丢失或损坏，对这种损失的赔偿将按货物的存货成本来估算。

（4）装卸。第三方对由于进货、卸货或出货、装货的延误而造成的逾期费负责。第三方应竭尽全力提供及时的服务。

（5）随后损失。不是由第三方的任何行为或疏忽而造成的损失方不负责任。

7. 义务

第三方的责任包括监督管理、人员配备、看门服务、物流设备、办公家具、日常安全、托盘、包装材料、捆扎和房屋的保养。

8. 风险分担

有关方都认识到第三方为提供服务将作出承诺并投资。双方同意下列条款：无须任何理由，任何一方在 90 天前以书面形式通知另一方，可终止该合同。该书面通知应有终止日期。无论因什么原因而终止，客户应补偿第三方全部的未摊提的贷款或租金，即由此而造成的损失，第三方应得到相应的补偿。

9. 合同双方的地位

（1）合同双方应达成的共识。对于存储的货物，第三方不能被看作法规中规定的"仓库所有人"。第三方在任何时候都没有提出索赔、抵押、特免、抵消的优惠或合同中所规定第三方所处理的货物的权利。货物全部的、单一的、无疑问的权利仍属于客户。

（2）在与合同中的任何条款不相冲突的前提下，对于合同中所规定的货物而言，第三方与客户之间的关系是受托者与寄托人的关系。第三方对于完成任务所需的方法和措施应有独立控制和自由处理的权力。他不是客户的代理人或雇员。为了使第三方能完成作为该合同的受托者的任务，客户应允许第三方按客户的利益，在任何适当的时间内，独立控制并对货物和房产进行检查。

10. 索赔通知和诉讼

（1）所有的索赔必须在法庭宣判前以书面形式提交。

（2）只有当这些索赔以书面形式提交，并且是在事件发生后 1 年内提出索赔，客户或第三方才能做出反应。

11. 口头传递信息

前文规定了因口头传递信息所产生的失误的责任。在与以上各节内容无冲突的条件下，客户以书面形式在发生口头交流为 24 小时内，对这些口头交流内容进行确认。第三方收到这些书面确认后，不能再以自己的理解行事，而应按书面确认的情况为准。但是，在第三方收到书面确认前，不必对据。口头传递的信息内容对所发生的行为负责。

12. 仓库（略）

13. 转让

未得到客户书面同意，第三方不能转让、转送、抵押或让渡这一合同或合同的任何一部分以及与合同有关的任何权利。但书面同意一旦发出是不能随便收回的。要特别指出的是，在这一规定中，第三方向持有股份的主要持股人或控股公司转让利益，不需经客户同意。

14. 授权

在合同上签名的人名或代理人应保证完成所有规定的工作，且受到法律保护。

15. 违约

下列情况被认为是第三方违约：

（1）第三方在执行或遵守合同条款时有实质性的违约。

（2）第三方向法院提出自愿破产的申请，或被法院宣布破产，或资不抵债，或为债主的利益进行转让，寻求或同意对所有资产任命第三方的接收人或清算人。如果第三方收到这一书面违约通知单30天后，违约还在继续，客户有权终止合同。与前述无冲突的情况下，第三方在收到违约通知后有30天时间来消除、纠正他的违约行为。

16. 继任者和受让人

该合同对各方的继任者和受让人具有法律效应。

17. 说明

说明仅供参考，适用于条款规定的工作范围。

18. 所适用的法律

该合同根据_____法律执行。

19. 合同的修改

生效后的合同不能以口头或其他任何方式改变、修改、作废、丢弃和终止，必须以书面协议的形式，经由双方签字同意后方可对合同进行修改。

实训题

写一份完整的第三方物流合同

一、实训目的

选择身边的第三方物流企业为对象，联系本章所学理论，踪其物流全过程的方法，对第三方物流业务做进一步的了解，份完整的第三方物流合同。培养学生的实际调研能力，让其尝试检验所学知识，并从实际中进一步学习了解第三方物流合同。

二、实训要求

1. 实训时间：两周提交相关材料。

2. 根据内容合理进行人员分工和任务分配。

3. 严格按照第三方物流合同的性质、规格来撰写此合同，其中要体现出该合同双方的权利和义务。

三、实训内容

以小组为单位，每个小组3～6人，每组负责选取一个第三方物流企业，对其进行调查，撰写物流合同。实训具体内容包括以下几个方面：

1. 选择身边的一家第三方物流企业进行企业调查；
2. 选择该第三方物流企业中的一单业务进行分析；
3. 撰写此单业务的第三方物流合同。

四、考核办法

1. 根据小组的总体设计情况进行综合评分，给出设计分。
2. 根据各小组成员的任务量和完成量及完成效率进行排名，分别打分。
3. 小组各成员的成绩以综合成绩为准。

习题

一、多项选择题

1. 第三方物流合同的特征为（　　　）。

A. 双务　　　　　　　　B. 有偿　　　　　　　　C. 诺成　　　　　　　　D. 要式

2. 第三方物流合同当事人之间的法律关系有（　　　）。

A. 委托代理　　　　B. 运输法律关系　　　C. 居间法律关系　　　D. 仓储法律关系

3. 第三方物流合同当事人有（　　　）。

A. 物流服务需求方

B. 第三方物流经营人

C. 法律顾问

D. 物流合同的实际履行方

二、简答题

1. 简述第三方物流合同的特征。
2. 分析第三方物流合同的主体及其所涉及的关系。
3. 第三方物流合同管理的内容。
4. 列举 3 条我国《合同法》中有关第三方运输的条款。
5. 第三方物流合同的管理包括哪几个阶段？
6. 怎样加强对第三方物流的管理？
7. 列举 3 条我国《合同法》中有关第三方仓储的条款。

三、案例分析

UPS 的角色

上海振华港口机械有限公司（以下简称上海振华公司）决定参与也门共和国港务局岸边集装箱起重件投标业务。在 1993 年 7 月 21 日上午委托美国联合包裹运送服务公司（以下简称 UPS 公司）办理标书快递业务，并且提出要求必须在当月 25 日前必须将标书投递到指定地点，对此 UPS 公司表示可以如期送达。7 月 21 日下午，UPS 公司交给上海振华公司一份 UPS 公司运单，让上海振华公司填写。在该运单背面印有"华沙公约及其修改议定书完全适用于本运单"和"托运人同意本运单背面条款，并委托 UPS 公司为出口和清关代理"等字样。7 月 22 日上午，UPS 公司到上海振华公司提取托运物标书，上海振华公司在 UPS 公司收件代表签字处签名，表示认可。可是 UPS 公司收到上海振华公司标书后，并没有在当天将标书送往上海虹桥机场报关。一直到 7 月 23 日晚，UPS 公司才办理完标书的出境手续。该标书一直到 7 月 27 日才到达目的地。上海振华公司得知标书没有在投标截止日 7 月 26 日前到达目的地后，于 7 月 27 日致函 UPS 公司，要求其查清此事并立即给予答复。UPS 公司查清后回函承认 UPS 公司在该标书处理上犯有以下三点错误：①未严格按照收件时间收件（截止时间为 16 时，而上海振华公司标书到 UPS 公司上海浦东办事处的时间是 16 时 45 分）；②未仔细检查运单上的货品性质；③未问清客户是否有限时送到的额外要求，并表示遗憾。

思考题：案例中 UPS 是实际承运人还是契约承运人？标书快递延误是否会构成违约？

第六章　第三方物流企业的成本管理

知识目标

1. 了解第三方物流成本的构成及分类；
2. 理解物流成本核算的特点、原则及控制程序；
3. 掌握作业成本法在第三方物流成本核算的应用；
4. 理解第三方物流成本的控制方法。

能力目标

1. 能识别第三方物流企业中成本的类型；
2. 会用作业成本法进行物流成本核算；
3. 会利用作业成本法核算第三方物流成本；
4. 会应用相关理论和方法控制第三方物流成本。

导入案例

安利（中国）的物流成本决策

在面临物流资源奇缺、第三方物流公司资质参差不齐的背景下，国内同行物流成本居高不下，而安利（中国）的储运成本仅占全部经营成本的 4.6%。经分析，安利之所以能够实现低成本经营，是因为得益于其科学的物流决策，这些决策主要表现在以下几方面。

1. 将非核心环节业务外包

安利的销售方式主要采用"店铺＋推销员"这种形式，这就对物流储运有非常高的要求。安利的物流储运系统采用的是将安利工厂生产的产品及向其他供应商采购的印刷品、待销品等先转运到广州的储运中心，然后通过不同的运输方式配送到各地的区域仓库（主要包括沈阳、北京及上海外仓）暂时储存，再根据需求送到设在各省市的店铺，并通过家居送货或店铺等销售渠道推向市场。另外，与其他公司所不同的是，安利储运部同时还要负责全国近百家店铺的营运、家居送货及电话订货等服务。因此，物流系统的完善与效率，在很大程度上影响着整个市场的有效运作。此外，安利采用了适应中国国情的"安利团队＋第三方物流供应商"的全方位运作模式，核心业务如库存控制等由安利统筹管理。

与此同时，实施信息资源最大范围的共享，使企业价值链发挥最大的效益。而对于非核心环节，则通过将其外包来完成。比如以广州为中心的珠三角地区则主要由安利的车队运输，其他地区绝大部分货物运输都是由第三方物流公司来承担。另外，全国几乎所有的仓库均为外租第三方物流公司的仓库，而核心业务，如库存设计、调配指令及储运中心的主体设施与运作则主要由安利本身的团队统筹管理。

2. 将仓库半租半建

从安利的物流运作模式来看，采用的是投资决策的实用主义，这是值得国内企业借鉴的。在美国，安利仓库的自动化程度非常高，而在中国，自动化程度则有点低。这主要是因为美国的土地和人工成本非常高，而中国这方面的成本却比较低。两者相比较，安利弃高就低。正如安利的一位负责人所说"一旦安利（中国）的销售上去了，我们就会考虑引进自动化仓库"。

3. 采用物流信息化

安利单单在信息管理系统上就投资了9000多万元，这笔资金的主要用途之一，就是用于物流、库存管理的 ANM 系统。ANM 系统将全球各个分公司的存货数据联系在一起。各分公司与美国总部直接联机，详细记录每项产品的生产日期、销售数量、库存状态、有效日期、存放位置、销售价值、成本等数据。相关数据通过数据专线与各批发中心直接联机，使总部及仓库能及时了解各地区、各地店销的销售和存货状况，并按照店铺的实际情况及时安排补货。一旦仓库库存不足，公司的库存及生产系统会实时安排生产，并预定补给计划，以避免个别产品出现断货情况。这个系统不仅使公司的物流配送运作效率得到了很大的提升，还大大地降低了各种成本。

资料来源：中国物流信息联盟网。

第一节　第三方物流成本概述

一、第三方物流成本的概念

在第三方物流活动过程中，为了提供有关服务，要占用和耗费一定的活劳动和物化劳动。这些活劳动和物化劳动的货币表现，即为第三方物流成本。降低物流成本，从微观角度上看，可以提高企业的物流管理水平，加强企业的经营管理，促进经济效益的提高；从宏观角度上看，降低物流成本对发展国民经济，提高人民生活水平都具有重要意义。

二、第三方物流成本管理的意义

（一）增加国家资金积累

积累是社会扩大再生产的基础，企业承担着上缴国家利税的责任。物流费用的降低，意味着相应提高和增加国家资金积累。

（二）为社会节省大量的物质财富

工业企业生产的产品，存在着生产过程和消费过程相脱节的现象。企业为满足社会的需要，其产品必须通过流通环节从生产地流向消费地。加强物流成本管理，可以降低物品在运输、装卸、仓储等物流环节的损耗，这不但节约物流费用，而且为社会节约了大量的物质财富。

（三）有利于调整商品价格

物流费用是商品价格的组成部分之一，对于某些特殊商品（如啤酒等）更为突出。物流费用的高低，对商品的价格具有重大的影响。降低物流费用，就是降低它在商品价格中的比重，从而使商品价格下降，减轻消费者的经济负担。

（四）有利于改进企业的物流管理，提高企业的竞争力

随着经济全球化和信息技术的迅速发展，企业生产资料的获取与产品营销范围日益扩大，社会生产、物质流通、商品交易及其管理正在并继续发生深刻的变革。企业物流管理水平的高低，将直接影响物流费用水平，进而影响产品成本。对于我国工商企业而言，迫切需要高质量的现代物流系统为之服务，以降低物流成本，提高企业及其产品参与国际市场的竞争力。

总之，降低物流费用，从微观角度上看，可以提高企业的物流管理水平，加强企业的经营管理，促进经济效益的提高；从宏观角度上看，降低物流费用对发展国民经济，提高人民生活水平都具有重要意义。

三、物流成本管理的原则

物流成本管理是企业财务管理的一项重要内容。物流成本管理应遵循下列原则。

（一）认真执行财务制度

由于物流成本是特殊的成本体系，因此物流管理开支必须按照财务制度的规定，不得随意扩大开支范围和提高开支标准。财务部门要严格审查一切费用开支，正确划分物流费用支出的界限，保证费用开支的真实性和合理性。

（二）厉行节约

在保证物流正常进行和提高物流服务水平的前提下，尽量节约一切不必要的开支，努力降低费用水平。

（三）实现计划管理

正确编制流通费用计划，对企业的费用开支实行计划管理，而且应当坚持按照计划开支，保证完成计划规定的降低物流费用的任务。

四、影响第三方物流企业成本的因素

（一）竞争性因素

企业所处的市场环境充满了竞争，企业之间的竞争除了产品的价格、性能、质量外，从某种意义上来讲，优质的客户服务是决定竞争成败的关键。而高效物流系统是提高客户服务的重要途径。如果企业能够及时、可靠地提供产品和服务，则可以有效地提高客户服

务水平，这都依赖于物流系统的合理化。而客户的服务水平又直接决定物流成本的高低，因此物流成本在很大程度上是由于日趋激烈的竞争而不断发生变化的，企业必须对竞争做出反应。

影响客户服务水平的因素主要有以下几个。

1. 订货周期

企业物流系统的高效必然可以缩短企业的订货周期，降低客户的库存，从而降低客户的库存成本，提高企业的客户服务水平，提高企业的竞争力。

2. 库存水平

存货的成本提高，可以减少缺货成本，即缺货成本与存货成本成反比。库存水平过低，会导致缺货成本增加；但库存水平过高，虽然会降低缺货成本，但是存货成本会显著增加。因此，合理的库存应保持在使总成本最小的水平上。

3. 运输

企业采用更快捷的运输方式，虽然会增加运输成本，却可以缩短运输时间，降低库存成本，提高企业的快速反应能力。

（二）产品因素

产品的特性不同也会影响物流成本。

1. 产品价值

产品价值的高低会直接影响物流成本的大小。随着产品价值的增加，每一物流活动的成本都会增加，运费在一定程度上反映货物移动的风险。一般来讲，产品的价值越大，对其所需使用的运输工具要求越高，仓储和库存成本也随着产品价值的增加而增加。高价值意味着存货中的高成本以及包装成本的增加。

2. 产品密度

产品密度越大，相同运输单位所装的货物越多，运输成本就越低。同理，仓库中一定空间领域存放的货物越多，库存成本就会降低。

3. 易损性

物品的易损性对物流成本的影响是显而易见的，易损性的产品对物流各环节如运输、包装、仓储等都提出了更高的要求。

4. 特殊搬运

有些物品对搬运提出了特殊的要求。如对长、大物品的搬运，需要特殊的装载工具；有些物品在搬运过程中需要加热或制冷等，这些都会增加物流成本。

（三）空间因素

空间因素是指物流系统中企业制造中心或仓库相对于目标市场或供货点的位置关系。若企业距离目标市场太远，则必然会增加运输及包装等成本；若在目标市场建立或租用仓库，也会增加库存成本。因此，空间因素对物流成本的影响是很大的。

五、降低第三方物流成本的途径

降低第三方物流成本是企业可以挖掘利润的一片新的绿地，物流成本的降低成为企业获得利润的重要方面。从长远的角度来看，降低物流成本可以通过以下几个途径加以实现：

（一）物流合理化

物流合理化就是使一切物流活动和物流设施趋于合理，以尽可能低的成本获得尽可能好的物流服务。根据物流成本的效益背反理论，物流的各个活动的成本往往此消彼长，若不综合考虑，必然会造成物流成本的增大，造成物流费用的极大浪费。对于一个企业而言，物流合理化就是降低物流成本的关键因素，它直接关系到企业的效益，也是物流管理追求的总目标。物流的合理化要根据实际的流程来设计、规划，不能单纯地强调某环节的合理、有效、节省成本。

（二）物流质量

加强物流质量管理，也是降低物流成本的有效途径：这是因为只有不断提高物流质量，才能减少并最终清除各种差错事故，降低各种不必要的费用支出，降低物流过程的消耗，从而保持良好的信誉，吸引更多的客户，形成规模化的集约经营，提高物流效率，从根本上降低物流成本。

物流质量内涵丰富，其主要内容如下。

1. 商品质量

商品质量指商品运送过程中对原有质量（数量、形状、性能）的保证，尽量避免商品的破损。

2. 物流服务质量

物流服务质量指物流企业对客户提供服务，使客户满意的程度。如第三方物流企业采用 CPS 定位系统，能使客户对货物的运送情况进行随时跟踪。由于信息和物流设施的不断改善，企业对客户的服务质量必然会不断得到提高。

3. 物流工作质量

物流工作质量是指物流服务各环节、各岗位具体的工作质量。这是相对于企业内部而言的，是在一定标准下的物流质量的内部控制。具体的控制是物流工作质量指标，包括运输工作质量指标、仓库工作质量指标、包装工作质量指标、配送工作质量指标、流通加工工作质量指标及信息工作质量指标等。

4. 物流工程质量

物流工程质量是指把物流质量体系作为一个系统来考察，用系统论的观点和方法，对影响物流质量的诸要素进行分析、计划并进行有效控制。这些因素主要包括：人的因素、体制因素、设备因素、工艺方法因素以及环境因素等。具体的物流工程质量指标有：运输工程质量指标、仓库工程质量指标、包装工程质量指标、配送工程质量指标、流通加工工程质量指标及信息工程质量指标等。

物流质量管理与一般商品质量管理的主要区别是：它一方面要满足生产者的要求，使其产品能及时、准确地运送给用户；另一方面要满足用户的要求，按用户要求将其所需的商品送达，并使两者在经济效益上求得一致。

（三）物流速度

提高物流速度可以减少资金占用，缩短物流周期，降低存储费用，从而节省物流成本。提高物流速度可以通过加快采购物流、生产物流、销售物流的速度，缩短整个物流周期，提高资金的利用率。美国的生产企业的物流周期平均每年 16～18 次，而我国目前还不到 2 次。也就是说，生产同样的物品，我们需要的资金是美国的 8～9 倍。由此可见，在我国，通过提高物流效率来降低物流成本的空间非常巨大。

🔺 小链接

鲁花集团何以没有一辆运输车

"生产 60 万吨花生油，需要从全国各地运来 145 万吨花生米，变成花生油和花生粕后，又要再运到全国各地去销售。"6 月 11 日，鲁花集团总经理宫旭洲说。尽管如此，鲁花集团自己没有一辆车，货物运输全由莱阳交通物流中心组织。

莱阳鲁花集团从 2002 年起，逐步卖掉了企业全部车辆，与莱阳交通物流中心结为紧密合作伙伴。

"过去我们自己送货，回来的时候往往空驶，现在让物流车辆来运输，运费至少节省了一半。"宫旭洲说。去年，交通物流中心为鲁花集团发送货物 30 万吨，为企业节省物流费用 1100 多万元。"不光是省运费的问题，企业也不用再为车辆加油、保险的事情操心了！"莱阳交通局工作人员说。

鲁花公司分厂建到哪里，莱阳交通物流中心的网络就延伸到哪里。鲁花在菏泽定陶、河南周口、湖北襄樊、内蒙巴彦淖尔等地建设了 12 个分厂，交通物流中心也都跟着在各地成立运输部，根据需求制定个性化物流方案。现在，位于巴彦淖尔的生产分厂，年葵花油生产能力已经达到 10 万吨。

对莱阳交通物流中心来说，鲁花集团只是它的一个大客户。去年，该中心发送货物 80 万吨，实现运输收入 1.6 亿元，为企业节省运费总额超过了 5000 万元。除了大客户，这个中心还将全市几乎所有的配货企业、个体户，都聚拢在了统一的交易平台上，做到了"货源入网，车辆进场"。

6 月 11 日上午，记者来到该中心，发现大厅被分割为 60 个配货柜台，还有若干"大户室"——专门为配货量较多的企业提供。10 号柜台的配货人叫臧明仁，他的妻子房翠艳刚为一辆沈阳专线车配上货，拉的是莱动集团的发动机配件。又有两辆潍坊车找来，想捎点饲料、化工之类的东西回去。

除了运输服务，莱阳交通物流中心还有核实车辆信息等查询功能，更加规范了物流市场。前不久，4 个黑龙江人开着一辆大货车承揽了一笔 40 万元货物的运输业务。但是，工作人员在数据库里一查该车信息，发现车辆手续是伪造的，遂立即报案，成功防范了一起高价值的骗货案件。

资料来源：http://news.56888.net/2011114/784664424.html.

第二节　第三方物流成本的构成与分类

一、第三方物流成本的构成

物流成本（Logistics Cost）是物流活动中所消耗的物化劳动和活劳动的货币表现。第三方物流成本包括：伴随着物资的物理性流通活动发生的费用；完成物流信息的传送和处理活动所发生的费用；从事上述活动所需的设备、设施费用及综合管理费用。

第三方物流主要作业成本构成如下。

1. 运输成本

运输成本在物流成本中占很大比重，第三方物流运输成本由基础设施成本、运转设备成本、营运成本和作业成本构成。货运量、货物运距、运输工具装载量、运输工具的类型及利用程度、动力装置类型、货物种类、运输时间和运输方向、能耗等不同程度地对运输成本产生影响。目前油料价格对货运成本影响很大，是劳动力成本以外第二大成本因素。

2. 存货仓储成本

存货仓储成本包括仓储设施成本、仓储服务管理成本、存货风险成本、存货资金成本，如图 6-1 所示。

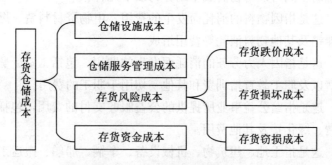

图 6-1　存货仓储成本构成

仓储设施成本：仓库设施投资建设成本或租赁费。

存货资金成本：存货的资金占用成本，也是资金机会成本。

存货风险成本：包括存货跌价成本、存货损坏成本、存货窃损成本。

仓储服务管理成本：包括为持有存货而支付的税收和保险费、管理人员工资、安全保卫费、维修费等。

3. 订单处理和信息成本

订单处理和信息成本包括信息系统设施成本和信息传递、收集、处理等业务成本。

二、第三方物流成本的分类

在进行物流成本计算时，首先应确定计算口径，即从哪个角度来计算物流成本。因此，必须对物流成本进行科学分类。

1. 按照物流的范围分类

按照物流的范围可以将物流成本划分为以下几种：

(1) 供应物流费。这是指从商品（包括容器、包装材料）采购直到批发、零售业者进货为止的物流过程中所需要的费用。

(2) 企业内物流费。这是指从购进的商品到货或由本企业提货时开始，直到最终确定销售对象的时刻为止的物流过程中所需要的费用，包括运输、包装、商品保管、配货等费用。

(3) 销售物流费。这是指从确定销售对象时开始，直到商品送交到顾客为止的物流过程中所需要的费用，包括包装、商品出库、配送等方面的费用。

(4) 回收物流费。这是指包括材料、容器等由销售对象回收到本企业的物流过程中所需要的费用。

(5) 废弃物流费。这是指在商品、包装材料、运输容器、货材的废弃过程中产生的物流费用。

2. 按照支付形态的不同分类

按照支付形态的不同可以将物流成本划分为以下几种：

(1) 材料费。这是指因物料的消耗而发生的费用。由物资材料费、燃料费、消耗性工具、低值易耗品摊销及其他物料消耗等费用组成。

(2) 人工费。这是指因人力劳务的消耗而发生的费用，包括工资、奖金、福利费、医药费、劳动保护费以及职工教育培训费和其他一切用于职工的费用。

(3) 公益费。这是指给公益事业所提供的公益服务支付的费用，包括水费、电费、煤气费、冬季取暖费、绿化费及其他费用。

(4) 维护费。这是指土地、建筑物、机械设备、车辆、船舶、搬运工具、工具器具备件等固定资产的使用、运转和维护保养所产生的费用，包括维护保养费、折旧费、房产税、土地、车船使用税、租赁费、保险费等。

(5) 一般经费。这是指差旅费、交通费、会议费、书报资料费、文具费、邮电费、零星购进费、城市建设税、能源建设税及其他税款。还包括物资及商品损耗费、物流事故处理及其他杂费等一般支出。

(6) 特别经费。这是指采用不同于财务会计的计算方法所计算出来的物流费用，包括按实际使用年限计算的折旧费和企业内利息等。

(7) 委托物流费。这是指将物流业务委托给物流业者时向企业外支付的费用，包括向企业外支付的包装费、运费、保管费、出入库手续费、装卸费等。

(8) 其他企业支付物流费。在物流成本中，还应包括向其他企业支付的物流费。比如，商品购进采用送货制时包含在购买价格中的运费，以及商品销售采用提货制时因顾客自己取货而应扣除的运费。在这些情况下，虽然实际上本企业内并未发生物流活动，但却产生了物流费用，这些费用也应该作为物流成本而计算在内。

3. 按照物流的功能分类

按照物流的功能可以将物流成本划分为以下几种。

（1）物品流通费。

这是指为完成商品、物资的物理性流动而发生的费用。可进一步细分为包装费、运输费、保管费、装卸搬运费、流通加工费和配送费。

①包装费。这是指为商品的运输、装卸、保管的需要而进行包装的费用，即运输包装费，但不包括销售包装费。

②运输费。这是指把商品从某一场所转移到另一场所所需要的运输费用。除了委托运输费外，还包括由本企业的自有运输工具进行运输的费用，但要将伴随运输的装卸费扣除。

③保管费。这是指一定时期内因保管商品而需要的费用。除了包租或委托储存的仓储费外，还包括在本企业自有仓库储存时的保管费。

④装卸搬运费。这是指伴随商品包装、运输、保管、流通加工等业务而发生的、商品在一定范围内进行水平或垂直移动所需要的费用。

⑤流通加工费。这是指在商品流通过程中为了提高物流的效益而进行的商品加工所需要的费用。

⑥配送费。这是指按顾客要求的商品品种和数量，在配送中心进行分拣、配装后将商品送交顾客的过程中所产生的费用。包括包装、分拣、配货、装卸、短途运输等费用。

（2）信息流通费。

这是指因处理、传输有关的物流信息而产生的费用，包括与储存管理、订货处理、顾客服务有关的费用。

（3）物流管理费。

这是指进行物流的计算、调整、控制所需要的费用。它包括作业现场的管理费，也包括企业物流管理部门的管理费。

第三节　第三方物流成本的核算方法

第三方物流企业利用物流成本进行物流管理，必须建立健全企业物流成本核算体系，确定物流成本核算原则和范围，统一核算方法和标准等。

一、物流成本核算的特点及原则

（一）物流成本核算的特点

1. 核算目的是为管理活动提供支持

核算本身不是目的，而是为了加强企业经营管理，特别是为物流成本的控制和优化等管理活动提供数据支持，进而为企业的成本、利润预测和生产经营决策提供数据。核算的意义主要是提高对物流重要性的认识，发现物流经营活动中出现的问题，促进物流管理水平的提高。否则，就会陷入一种不计算、不了解、不重视、不控制的恶性循环之中，不利于企业降低物流成本，增加赢利水平。

2. 核算数据不精确

由于物流成本的隐蔽性、分散性等特点，在核算过程中不可能将每个细节都分析清楚，如前文所述，也没必要如此细致，能达到核算的目的即可。另外，核算的资料不仅包括会计核算提供的实际经营费用，还包括有关的统计数据、技术测算数据等，特别是隐性成本的资料来源几乎不可能从现存会计资料中获得，必须经过行业统计测算，制定有关标准，再由企业有关人员根据企业自身的具体情况作适当调整，以此为标准核算隐性成本，所以其结果往往不精确。

由于不同企业的经营项目不同、物流模式不同，因而成本项目也不同，核算的内容和方法可以由企业根据实际需要和具体条件自行确定，目的都是为了削减物流总成本，提高企业经济效益。而目前又没有形成统一的行业或部门核算标准，特别是对隐性成本的测算，每个企业的标准不一致，所以即使是同一类型或同一规模的企业，其物流成本也会相距甚远，因此企业之间的物流成本可比性不强。

3. 核算对象复杂

企业物流成本核算的对象不是单一的产品成本，而是适应企业经营管理需要的各种不同成本，以产品为核心的成本核算方法是现代会计制度的基础，在该方法下，企业物流成本被分散在各个职能部门之中，所以物流成本核算的对象不仅仅是单品成本，还有阶段、订单或批量等成本。

4. 核算成本高

由于企业物流成本范围大、环节多、涉及的部门多，而现行会计制度通常将一些应计入企业物流成本的费用（如仓储保管费用、仓储办公费用等）计入企业的经营管理费用，将物资采购中的物资运输费用、装卸费用等计入了物资采购成本等，物流成本被混杂在其他会计成本中。因此，许多已经发生的物流费用在具体分解时在操作上存在很大的困难，还存在一个制度规范的问题，所以成本比较高。

（二）第三方物流成本核算原则

第三方物流企业在进行成本核算过程中必须遵循一定的原则，以确保物流成本信息的可靠性和相关性。一般来说，成本核算原则包括合规性原则、实际成本原则、分期核算原则、权责发生制原则、配比原则、重要性原则、一贯性原则等。针对第三方物流企业的营运特点，这里重点讨论合规性原则、权责发生制原则和配比原则。

1. 合规性原则

计入第三方物流企业物流业务成本的各项支出，都必须符合国家法律法规和制度规定，不符合规定的支出不能计入物流业务成本。根据我国《企业会计准则》的规定，第三方物流企业发生的资本性支出、对外投资支出、对外筹资支出以及营业外支出不得计入物流业务成本。

2. 权责发生制原则

权责发生制是指收入和费用应该按实际发生的期间进行认定和归属，并与有关资产或债务一起记录为该期间的经济业务，而不论与该项收入和费用有关的现款是在什么期间收到或支付。根据这一原则，凡是按收入实现原则应记本期的收入和按配比原则应记本期的费用，不论其是否已收到和支付现款，也不论其何时收到和支付现款，都确认为本期的收入和费用；凡不属于本期的收入和费用，即使在本期已收到和支付现款，也不能确认为本期的收入和费用。

第三方物流企业在物流业务成本核算中应遵循权责发生制原则，目的在于明确本期物流业务费用的确认问题，即应正确处理待摊费用、须提费用和长期待摊费用等。在成本核算时，对于已经发生的支付，如果其受益期不仅包括本期，而且还包括以后各期，就应按其受益期分摊，不能全部列于本期；对于虽未发生的费用，但却应由本期负担，则应先预提计入本期费用中，支出发生时不再列入费用。第三方物流企业不能利用待摊费用、预提费用和长期待摊费用人为地调节物流业务成本，使成本核算失去真实性。

3. 配比原则

配比原则强调某一会计期间收入与成本的配比，以正确计算该会计期间的利润。配比原则的依据是受益原则，即谁受益，费用归谁负担。第三方物流企业在进行成本核算时要考虑费用的发生是否与其所获得的收入相匹配。如果某项费用的发生与某一物流业务收入获取直接相关，则应将该项费用确认为该物流业务的直接费用，与其收入直接配比来确定该项物流业务的损益；如果某项费用的发生与某一物流业务收入获取间接相关，则应将该项费用确认为该项物流业务的间接费用，通过选择适当的分配标准分配计入该项物流业务成本，与其收入间接配比来确定该项物流业务的损益；如果某项费用的发生与某一物流业务收入获取不相关，则不应将该项费用计入该项物流业务的成本。

在第三方物流企业物流业务费用构成复杂的情形下，如何正确遵循配比原则在第三方物流企业的物流业务成本核算中显得非常重要。

二、物流成本核算的程序

在进行物流成本核算时，需要经过以下程序。

(一) 核算范围的界定

要核算企业物流成本，首先必须界定清楚核算的范围，范围不同，成本的差别就很大。企业对物流成本的核算主要包括以下三个部分：①库存费用，包括仓储、合理损耗、人力费用、保险和税收以及库存占压资金的比例；②运输成本，包括汽车运输、铁路运输、航空运输、水上运输、管道运输等发生的费用以及装卸搬运费等；③物流管理费用，以库存费用和运输费用的和乘一个固定比例得出，该比例是按照美国的历史情况由专家确定的。

当然，每个企业都要根据自身的实际情况确定核算范围，如物流模式的改变、经营范围的扩大、信息系统的建设等都极大地影响了核算的范围，企业应根据实际情况作相应调整。本书对企业物流成本的核算范围界定在订单的履行总流程，即从订单输入到订单执行完毕的全过程。

（二）核算标准的确定

按照不同的标准核算的物流成本其结果当然不一样。一般企业按三种不同的方式规定了企业物流成本的核算标准：按物流范围划分，将企业物流费用分为供应物流费用、生产物流费用、销售物流费用、退货物流费用和废弃物物流费用五种类型；按支付形式划分，其物流费用分为材料费、人工费、公益费、维护费、一般经费、特别经费和委托物流费用等；按物流的功能划分，包括运输费、保管费、包装费、装卸费、信息费和物流管理费。我国对企业物流成本核算还没有形成统一的标准。

（三）核算方法的选择

选择不同的核算方法，对企业物流成本的影响很大，特别是对隐性物流成本的影响。由于目前理论界还没有一个统一的、被普遍接受的核算方法，所以就不断有新的核算方法出现，如作业成本法、任务成本法、M-A模型法等，不同的方法会站在不同的层面研究成本问题，关注的重点也不一样，所以差别很大。

总之，这三个方面的因素决定着物流成本的大小，企业在核算物流成本时，应根据自己的实际情况，选择使上述三个方面趋于一致的成本核算体系，使核算的结果更接近企业的实际情况。

三、作业成本法在第三方物流成本核算中的应用

作业成本法（Activity-based costing）就是以作业为核心，确认和计量耗用企业资源的所有作业，将耗用的资源成本准确地计入作业，然后选择成本动因，将所有作业成本分配给成本计算对象（产品或劳务）的一种成本核算方法，也简称为 ABC 法。

（一）作业成本法的相关概念

作业成本法涉及的基本概念有作业、物流资源、成本动因、作业中心以及作业成本库等。

1. 作业

作业是作业成本计算中最基本的概念，是指企业为提供一定量的产品或劳务所发生的、以资源为重要特征的各项业务活动的总称。任何一个企业的生产经营过程无不是一系列资源投入和效果产出的实实在在的过程，而正是作业起到了沟通资源与产出最终产品（或劳务）的桥梁作用，贯穿于企业生产经营的全过程。物流作业包括仓储作业、运输作业、包装作业、装卸搬运作业、配送作业、物流信息处理、流通加工作业等。

2. 物流资源

资源是指作业所消耗的各种成本资源，是支持作业的成本和费用的来源，是企业生产耗费的最原始状态。在作业成本法中，之所以把资源作为一个重要的范畴，主要是因为资源可以反映作业都消耗了哪些方面的资源，以及资源是如何被作业所消耗的，即能找到资源动因，以便把资源耗费按资源动因逐项地分解、分配到吸纳这些资源的不同作业中去。如果某项资源耗费可以直接确认是哪项作业耗费的，则应直接将其计入该作业；如果某项资源从最初消耗上呈混合性耗费状态，即支持多种作业的发生，则需要将资源消耗恰当地

分配到各作业中。

3. 成本动因

所谓成本动因就是导致成本发生的各种因素，是决定成本发生额与作业消耗量之间的内在数量关系的根本因素。它可以是一个事件、一项活动或作业，如直接人工工时、货物挪动次数、订购次数等。在作业成本计算中，成本动因就是资源成本的分配标准。所以，要把间接成本分配到各产品中去，就必须要了解成本行为，识别恰当的成本动因。根据成本动因在资源流动中所处的位置通常可将其分为资源动因和作业动因两类。

（1）资源动因。资源动因是作业成本计算的第一阶段动因。资源动因作业量的多少决定着资源的耗用量，资源耗用量与作业量的这种关系称为资源动因。资源动因作为衡量资源消耗量与作业量关系的计量标准，它是资源被各种作业消耗的方式和原因，反映了消耗资源的起因和作业对资源的耗费情况，是资源成本分配到作业的依据。例如，人工费用的耗费主要是和从事各项作业的人数有关，那么就可以以人数作为资源动因向各项作业分配人工方面的费用。

（2）作业动因。作业动因是作业成本计算的第二阶段动因。可以认为作业动因是作业发生的原因，是将作业成本分配至最终产品或劳务的方式和原因，它反映了产品消耗作业的情况，是作业成本分配到产品中的标准，是沟通资源耗费与最终产品的中介因素。例如，订单处理这项作业，其作业成本与其产品订单所需处理份数有关，那么订单处理份数就是一个作业动因，就可以按订单处理份数来分配与之相关的费用。

4. 作业中心与作业成本库

作业中心是成本归集和分配的基本单位，是诸多相关作业的集合，它提供有关每项作业的成本信息，以及作业执行情况的信息。根据管理上的要求，企业可以以同性质作业为原则设置若干个不同的作业中心。例如，为保证产品运输质量，对 A 产品所花费的包装成本与对 B 产品所花费的包装成本虽然不同，但它们都是由包装时所消耗的时间引起的，因而性质上是相同的，就可以归集到一个作业成本中心。因为作业消耗资源，所以伴随作业的发生，作业中心也就成为一个资源成本库，也称作业成本库或作业成本池。

（二）作业成本法的基本思想

作业成本法建立在"作业耗用资源，产品耗用作业"这两个前提之上。根据这两个前提，作业成本法的基本思想可以概括为：依据不同成本动因分别设置成本库，再分别以各种产品所耗费的作业量分摊其在该成本库中的作业成本，然后，分别汇总各种产品的作业总成本，计算各种产品的总成本和单位成本。由此可见，作业成本计算首先将企业所耗用的资源通过资源动因分配到作业，形成作业的成本，然后再将作业的成本通过作业成本动因分配到成本对象，形成成本对象的成本。通过这一过程，作业成本计算改进了传统的成本分配方法采用单一成本分配基础（例如，直接人工小时、机器小时等）的弱点，力图找到资源耗用与成本对象之间的因果关系，从而得到更加精确的产品成本。

（三）作业成本法在企业物流成本管理中的意义

可以毫不夸张地说，作业成本法的引入和逐步完善给企业物流成本管理和计算带来一场新的革命，对企业管理将产生多方面深远的影响。用于管理决策的传统成本计算法主要有两种：一是完全成本法，二是变动成本法，这两种成本计算法所提供的成本信息均缺乏相关性，难以适应物流成本管理的需要，其表现是多方面的。

第一，传统的成本计算法造成了所谓的"物流费用冰山说"。一般情况下，企业会计科目中，只把支付给外部运输、仓库企业的费用列入成本，实际这些费用在整个物流费用中犹如冰山一角。因为企业利用自己的车辆运输、利用自己的库房保管货物和由自己的工人进行包装、装卸等费用都没列入物流费用科目内。传统的会计方法没有显现各项物流费用，在确认、分类、分析和控制物流成本上都存在许多缺陷。

第二，在现代的生产特点下，传统物流成本计算法提供的物流成本往往失真，不利于进行科学的物流控制。现代生产特点是生产经营活动复杂，产品品种结构多样，产品生产工艺多变，经常发生调整准备，使过去费用较少的订货作业、物料搬运、物流信息系统的维护等与产量无关的物流费用大大增加，投入的所有资源也随其成倍增加。基于这种无意识的假定，成本计算中普遍采用与产量关联的分摊基础——直接工时、机器小时、材料耗用额等。这就是所谓的"数量基础成本计算"的由来。这种计算方法使许多物流活动产生的费用处于失控状态，造成了大量的浪费和物流服务水平的下降。这种危机在传统的制造企业表现尚不明显，然而在先进制造企业，在高科技时代的今天，它却是致命的。

第三，传统的成本计算法通常并不能提供足够的物流量度。①传统的成本计算法不能满足物流一体化的要求。物流活动及其发生的许多费用常常是跨部门发生的，而传统的成本计算是将各种物流活动费用与其他活动费用混在一起归集为诸如工资、租金、折旧等形态，这种归集方法不能确认运作的责任。②传统成本科目的费用分配率存在问题。将传统成本会计的各项费用剥离出物流费用，通常是按物流功能分离的，在分配物流成本中却存在许多问题，很难为个别活动所细分。比如，人工费分配率由于每个人花费在物流活动上的精力很难确定，而难以估计。③传统的成本计算法不能对物流和供应链改造工程活动进行物流成本核算，作业成本概念的提出深化了人们对成本的认识。传统成本理论认为：成本是对象化的费用，是生产经营过程中所耗费的资金总和。传统成本理论的成本概念揭示了成本的经济实质（损值耗费）和经济形式（货币资金），但没有反映出成本形成的动态过程。作业成本法有效地弥补了这一不足，它把企业生产经营过程描述为一个为满足顾客需要而设计的一系列作业的集合。其中，作业推移的过程也是价值在企业内部逐步积累、转移，直到最后形成转移给顾客的总价值（即最终产品成本）的过程。作业成本法通过作业这一中介，将费用发生与成本形成联系起来，形象地揭示了成本形成的动态过程，使成本的概念更为完整、具体。

与传统成本制度相比，作业成本计算采用的是比较合理的方法分配间接费用。该方法首先汇集各作业中心耗用的各种资源，再将各作业中心的成本按各自的成本动因分配到各成本计算对象。归根结底，它是采用多种标准分配间接费用，是对不同的作业中心采用不同的成本动因来分配间接费用。而传统的成本计算只采用单一的标准进行间接费用的分配，无法正确反映不同产品生产中不同技术因素对费用发生的不同影响。作业成本法将直接费用和间接费用都视为产品耗用作业所付出的代价而同等对待。对直接费用的确认和分配，与传统成本计算方法并无差别；对间接费用的分配则依据作业成本动因，采用多样化的分配标准，从而使成本的可归属性大大提高。因此，从间接费用的分配准确性来说，作业成本法计算的成本信息比较客观、真实、准确。从成本管理的角度讲，作业成本管理把着眼点放在成本发生的前因后果上，通过对所有作业活动进行跟踪动态反映，可以更好地发挥决策、计划和控制作用，以促进作业管理的不断提高。

（四）作业成本法的计算

物流作业成本计算是以作业成本法为指导，将物流间接成本和辅助资源更准确地分配到物流作业、运作过程、产品、服务及顾客中的一种成本计算方法。一般来说，物流作业成本计算需要经过以下几个阶段：分析和确定资源，建立资源库；分析和确定作业，建立作业成本库；确定资源动因，分配资源耗费至作业成本库；确定成本动因，分配作业成本至成本对象。

1. 分析和确定资源，建立资源库

资源指支持作业的成本、费用来源。它是一定期间内为生产产品或提供服务而发生的各类成本、费用项目，或者是作业执行过程中所需要花费的代价。通常，在企业财务部门编制的预算中可以比较清楚地得到各种资源项目。例如，发出订货单是采购部门的一项作业，那么相应办公场地的折旧、采购人员的工资和附加费、电话费、办公费等都是订货作业的资源费用，但一般说来，资源可以分为货币资源、材料资源、人力资源、动力资源以及厂房设备资源等。

企业各项资源被确认后，要为每类资源设立资源库，并将一定会计期间的资源耗费归集到各相应的资源库中。资源库设置时，有时需要把一些账目或预算科目结合组成一个资源库，有时需要把一些被不同作业耗用的账目或预算科目分解开来。

2. 分析和确定作业，建立作业成本库

作业是企业为了某一特定的目的而进行的资源耗费活动，是企业划分控制和管理的单元，是连接资源和成本对象的桥梁。企业经营过程中的每个环节或每道工序都可以视为一项作业，企业的经营过程就是由若干项作业构成的。作业有三个基本特征：①作业是投入产出因果连动的实体。从微观层面看企业经营过程，无论是销货收款，还是内部工序间交接，工人操作机器，或者收发人员登记文件，无一不是资源投入和效果产出的实实在在的过程；②作业贯穿于公司经营的全过程，构成包容企业内部和连接企业外部的作业链；③作业是可量化的基准。作业是计算成本过程中的一个元素，必须具有可量化性，同时又是计算成本的客观依据。

物流作业是一个组织活动对物质资料实体的物理性移动，包括场所位置的转移和时间占有的实际操作过程。物流作业包括运输作业、储存与保管作业、包装作业、装卸搬运作业、流通加工作业、信息处理等。由这些作业构成物流整体作业，从而实现物流功能。

物流作业的划分不一定与企业的传统职能部门相一致。有时，作业是跨部门的，而有时一个部门则能完成好几项不同作业。作业的划分应当粗细得当，划分过细就会使作业总数过多，由此必然导致成本计算工作量过大，同时企业为此所付出的代价势必过高。反之，如果作业划分过粗，一个作业中含有多种不相关业务，必然会使产品成本计算结果的准确性大大降低。因此，作业的确定应遵循成本效益原则。经验表明：①一般在每个传统的组织单位或部门中都应有2～10个功能明确的作业。有时，一个小的部门可能只有1个作业。有时，1个作业跨越好几个部门。在一个典型的部门中如果有10个以上的作业，这时可能就需要将一些作业合并。相反，如果一个中型或大型部门只定义了1个作业，这时就应分解它。②不同的人执行的作业不能被合并。③1个作业一般不超过5～15个密切关联的业务。④如果1个作业只有1项业务，则说明作业划分过细。⑤如果1个作业含有不相关的业务，则应把它分解出去。

与传统的成本系统采用简单的数量成本动因不同，由于作业成本系统采用多个成本动因来分析企业的成本，而且它们可能与产量没有直接关系，因此，作业成本系统需要对作业进行层次的划分。一般可以把作业分为以下三大类别：

（1）不增值作业。不增值作业是指那些不直接对企业创造价值行为做出贡献的作业，属于企业希望消除而且能够消除的作业。

（2）专属作业。专属作业是指为某种特定产品或劳务提供专门服务的作业。专属作业资源耗费价值应直接由该特定的产品或劳务负担。

（3）共同耗用作业。共同耗用作业是指同时为多种产品或劳务提供服务的作业。共同耗用作业按其为产品或劳务服务的方式不同又可分为：①数量动因作业。即使每种产品或劳务的每个单位都均衡受益的作业。如包装作业，产品完工后，每件产品都需要包装，且耗费的资源相同，使每件产品都得到了均衡的受益。②批别动因作业。即服务于每批产品或劳务并使每一批产品或劳务都均衡受益的作业。如分批获取订单的订单作业、分批运送原材料或产品的搬运作业等。③工时动因作业。即资源耗费与工时成比例变动的作业，每种产品按其所耗工时吸纳作业成本。如加工作业等。④价值管理作业。即指那些负责综合管理工作的部门作业。如作业中心总部作为一项作业就是价值管理作业。

通过对作业层次的揭示，作业成本系统能够指出不同层次作业的动因（不同层次的作业的成本习性不同），因而它较准确地描述了成本发生的因果关系。区分不同层次的作业可以帮助管理人员确定各个作业的成本动因以衡量各种产品或劳务所耗用的作业，它还可以帮助管理人员了解作业产生的根本原因，从而改善作业绩效。

3. 确定资源动因，分配资源耗费至作业成本库

作业确认后，要为每一项作业设立一个作业成本库，然后以资源动因为标准将各项资源耗费分配至各作业成本库。所谓资源动因是指资源被各项作业耗用的方式和原因，它反映了作业对资源的耗用情况因而是把资源库价值分解到各作业成本库的依据。

确立资源动因的原则是：第一，某一项资源耗费能直观地确定为某一特定产品或劳务所耗用，则直接计入该特定产品或劳务的成本中，此时资源动因也是成本动因，该动因可以认为是"终结耗费"，材料费往往适用于该原则；第二，如果某项资源耗费可以从发生领域区划为某项作业所耗，则可以直接计入该作业成本库，此时资源动因可以认为是"作业专属耗费"，各作业中心发生的办公费适用这一原则；第三，如果某项资源耗费从最初耗用上呈混合耗费形态，则需要选择合适的量化依据将资源分解并分配到各项作业，这个量化依据就是资源动因。

4. 确定成本动因，分配作业成本至成本对象

成本动因是指作业被各种产品或劳务耗用的方式和原因，它是作业成本库成本分配到成本对象中去的标准，也是将作业耗费与最终产出相沟通的中介。

选择成本动因时，应主要考虑以下几个原则：

（1）选定的成本动因与实际作业耗用之间的相关性。

作业成本计算的核心思想是根据每种产品耗用的作业成本动因量来将作业成本分配给产品，这实际上是以产品耗用成本动因的数量作为产品耗用的作业的计量标准。因此，成本分配的准确性依赖于作业的耗用与成本动因的耗用之间的关联关系，由此成本动因可分为三种类型：交易性成本动因、延续性成本动因和精确性成本动因。交易性成本动因计量作业发生的频率，例如，设备调整次数、订单数目等。当所有的产出物对作业的要求基本一致时，可以选择交易性成本动因。例如，处理一次订货，所需要的时间和精力与订货的数量无关，即可以以订货次数作为成本动因。如果不同数量的产品或劳务要求的作业耗用的资源显著不同时，则应采用更为准确的计量标准，即延续性成本动因，它反映完成一次作业所需的时间。例如，加工工艺流程简单的产品每次所进行的设备调整时间较短，而加工工艺流程复杂的产品所需的设备调整时间较长，如果都以设备调整次数为成本动因的话，则可能导致作业成本计算的不实，此时以设备调整所需的时间为成本动因更为合适。但是，如果每单位时间里进行设备调整耗费的人力、技术、资源等存在显著差异时，则需要采用精确性成本动因，即直接计算每次执行每项作业所耗费的资源的成本。例如，新产品刚开始生产时所进行的设备调整，可能要求单位时间里投入特殊的人力和质量测定工具，而成熟产品单位时间所需要的资源耗用量可能较少，此时，以每次调整的资源成本为成本动因则是适当的。

（2）计量成本动因的成本。

物流作业成本核算系统通过使用比以数量为基础的成本系统多的成本动因以得到准确性较高的成本结果。为了减少与成本动因有关的计量费用，应尽量采用数据容易获得的成本动因，这主要是通过替换掉不能直接得出作业耗用的成本动因实现的。例如，加工小时数这个成本动因可由加工次数来替换，若每次加工的时间基本相同，这个替换是可以接受的。

在以作业为基础的成本系统的设计中，用作业次数的成本动因代替作业时间的成本动因是一个很重要的方法，因为计算次数的成本动因比较容易取得。例如，订货的次数、装船的次数、检查的次数等，每进行一次作业，就可计数一次。

（3）成本动因采用所诱致的行为。

成本动因的选择应有助于激励业绩的改进。成本系统的设计可能对管理者产生有利或不利的行为影响，成本动因选择时应考虑这个因素的存在。例如，以联系的供应商数作为向供应商询价作业的成本动因，有可能使管理者减少询价次数，从而丧失了联系到有利的（高质量或低成本）供应商的机会。反过来，以材料搬运次数作为存货处理作业的成本动因时，有可能促使管理者采取减少搬运次数，从而减少处理成本的行为。

（4）三个因素的互相作用。

相关程度、计量费用和行为作用三者是互相作用的。设计者的目的是设计能提供效益最大、费用最低的最优系统，因此，一个使用起来昂贵、有较低的相关联性但却能带来有利行为的成本动因，在行为作用起主要作用的情况下，是可以选择的。例如，若行为的目的是减少配送过程时间，可以选择配送过程时间作为成本动因，即使作业与配送过程时间之间存在较少的相关联性。相反，一个计量起来昂贵，能带来有害行为但却有较高相关联性的成本动因，在误差代价起主导作用的条件下，也可以被选择。

5. 计算物流作业成本

作业成本动因选定后，就可以按照同质的成本动因将相关的成本归集起来，有几个成本动因，就建立几个成本库。建立不同的成本库，按多个分配标准（成本动因）分配间接费用是作业成本计算优于传统成本计算之处。

物流作业成本计算是将成本库归集的作业成本按成本动因分配到各成本计算对象上。物流作业成本的计算分配有两种方法：两阶段法和多阶段法。两阶段法较为简单，首先将明细账中的资源成本按资源动因分配到不同的作业上，而后将这些在作业上归集的成本按成本动因分配到产品上，如图 6-2 所示。

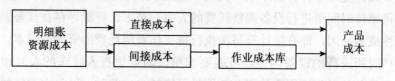

图 6-2　物流成本计算的两阶段法

多阶段法则认识到有些作业并不直接为最终产品或劳务所耗用，而是为其他多个产品或劳务所耗用，它试图更准确地反映成本在组织里流动的实际情况，强调作业和作业以及产品和作业之间的关系。例如，搬运装卸，可能为产品的加工服务，也可能为其他作业服务，而其他作业又是为产品生产服务的。通过多阶段分配，可以归集其他作业对搬运装卸作业的耗用，再计算产品耗用的搬运装卸作业和其他作业。多阶段法如图 6-3 所示。

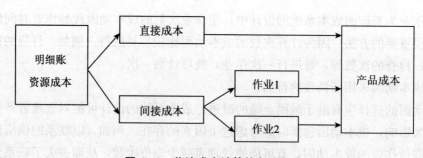

图 6-3　物流成本计算的多阶段法

无论采用何种分配计算方法，各作业成本库的作业成本在成本计算对象之间分配时，都应通过确定成本动因分配率以计算各成本计算对象的物流作业成本。其分配计算公式如下：

$$成本动因分配率 = \frac{某作业中心发生的作业成本}{该作业中心可提供的作业量}$$

某成本计算对象应分配的某项作业成本＝该对象实际耗用的该项作业的成本动因素×成本动因分配率

某成本计算对象的作业成本＝该成本计算对象分配的各项作业成本之和

需要指出的是，由于各成本计算对象实际耗用的某项作业的成本动因数之和一般小于该作业中心可提供的作业量，因此按上述方法计算出来的各产品应分配的某项作业成本之和一般都小于该作业中心发生的作业成本，两者的差额即为未耗用的资源成本。未耗用的资源成本的确定有利于分析企业资源配置的合理性，为企业优化作业链——价值链提供依据。

（五）物流作业成本计算举例

【例】某生产性企业产销 A、B 两种产品。这两种产品的生产工艺过程基本相同，两者的区别主要表现在所提供的物流服务上：A 产品实行的是大批量低频率的物流配送服务，每批数量为 4000 件。B 产品实行多频率小额配送服务，每批数量为 10 件。该企业采用作业成本法计算产品的物流成本，所涉及的作业主要有七项：①订单处理；②挑选包装；③包装设备调整；④运输装卸；⑤质量检验；⑥传票管理；⑦一般管理。

其他有关资料具体如下：

(1) 本月该企业共销售 A 产品 5 批，共计 20000 件，B 产品 140 批，共计 1400 件。

(2) 订单处理作业全月有能力处理 1008 份订单。本月实际处理订单 800 份，其中 A 产品订单 500 份，B 产品订单 300 份。

(3) 包装机共 4 台，全月总共可利用机器 640 小时，但不能全部用于包装，因为机器调整会耗用一定时间。包装机每包装一批新产品时，则需要调整一次。在连续包装同一批产品件数达到 1000 件时也需要进行一次调整。每台包装机调整一次需要 24min。包装机如果用于包装 A 产品，每件需 1.5min，如果用于包装 B 产品，每件则需 2min。

(4) 运输装卸作业全月总共能够提供 840 工作小时的生产能力，其中用于 A 产品运输装卸，每批需 120 小时；B 产品运输装卸，每批则需 0.4 小时。

(5) 质量检验：A、B 两种产品的检验过程完全相同。该企业全月有能力检验 800 件产品。对于 A 产品，每批需要随机抽样 10 件进行检验；对于 B 产品，每批需要随机抽样 3 件进行检验。

(6) 该企业的传票管理作业是由计算机辅助设计系统来完成的。该系统全月总共能提供 840 个机时。本月用于 A 产品传票管理的机时数为 168，用于 B 产品传票管理的机时数为 420。

(7) 一般管理：本月人员及设施等利用程度为 75%。

(8) A 产品每件耗用直接材料 1.5 元，B 产品每件耗用直接材料 1.8 元。

采用作业成本计算法计算上述两种产品物流成本的基本步骤如下：

(1) 确认和计量企业本月所提供的各类资源价值，将资源耗费价值归集到各资源库中。本月该厂所提供的各类资源价值情况如表 6-1 所示。

表 6-1   企业所提供的各类资源价值   单位：元

资源项目	工资	电力	折旧	办公费
资源价值	23400	4800	24400	8500

（2）确认各种主要作业，建立作业成本库。

主要作业有：订单处理、挑选包装、包装设备调整、运输装卸、质量检验、传票管理、一般管理七项。为每项作业分别设立作业成本库，用于归集各项作业实际耗用的资源。对于包装设备调整作业和挑选包装作业，首先将两者合并，一起计算各项资源耗用量，然后再按机器调整所耗用的机器小时数与可用于包装产品的机器小时数之间的比例进行分配。

（3）确认各项资源动因，将各资源库中所汇集的资源价值分配到各作业成本库中。

①工资费用的分配。工资费用耗用的动因在于各项作业"运用职工"，因此，应根据完成各项作业的职工人数和工资标准对工资费用进行分配。分配结果如表 6-2 所示。

表 6-2   工资费用的分配

	订单处理	包装及设备调整	运输装卸	质量检验	传票管理	一般管理	合计
职工人数	2	4	5	4	4	3	
每人月工资额（元）	800	1200	1000	1250	1000	1000	
各项作业月工资额（月）	1600	4800	5000	5000	4000	3000	23400

②电力资源价值的分配。电力资源耗用的原因在于"用电"，其数量多少可以由用电度数来衡量。已知每度电的价格为 0.5 元。具体分配结果如表 6-3 所示。

表 6-3   电力资源的分配

	订单处理	包装及设备调整	运输装卸	质量检验	传票管理	一般管理	合计
用电度数（度）	400	3200	2500	2800	360	340	9600
金额（元）	200	1600	1250	1400	180	170	4800

③折旧费与办公费的分配。折旧费用发生的原因在于各项作业运用了有关的固定资

产。因此，可根据各项作业固定资产运用情况来分配折旧费用。这种运用通常具有"专属性"，即特定固定资产由特定作业所运用。各项办公费也具有"专属性"，其分配方法与折旧费的分配方法大体相同。有关分配结果如表6-4所示。

表6-4　　　　　　　　　　固定资产折旧费及办公费的分配　　　　　　　　　单位：元

	订单处理	包装及设备调整	运输装卸	质量检验	传票管理	一般管理	合计
折旧	2500	5600	4000	7700	2400	2200	24400
办公费	1200	1400	600	1900	1600	1800	8500

为了将包装机调整与包装两项作业所耗用资源价值分开，需要计算包装机调整所耗用的机器小时数。包装机调整次数：A产品需要20次，B产品需要140次，总调整次数为160次，需要耗用机器小时数共计160×24/60＝64（小时），占包装机总机器小时数的10%。包装机可用于包装的机器小时数为640－64＝576（小时），占包装机总机器小时数的90%。将上述"包装及设备调整"栏目中的数字乘以10%即得到包装设备调整所耗用的资源价值量，其余90%即为包装作业所耗用的资源价值量。将上述有关结果汇总，即得表6-5。

表6-5　　　　　　　　　　资源向各作业间的分配　　　　　　　　　单位：元

资源＼作业	订单处理	包装调整	包装	运输装卸	质量检验	传票管理	一般管理
工资	1600	480	4320	5000	5000	4000	3000
电力	200	160	1440	1250	1400	180	170
固定资产折旧	2500	560	5040	4000	7700	2400	2200
办公费	1200	140	1260	600	1900	1600	1800

（4）确定各项作业的成本动因。有关结果如表6-6所示。

表6-6　　　　　　　　　　各项作业成本动因

作业	作业成本动因
订单处理	订单处理份数
包装设备调整	包装调整次数
包装	开动机器小时数
运输装卸	工作小时数
质量检验	检验件数
传票管理	计算机时数

对于"一般管理"这项作业，其成本动因比较复杂，因此在计算 A、B 两种产品耗用该项资源成本时，予以另行处理。

（5）计算有关作业成本动因分配率。计算结果如表 6-7 所示。

表 6-7　　　　　　　　　　作业成本动因分配率的计算过程

作业	订单处理	包装设备调整	包装	运输装卸	质量检验	传票管理
作业成本（元）	5500	1340	12060	10850	16000	8180
提供的作业量（工作小时）	1008	160	576	840	800	840
作业动因分配率（%）	5.46	8.38	20.94	12.92	20.00	9.74

（6）计算 A、B 两种产品实际耗用的资源价值。

本月运输装卸作业实际耗用工作小时为 656，其中：运输装卸 A 产品耗用 5×120＝600（工作小时），运输装卸 B 产品耗用 140×0.4＝56（工作小时）。

本月包装机实际耗用机器小时数为 546.67，其中：包装 A 产品耗用 20000×1.5/60＝500（机器小时），包装 B 产品耗用 1400×2/60＝46.67（机器小时）。本月检验产品总数 470 件，其中对 A 产品抽样 5×10＝50 件，对 B 产品抽样 140×3＝420 件。

根据上述有关结果即可求出 A、B 两种产品实际耗用的资源价值。计算结果如表 6-8 所示。

表 6-8　　　　　　　　A、B 两种产品实际耗用的资源价值

作业	作业分配率（%）	实际耗用作业成本动因数			实际耗用资源（元）	
		A产品	B产品	合计	A产品	B产品
订单处理	5.46	500	300	800	2730	1638
包装设备调整	8.38	20	140	160	168	1173
包装	20.94	500	47	547	10470	984
运输装卸	12.92	600	56	656	7752	724
质量检验	20.00	50	420	470	1000	8400
传票管理	9.74	168	420	588	1636	4090
一般管理	0.13	23756	17009	40765	3088	2211
合计					26844	19220

注：1. 该表中数字的小数部分（除分配率外）均作了四舍五入处理；

2. 一般管理作业的数据参见下面的计算过程。

A、B 两种产品所耗用的"一般管理"作业成本的计算过程如下：

A、B 两种产品实际耗用的"一般管理"作业成本之和为 7170×75%＝5377.5（元）

可按 A、B 两种产品其他各项作业所耗用的资源成本之和的比例分配，其中：

A 产品耗用其他各项作业成本之和为：2730＋7752＋168＋10470＋1000＋1636＝23756（元）

B产品耗用其他各项作业成本之和为：1638＋724＋1173＋984＋8400＋4090＝17009（元）

"一般管理"作业成本分配率＝5377.5/（23756＋17009）×100％＝13％

A产品实际耗用的一般管理作业资源成本＝23756×0.13≈3088（元）

B产品实际耗用的一般管理作业资源成本＝17009×0.13≈2211（元）

（7）计算 A、B 两种产品的物流总成本及单位成本。

A产品直接材料＝20000×1.5＝30000（元）

B产品直接材料＝1400×1.8＝2520（元）

A产品物流总成本＝30000＋26844＝56844（元）

B产品物流总成本＝2520＋19220＝21740（元）

（8）计算未耗用资源。计算过程及有关结果如表 6-9 所示。

表6-9　　　　　　　　　　　　　　　未耗用资源

作业	分配率（％）	未耗用作业动因数	未耗用资源成本（元）
订单处理	5.46	1008－800＝208	1136
包装设备调整	8.38	0	0
包装	20.94	576－547＝29	607
运输装卸	12.92	840－656＝184	2377
质量检验	20.00	800－470＝330	6600
传票管理	9.74	840－588＝252	2454
一般管理			1793
合计			14967

（9）将上述有关结果汇总，即得 A、B 两种产品物流成本计算单，如表 6-10 所示。

表6-10　　　　　　　　　　　A、B 两种产品物流成本计算单　　　　　　　　　　单位：元

	资源提供量	A产品		B产品		未耗用资源成本
		单位成本	总成本	单位成本	总成本	
直接材料	32520	1.50	30000	1.80	2520	0
订单处理	5500	0.14	2730	1.17	1638	1136
包装设备调整	1340	0.01	168	0.84	1173	0
包装	12060	0.52	10470	0.70	984	607
运输装卸	10850	0.39	7752	0.52	724	2377
质量检验	16000	0.05	1000	6.00	8400	6600
传票管理	8180	0.08	1636	2.92	4090	2454
一般管理	7170	0.15	3088	1.58	2211	1793
合计	93620	2.84	56844	15.53	21740	14967

注：由于计算过程中采用了四舍五入，所以使"A产品总成本""B产品总成本"及"未耗用资源成本"三栏数字之和与"资源提供量"一栏数字不完全相等。

第四节　第三方物流企业成本的控制

第三方物流成本在第三方物流企业成本中占的比重很大，是现代企业竞争最重要的领域之一。企业必须高度重视物流成本，追求低成本、高效率的物流运作绩效目标，而加强第三方物流运作管理的关键是控制并最终降低各种物流费用。

一、第三方物流成本控制的基本理论

第三方物流企业成本控制把成本、服务水平等要素作为一个动态系统来研究，使用信息系统及时、准确地进行信息的获取、处理、输出和反馈，是实现第三方物流企业作业成本控制的重要基础。控制同系统、信息是紧密联系在一起的，第三方物流企业成本控制的对象是一个系统，核心是对生产费用要素的一种有目的控制，必须用系统的观点和方法去分析、组织和实施，才能达到控制的目的，而控制又是系统管理的基础，同时，控制必须依靠信息，信息是联系施控系统和受控系统的手段，必须依靠信息才能完成第三方物流企业系统控制调节工作。因此，第三方物流企业作业成本控制必须以信息论、系统论和控制论作为它的方法论基础，分析与探讨第三方物流企业作业成本控制的原理、作用机制、信息反馈和系统结构，并以此来指导成本控制工作，提高控制效果，如图 6-4 所示。

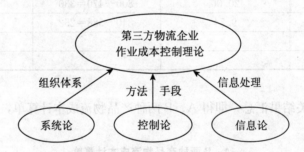

图 6-4　第三方物流企业作业成本控制理论基础

第三方物流成本控制是企业在物流活动过程中根据事先制定的物流成本标准，对实际发生的物流成本进行监督，及时发现差异，找出原因，采取措施加以纠正，从而保证物流成本目标的完成。通过物流成本控制，可以降低物流成本，提高企业的经济效益。

第三方物流成本的控制不仅局限在降低物流成本方面，还应当延伸到第三方物流企业总体战略甚至供应链战略的制定和实施方面。

二、第三方物流成本控制的任务

第三方物流成本控制工作是在成本计划（预算）的基础上展开的。它是根据各项工作需要的实际费用与预算进行比较，对成本费用进行评价，并对未完成项目进行预测，使成本控制在预算范围之内。随着项目的进展，根据项目实际发生的成本情况，经常及时地分

析项目成本管理的实际绩效，对项目成本出现的偏差和问题及时修正，不断修正原先的成本估算。对项目的最终成本进行预测，也属于项目成本控制的范畴。图6-5是项目成本控制的反馈图。

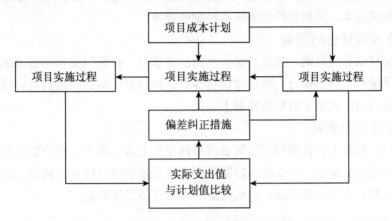

图6-5　项目成本控制反馈

要实现对于项目成本的全面控制和管理，最根本的任务是要控制项目各方面的变动，即项目变更，从而实现全面控制成本变动的目标。物流成本控制的种类很多，通常按时间分为事前控制、事中控制和事后控制三种。现代物流成本控制不仅要注重事中控制，还必须重视事前控制和事后控制。

事前控制：是指采用目标成本法进行物流成本控制或采用预算法对于可能引起项目成本变化因素进行物流成本控制。事前控制是第三方物流成本控制非常重要的环节，它直接影响到物流成本的高低。

事中控制：是项目实施过程中的成本控制。它是物流活动过程中发生的各项费用按照预定的成本费用标准，进行严格的审查和监督，计算实际费用与标准费用的差异，分析差异，采取纠正常施，保证物流成本目标的实现。

事后控制：指在物流成本形成后，对物流成本进行核算、分析和考核。它通过实际物流成本和标准成本的比较，确定差异，分析原因，明确经济责任，对物流成本的责任单位和责任人进行考核和奖惩。通过分析，为企业以后的物流成本控制提出意见和建议，进一步完善物流成本控制标准，从而降低物流成本。

三、第三方物流成本控制的原则

（一）全面性原则
全面性原则就是对物流成本进行全过程、全方位和全员的控制。

（二）经济性原则
经济性原则就是以最少的投入取得最佳的经济效益，也就是节约人力、物力、财力等资源。这是提高企业经济效益的核心和物流成本控制的核心，也是物流成本控制的基本原则。

（三）重点控制原则

重点控制原则是指对物流成本的关键点进行控制的原则。企业日常的物流成本项目多，计划与实际的差异非常多，管理人员必须对这些差异进行重点控制，通过对关键点的控制来降低物流成本，达到提高物流成本控制的效率。

（四）责权利结合的原则

坚持责权利结合的原则，这就要求企业内部各单位、各部门要承担物流成本控制的责任，同时赋予他们相应的权力，做到权责对等，并且享有一定的经济利益，这样才能调动各单位、各部门和广大员工的积极性和主动性。

（五）目标控制原则

目标控制原则是企业管理部门以既定的目标作为人力、物力、财力管理的基础，从而实现企业的各项经济指标。物流成本控制是企业目标控制的一项重要内容，以目标物流成本为依据，控制企业的物流活动，降低物流成本，提高经济效益。

四、第三方物流成本控制的程序

第三方物流成本控制贯穿于第三方物流企业生产经营过程的始终，一般来说，第三方物流成本控制包括以下程序。

（一）制定成本控制标准

为了有效地控制各项费用，需要建立一种标推，作为检查、衡量、评价实际成本水平的依据。第三方物流成本控制标准是企业物流各项支出、资源消耗的数量限制。一般来说，物流成本控制标准越难、越具体，越有利于物流成本控制。

（二）监督物流成本的形成

为了降低成本、减少浪费，成本控制需要落实到每一个环节，根据各个环节中成本形成的不同特点进行监督、控制，将损失和浪费制止在项目过程之中。根据物流成本控制标准，经常对物流成本的各项目进行检查、评比和监督，不仅要检查指标本身的执行情况，还要检查影响指标的因素。

（三）衡量和分析成本差异

在项目实施过程中，要经常对比实际工作的进度和费用支出情况进行测算，并与项目目标和成本标准相比较，由此发现影响项目顺利推进的问题。成本差异是用实际成本与成本目标和成本预算相比较而测算得出的，测算的方法有三种：

（1）直接观察法。即直接接触受控机构或对象，了解情况，收集第一手材料做出判断。

（2）统计分析法。即根据统计报表和其他统计资料分析受控对象的实际工作情况。

（3）例会报告法。通过定期或不定期的会议或下属的报告调查受控对象的情况。

（四）成本反馈控制

当实际结果与控制标准之间出现差距时，应及时反馈到有关责任部门，使其能够深入分析产生差距的原因，对症下药迅速采取纠正措施，保证成本目标的完成。纠偏的方法有很多，如可以通过重新修订计划或修改目标来纠正偏差；可通过其他的组织职能来纠正偏差；还可以用改善领导或指导的方法来纠正偏差。

五、第三方物流成本控制方法

（一）目标成本控制法

目标成本法是为了更好地实现物流成本控制的目标，从战略的高度与企业的战略目标相结合将物流成本控制扩大到产品生产的全过程，从而实现全过程的物流成本控制的一种方法。

目标成本法与传统成本方法相比，目标成本法不是局限于在企业内部计算成本，它需要更多的信息，企业有了这些信息后，就可以实现对物流成本的控制。目标成本法运用价值工程法实现了总体战略目标管理，降低了成本价值，具有全过程和全员以及全方位的成本管理方法的特点。

（二）标准成本法

标准成本法是以预先运用技术测定等科学方法制定的标准成本为基础的成本与标准成本进行比较，核算和分析成本差异的一种成本计算方法。

标准成本法的核心是按标准成本记录和反映产品成本的形成过程和结果，并借以表现对成本的控制。标准成本法包括制定标准成本、计算和分析成本差异、处理成本差别三个环节。物流标准成本的制定主要包括直接材料标准成本、直接人工标准成本和服务费用标准成本的制定。

小知识

物流服务与成本的关系

日本菊池康也教授把物流服务与成本的关系归纳为四个方面：

（1）在物流服务水平不变的前提下考虑降低成本。不改变物流服务水平，通过优化物流系统来降低物流成本，这是一种追求效益的方法。

（2）为提高物流服务不惜增加物流成本。这是许多企业在面对特定顾客或其特定商品或者竞争激励时采取的积极做法。

（3）在成本不变的前提下提高物流服务水平。这是一种追求效益的办法，也是一种有效地利用成本性能的办法。

（4）用较低的成本来实现较高的物流服务。这是增加销售、增加效益，具有战略意义的办法。

资料来源：［日］菊池康也．《物流管理》，丁立言译，北京，清华大学出版社，2002.

（三）责任成本法

责任成本是责任单位能对其进行预测、计量和控制的各项可控成本之和。所谓可控成本指在责任中心内，能为该责任中心所控制，并为其工作好坏所影响的成本。确定责任成本的关键是可控性，它不受发生区域的影响。责任成本是按照谁负责谁承担的原则。以责任单位为计算对象来归案的，所反映的是责任单位与各种成本费用的关系。

责任成本法按可控原则把成本归属于不同责任中心，谁能控制谁负责，不仅可控的变动制造费用要分配给责任中心，可控的固定间接费也要分配给责任中心。责任成本法是介于制造成本和变动成本之间的一种成本方法，有人称之为"局部吸收成本法"或"变动成本利吸收成本法结合的成本方法"。

为了明确各单位责任的执行情况，必须对其定期进行责任成本的计算与考核，以便对各责任单位的工作做出正确的评价。责任成本的计算方法包括直接计算法和间接计算法。直接计算法是将责任单位的各项责任成本直接加和汇总，以求得该单位责任成本总额的方法。其计算方法为：某责任单位责任成本：该单位各项责任成本之和。间接计算法是以本责任单位的物流成本为基础，扣除该责任单位的不可控成本，再加上从其他责任单位转来的责任成本的计算方法。其计算公式为：某责任单位责任成本＝该责任单位发生的全部成本－该单位不可控成本＋其他单位转来的责任成本。

（四）偏差控制法

偏差控制法是在计划成本的基础上，通过成本分析方法找出计划成本与实际成本间的偏差并分析产生偏差的原因与变化发展趋势，进而采取措施以减少或消除偏差，实现目标成本的科学管理方法。

（五）定额成本控制法

定额成本控制法是以定额成本作为控制和分析成本的依据，通过事前制订定额成本、事中按定额成本实施控制、事后计算和分析定额差异，对成本形成过程进行全面控制，从而将成本计划、成本计算和成本控制融为一体。采用定额成本控制方法可使项目管理者及时发现各种费用的节约和超支情况，从而采取措施，有效控制费用的发生。

（六）进度一成本同步控制法

在项目管理中，成本、进度和技术三者是密不可分的。成本控制与计划管理、成本与进度之间有着必然的同步关系，即项目到什么阶段，就应该发生相应的成本费用。如果成本与进度不对应，就要作为"不正常"现象进行分析，找出原因，并加以纠正。

（七）成本累计曲线法

成本累计曲线又称为时间累计成本图。它是反映整个项目或项目中某个相对独立的部分开支状况的图形。它可以从成本计划中直接导出，也可以利用网络图、条形图等单独建立。

（八）香蕉曲线法

香蕉曲线是利用各工序的最早开始时间和最迟开始时间制作的成本累计曲线。香蕉曲线表明了项目成本变化的安全区间和实际发生成本的变化，若在两条曲线限定的范围内，都属于正常的变化，可以通过调整开始和结束的时间使成本控制在计划的范围内。

如果实际成本超出这一范围，就要引起重视、查清情况、分析出现的原因。如果有必要，应迅速采取措施进行纠正。

（九）挣值法

挣值法实际上是一种分析目标实施与目标期望之间差异的方法，因而它又常被称为偏差分析法。挣值法之名来自分析方法中用到的一个关键——挣值（指已完成工作的预算），它通过测量和计算已完成工作的预算费用、以完成工作的实际费用和计划工作的预算费用得到有关计划实施的进度和费用偏差，从而达到判断项目预算和进度计划执行情况的目的。因而它的独特之处在于以预算和费用来衡量工程的进度。

实训题

物流作业成本核算方法的应用技能训练

一、实训目的
掌握作业成本法在第三方物流企业中的应用。

二、实训内容
某物流企业对 A、B 两种产品进行包装，本月共包装 A 产品 150000 件，B 产品 300000 件，所发生的成本资料及间接物流成本相关的作业及作业动因如表 6-11、表 6-12 所示。

表 6-11　　　　　　　　　　某物流企业发生的成本资料

项目		A 产品	B 产品	合并
	直接成本（元）	15000	10000	25000
间接成本	准备费用（元）	—	130000	—
	检验费用（元）	—	100000	—
	电费（元）	—	150000	—
	维护费（元）	—	135000	—
准备次数（次）		550450	1000	
检验时数（时）		1000	500	1500
耗电量（度）		100000	150000	250000
机器工时（时）		20000	80000	100000

表 6-12　　　　　　　　间接物流成本相关的作业及作业动因

作业	成本动因	作业	成本动因
准备	准备次数	供电	耗电量
检验	检验次数	维护	机器小时

三、实训要求

根据所给已知数据，采用作业成本法核算两种产品的物流成本。

（1）分析和确定该公司的物流资源包括哪些。

（2）对该公司的业务流程进行分析，确定物流作业。

（3）根据资源动因和作业成本动因以及其他已知条件进行计算。

（4）列出两种产品包装成本计算表，并分析采用物流作业成本法核算物流成本的优点。

（5）思考：作业及作业成本动因是怎么确定的？这样确定是不是合理？在确定作业及作业动因上提出自己的建议。

（6）根据实训过程和核算结果写出实训体会。

习题

一、简述题

1. 简述第三方物流成本决策的方法及内容。

2. 简述第三方物流成本核算的成本体系。

3. 试述第三方物流作业成本法核算的具体步骤

4. 简述第三方物流成本控制的程序。

5. 试述目标成本控制法的内容。

二、计算题

某企业对甲、乙两产品进行包装，本月发生的成本资料如表 6-13 所示。试用作业成本法核算两产品的物流成本。

表 6-13   成本资料

项目	甲产品	乙产品	合计
产量（件）	200000	400000	
直接成本（元）	20000	100000	120000
间接成本总计（元）	—	—	720000
其中：准备费用（元）	—	—	200000
检验费用（元）	—	—	145000
电费（元）	—	—	180000
维护费（元）	—	—	195000
准备次数（次）	600	400	1000
检验时数（小时）	1000	450	1450
耗电量（度）	120000	180000	300000
机器工时（小时）	20000	100000	120000

三、案例分析

南方物流企业集团是一家现代化综合服务型第三方物流企业，是中国物流百强企业

（排名第 13 位），业务涉及运输、仓储、配送、装卸、加工、物流信息技术、物流策划与咨询、供应链管理服务以及商贸一体化等。经过 10 多年的快速发展，南方物流企业集团构建了一个全国性的物流服务网络，集团下属公司 10 多家，业务面覆盖到全国 170 多个大中城市，建有广州、东莞、无锡、惠州、中山、重庆、成都、新疆八大物流基地，运输车辆 3000 余台，与亚马逊、卡斯特、DHL、松下电器、加拿大北电网络、美国朗讯科技、法国施耐德电气、中国电信、中国联通、华为、欧迪办公、中兴、TCL、海尔、长虹等世界 500 强以及中国领军企业建立了长期战略合作关系。

2008 年 6 月 20 日，我国成品油价格再度上调，各地汽车燃油价格上涨幅度在 15%～20% 不等，汽油和柴油每升上涨 0.9 元左右。据公司管理人员介绍，油价上涨导致公司每台营运货车每天燃油费用平均多出 100 多元，整个企业集团因此每天燃油成本增加 30 多万元。在已与多家企业签订了长期物流服务合同的情况下，企业集团面对巨大的成本压力（物流公司不属于财政补贴的范围）。

思考题： 南方物流企业应如何应对成本压力？

第七章　第三方物流的风险管理

宝供物流企业集团运营风险管理

总部设在中国广州的宝供物流企业集团有限公司创建于 1994 年，目前已形成了一个覆盖全国并向国际延伸的物流运作网络和信息网络的公司，也是我国现代物流理念和方法的最早运用者，可以为客户提供供应链一体化物流服务的专业公司。宝供物流企业集团有限公司已在全国 80 多个城市以及澳大利亚、泰国、中国香港等地设立了近 50 个分公司或办事处（截至 2014 年年底），宝供物流企业集团在运营风险管理方面做了一些尝试，对其他第三方物流企业运营风险管理提供了很好的借鉴作用。

首先，宝供物流企业集团在合作客户选择方面相当慎重，有效地控制了合同责任风险和金融风险。与国内外近百家著名大型工商企业结成战略联盟（其中，52 家为宝洁、飞利浦、联合利华、安利、通用电器、松下、三星、雀巢、卡夫等世界 500 强企业以及国内一批大型制造企业如 TCL、厦华、中石油、李宁等），植入"优势互补、利益共享"的共生关系。

其次，宝供物流企业集团广泛采用具有国际水准的 SOP 运作管理系统和质量保证

GMP 体系以及严格的人才要求，有效控制了运作风险。为了规划业务部门的运作标准，宝供建立了系统化、规范化、标准化的各类标准操作程序即 SOP，规范了业务运作标准。任何岗位上的任何事，SOP 都有详细的规定。宝供的"管理培训生"项目满足了期在企业运营发展中坚技术力量和管理人才。从 2001 年开始，截至 2014 年，已经成功招聘了 12 届管理培训生。

此外，宝供物流企业集团拥有国内领先的基于 VPN 系统的物流信息服务。宝供自行开发了具有高度集成性、适用性、扩展性的第三方物流信息集成平台，具有应用覆盖全国的宝供全面订单信息管理系统（TOM 系统）；订单管理系统（Order Management System）；库存管理系统（Stock Management System）；全球领先的 Exceed 4000WMS 系统适用现代化立体仓管理等。

资料来源：百度百科，作者整理。

第一节　第三方物流风险管理概述

现代物流是经济发展的加速器，被称为"第三利润源泉"，近几年来，第三方物流企业取得了巨大的发展。其在攫取"第三利润源泉"的同时，由于经济发展和竞争环境的变化面临的风险也越来越复杂。风险管理的理论表明，第三方物流风险体系庞大复杂，第三方物流的风险管理将有助于企业领导者科学地决策，如何避免风险是摆在第三方物流企业面前的一个重要课题。

一、第三方物流风险概念与产生原因

（一）第三方物流风险概念

1. 风险的定义与特征

（1）风险的定义。所谓风险是指不希望发生事件发生的可能性和所有可能的后果。任何在未来结果上包含不确定性要素的交易或工作都携带着风险要素。也就是说风险是指在特定时间段里，人们所期望达到的目标与实际出现的结果之间有一定的距离。

风险有广义风险和狭义风险两种定义：前一种定义强调了风险的不确定性，属于广义风险；后一种定义则强调风险主要表现为损失的不确定性，属于狭义风险。可能带来损失、获利或是无损失也无获利这三种结果的风险是广义风险。狭义风险表示风险的结果只是损失，没有获利的可能性。总之，风险的根源是不确定性，由于不确定性是不可避免的，因此风险也是不可避免的。企业在经营过程中会遇到很多可能导致风险的不确定性因素，企业也不可能完全消除风险，但可以通过风险管理来识别并减轻风险。

（2）风险的特征。为了更充分理解风险的含义，我们可以了解以下风险的特征：

①风险存在的客观性。客观存在的风险是不以人的意志为转移的。人们不能从根本上消除风险，但却可以一定程度地改变影响风险的形成成因，甚至可以降低发生的概率和损失程度。

②风险会带来损失，这是风险的必然结果。这种结果人们在事前是无法预料和确定的。但可以在认识和了解风险的基础上来降低风险发生的概率和减少风险带来的损失。

③风险具有不确定性。客观存在的风险至于什么时候发生、损失程度如何、具体风险损失却都是随机的。举个例子，交通事故的发生时客观存在的，但就具体的车祸发生却是不确定的，但可以通过加强防范意识来尽量避免。

④普遍性。如自然灾害、意外事故等风险在人们的生活中无处不在、无时不有，风险的发生会带来人们生命和财产的损失。并且，这种风险带来的损失也变得越来越大。

⑤风险发生的可测性。单一风险的发生虽然具有不确定性，但总体风险的发生是有规律可循的，可以运用概率论和大数法则等方法对总体风险事故的发生进行统计分析研究。这种可测性也是保险公司对保险费率厘定的科学依据。

⑥可变性。变化是自然的法则，风险也是处在变化之中的。有质变和量变，有不断发生的新风险等。引起风险的不确定性因素也是随着技术、经济发展、社会发展等在不断变化的。

 小链接

2014—2019 年第三方物流行业发展前景预测及投资风险研究报告

北京华研中商信息研究院在对第三方物流相关企业的实地调查的基础上，同时又综合考虑国家统计局、国家交通运输部、国家商务部、中国仓储协会和中国物流行业协会、国内外相关刊物杂志的基础信息、中国行业研究网以及第三方物流研究等单位公布和提供的大量资料，撰写发布的《2014—2019 年第三方物流行业发展前景预测及投资风险研究报告》，对我国第三方物流行业发展现状与前景、市场竞争格局与形势、赢利水平与企业发展、投资策略与风险预警、发展趋势与规划建议等进行深入研究，其中在报告的第四部分重点分析了第三方物流行业的前景与风险，在第十三章 2014—2019 年第三方物流的投资分析，从投资机会、投资风险和投资战略选择三个方面进行了论述，战略投资者可以根据相关内容选择恰当的投资时机，公司领导层也可以据此提供的市场情报信息做科学的战略规划，银行信贷部门也参考其相关资料。

资料来源：华研中商信息研究院，作者整理。

2. 第三方物流风险概念

第三方物流风险是指第三方物流企业在运营过程中，由于运行所处环境和条件的不确定性，运营的结果与运营的期望目标产生背离，并可能给第三方物流企业带来损失。不确定性是造成第三方物流风险最根本的原因，同时这种不确定性又是根源于第三方物流企业无法充分认识环境的发展和变化，而且这种不确定性是客观存在的，通过人的主观努力是不能被消除的，而只能努力地去减轻不确定性带来的不利后果。

所谓不确定性是指这样一种情况，经济主体对于未来的经济状况尤其是收益与损失的分布范围以及状态不能知。第三方物流企业在经营过程中存在着如客户信誉问题、财务问题、合同履行、投资问题、市场需求等大量的不确定性。

（二）第三方物流风险产生的原因

从风险的本质和第三方物流风险的概念可以看出，第三方物流风险存在的根本原因是不确定性。只要存在着不确定性，就一定存在风险，不确定性和风险总是联系在一起的。第三方物流企业的经营面临着复杂多变的内部环境和外部环境，需要与企业内部员工、外部企业客户、交通部门、金融部门以及竞争对手等进行来往，这些都蕴含着很大的不确定性。具体来说：

（1）来源于第三方物流企业内部的不确定性，主要包括内部管理、人事变动、财务状况等；

（2）来源于物流市场需求供给的不确定性，主要包括物流行业环境的变化、竞争对手等；

（3）来源于国家法律制度和物流发展政策的不确定性；

（4）来源于经济发展和金融状况的不确定性；

（5）来源于国家交通、能源等的不确定性；

（6）来源于第三方物流企业客户的不确定性。

二、第三方物流风险特点与类型

（一）第三方物流风险特点

第三方物流风险的主要特点有以下几个：

（1）第三方物流风险具有客观性、不确定性。不以人的意志为转移的风险本身就具有客观性。第三方物流风险也不例外。不管第三方物流企业是否意识到风险的存在，风险在一定情况下都会发生。第三方物流风险来源于不确定性，它的发生不是必然的，第三方物流风险何时、何地发生以及风险的后果都是不确定的。

（2）第三方物流风险具有相对性、变化性。第三方物流风险相对性是指相对于不同的风险主体而言的，第三方物流企业作为风险管理主体，由于其承受风险的能力、期望收益、投资情况等因素都会对风险概率的大小和后果产生影响，所以说第三方物流风险是相对而言的。可能同一状况下的风险对于一些企业是致命的灾难，可对于另一些企业却可以安然渡过。第三方物流风险的变化性是指第三方物流风险不是一成不变的，风险会随着环境的变化而变化，一般包括第三方物流风险性质变化、风险后果变化和新风险的出现。

（3）第三方物流风险具有一定的可测性、可控性，这也决定了风险是可以进行科学管理的。风险可控性与可测性是有紧密关系的，可控性是在可测的基础上为了减轻不利影响的程度，利用适当的技术方法来应对风险或控制风险。那么风险的可测性则是通过一定的方法在相关历史的统计数据和分析资料等信息的基础上来计量、测定某种现时风险或未来风险发生的概率，以及风险可能造成的不利程度。

（4）第三方物流风险的阶段性。风险是分阶段发展的，各个阶段有明显的界线，主要包括风险潜在阶段，此阶段风险处于潜伏阶段，危害还没有发生。但如果任其发展，它会逐步发展成为现实的风险；风险发生阶段，此阶段风险已经发生，但尚未产生后果，如果不及时采取措施，风险就会带来危害；风险造成后果阶段，在该阶段风险已造成不可挽回的危害，只能采取措施减少造成危害的程度。

（5）第三方物流服务的难度大，风险性高。第三方物流是属于第三产业，服务行业。与经济发展密切联系，对经济的依赖性较强。由于呈现周期性变化经济发展决定了物流行业的产业结构、市场状况、政府相关政策等也呈现出周期性变化，同时第三方物流的需求弹性也比较大。供应链本身环节多，参与企业多，每个企业的风险都可能影响到供应链的运作。第三方物流企业是整个供应链的组织者，同时也是参与者，第三方物流企业服务难度很大。在实际业务操作过程中，第三方物流企业往往还要承担许多保险企业承包范围以外的风险，这些风险经常会以各种方式转嫁到第三方物流企业身上，所以第三方物流企业可能遇到比其他企业更多的风险，也更容易受到风险的影响。第三方物流企业承担的责任也比其他企业要大得多。

第三方物流企业跟其他企业一样，其他企业具有的一般风险第三方物流企业同样具有。第三方物流企业具有的一般风险如图 7-1 所示。

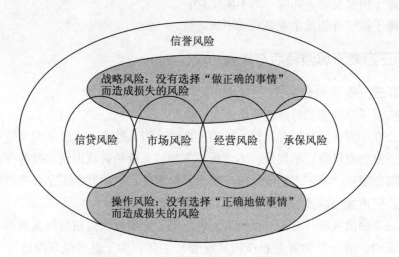

图 7-1　第三方物流具有的一般风险类型

（二）第三方物流风险的类型

第三方物流企业的经营面临着纷繁复杂的不确定性和各种各样的风险，为了便于对风险的识别和管理，对第三方物流风险做以下分类是很有必要的：

1. 从风险来源于内外部来划分

从风险来源于内外部可以将第三方物流企业面临的主要风险划分为外部风险和内部风险。内部风险主要包括投资风险、财务风险、人力资源风险、内部管理等；外部风险主要包括除了自然风险和政治风险外，还有需求弹性风险、信誉风险、协作风险、供应链企业之间信息传递引起的风险、国外竞争对手造成的风险等。

2. 从第三方物流企业运作环节上划分

从第三方物流企业运作环节上可以将第三方物流企业面临的主要风险划分为第三方物

流经营管理风险、第三方物流业务风险、第三方物流项目风险、第三方物流社会责任风险等。本书将着重从这个角度介绍第三方物流风险。

（1）第三方物流经营管理风险，主要包括投资与金融风险、内部管理风险、财务风险。

① 投资与金融风险。第三方物流企业的投资风险包括信息技术投资风险、固定资产投资风险等由投资形成的资产风险。目前我国的第三方物流企业大多有传统运输、仓储企业转型而来，固定资产的投资比例相对较大，有些还出于某些特殊的目的，为大客户进行一部分固定资产投资。竞争的加剧以及规范化的需要，使第三方物流企业越来越注重物流信息技术设施设备的投资，由此产生的信息资产风险也越来越大。因为我国现代物流起步较晚，物流管理实践相对滞后，物流实践和积累都很有限，物流系统开发方与需求方，不熟悉物流业务流程，也不能准确、系统地将所有业务需求进行专业描述。由此导致的物流信息技术的资产的投入面临巨大的投资风险。如果第三方物流企业的投资行为造成投资超前或与实际需要脱节，严重与实际情况不符合，产生较大的沉没成本都会产生较大的投资风险。

目前第三方物流企业提供的金融服务形式多种多样，如物流企业代收货款、物流企业代付货款使客户加快资金周转、物流企业提供仓单质押融资业务等。但是如果客户资信较差，这些业务会给第三方物流企业带来很大的金融风险。客户出现拖欠物流费用的情况，造成物流费用收取困难的风险。

② 内部管理风险。此种风险主要是第三方物流企业内部经营管理不善给企业带来的风险，包括内部管理制度、人力资源等。内部制度安排的欠缺会给企业带来很大的管理风险，且很难做出改变。第三方物流企业人力资源风险是指第三方物流企业在人力资源管理活动的某个环节如员工不能胜任职位、招聘失败、薪酬制度问题、新政策引起的员工不满等可能遭受某些不确定因素影响所带来的损失。第三方物流企业的人才和专业知识是两种最重要的资产，获得人才更是获得专业知识的前提，所以第三方物流企业也是知识密集型企业，人才流失风险特别应该引起第三方物流企业重视。

③ 财务风险。作为独立法人的第三方物流企业，其财务风险是客观存在的。第三方物流企业为追求利润最大化，各项财务活动受到如复杂的内外环境、决策失误、有限的财务管理可控性等多种因素的影响，企业财务活动与预定目标难免会产生偏差。第三方物流企业的财务风险主要由资金筹集、资金使用、资金回收三个方面组成。第三方物流企业为了企业更好发展、继续深入合作、为客户创造更大价值等，为客户支付一部分的资金也是常常会发生的，而这些做法也会导致比较严重的财务风险。

（2）第三方物流业务风险。此类风险是指第三方物流企业在日常的业务操作中可能遇到的风险，主要包括道德风险、运输保管风险、合同法律风险、货物交接风险等。

①合同法律风险。此类风险主要表现在物流企业与所服务客户之间以及物流企业与其分包商之间所签订的合同风险。第三方物流企业与客户之间签订的合同约定了双方之间的法律责任。但往往实力稍弱的第三方物流企业在谈判中处于劣势地位，迫于商业上的压力而接受某些苛刻的条款。这类合同，一旦产生纠纷，后果可想而知。第三方物流企业提供

的服务往往是全程一体化的服务，有的环节是自己负责，而有些需要委托分包商来具体实施，这是目前物流行业一贯的做法，那也就产生了第三方物流企业与分包商之间合同法律问题，如果处理不好复杂的权利义务问题，则会带来相当大的法律风险。还有一些合同风险是来源于从业人员的合同法律意识淡薄。

②道德风险。道德风险又称信誉风险，是第三方物流企业面临的主要风险之一。物流需求企业和其他物流提供者之间都存在着信息不对称，而这种信息不对称引起的委托代理风险是中国第三方物流企业在运作过程中普遍存在的。当然物流需求者更愿意和有信誉保证的企业合作，但是企业的信誉也会遭到存在于企业内部和外部的一些不确定因素的威胁和破坏。缺乏诚实信用、资质差的物流分包商如个体运输承担者会出现人货失踪的现象，俗称"飞货"。

③运输保管风险。货物在较长时间的物流过程中，面临着货损、货差的风险。尤其是在运输和保管环节。在运输环节，发生失窃、交通事故、碰撞挤压等的风险较大，在保管环节，易导致货物被偷盗、破损、虫害鼠害、火灾等风险。此类风险可能由自然灾害、火灾等客观因素和野蛮装卸、不规范作业、偷盗等主观因素造成的。这些都会产生直接的经济损失，给客户造成不良影响。

小链接

2010年7月17日，中石油位于辽宁大连新港附近的一条输油管道发生了爆炸起火事件。在当日23时30分许引发爆炸的一条900毫米管道的大火被完全扑灭。而另一条由爆炸引发的700毫米管道发生的大火因油泵被损坏而无法切断油路未被扑灭，彻夜持续燃烧。现场先后至少发生6次爆炸，火情一度出现反复。经过近千名消防人员历经15个小时扑救火势基本被扑灭。但是记者从辽宁海事局获悉，此次爆炸导致的部分原油泄漏入海，以及部分原油泄漏入海后，至少造成50平方千米附近海域的海面污染。目前，海事部门已全力组织协调海上清污工作，并做好大连港进出船舶的交通组织。事故发生后，胡锦涛总书记、温家宝总理立即作出重要批示。连夜赶到事故现场的国务院副总理张德江、安监总局局长骆林亲自指挥灭火救援工作。所幸的是本次事故未造成人员伤亡。16日18时许，一艘30万吨级外籍油轮在泄油附加添加剂时引起陆地输油管线发生爆炸引发大火和原油泄漏。爆炸点距离储油罐群较近，引发连环爆炸可能性较大，情况十分危急，大连连夜启动红色应急预案应对事故。

资料来源：http://3y.uu456.com/bp-2271c771f46s27d3240ce0a7-1.html，作者整理。

④货物交接风险。第三方物流企业在运营物流过程中，往往有物流需求者和不止一个物流服务提供者参与，那么在物流各个环节衔接的过程中就伴随着货物的交接问题，货物能否安全交接直接关乎着物流质量的高低，也往往潜藏着交接风险。货物交接不仅是货物的交接，还包含相关单证的交接。在移交过程中，双方应认真核对货物资料和相关单证，避免出现数量差异、规格不符单证造假和缺失等风险问题。

（3）第三方物流项目风险。第三方物流项目风险是指第三方物流企业在进行特定物流项目运作过程中所遇到的风险。项目必须在特定的预算、时间、资源限定内，依据规范完成，是有一个明确的目标的一系列复杂、独特、相互关联的活动组成的。项目运作往往具有较强的时间要求、目标要求和预算要求。第三方物流企业开展的物流项目也具有项目的特点，并且在投资于提供服务的过程中，需要耗费大量的资金、物资和人力资源，且具有专一性和不可逆转性，一旦建成就难以更改。在物流项目的运作中，往往有时间进度、资金状况、外界环境等多种不确定性因素，致使物流项目风险更大。这些不确定性因素往往贯穿物流项目的整个周期，因此加强第三方物流项目的风险防范显得十分必要。

第三方物流项目风险可以分为以下几种：纯粹风险与投机风险；非系统风险与系统风险；积极的风险与消极的风险；自然风险与人为风险。

小知识

（1）投机风险与纯粹风险。投机风险导致的结果有三种，即没有损失、有损失或获得利益。因此，投机风险是指既可能带来机会、获得利益，又隐含威胁和造成损失的风险。例如，第三方物流企业开发物流管理信息软件，由于技术含量高、初期投入大，存在着一定的风险。若开发成功，则会给开发企业甚至社会带来收益，若开发失败，则只有企业本身蒙受损失。纯粹风险则是指不能带来机会、无法获得利益可能的风险。纯粹风险的后果只有没有损失或有损失（不会带来利益）两种情况。纯粹风险造成的损失是绝对损失。例如，在某物流中心项目的建设施工中，因意外事件造成的人员伤亡，这类事件不但影响了项目的进度、项目成本，还会对社会产生不利影响。纯粹风险总是和威胁、损失和不幸相关，没有人会从中获得好处。投机风险重复出现的可能较小，因而预测的准确性相对较差。而纯粹风险则可重复出现，可以根据历史记录预测其具体发生的概率，因而相对投机风险则比较容易采取防范措施。纯粹风险和投机风险常常同时存在。

（2）非系统风险与系统风险。非系统风险是指源于项目内部的固有风险，又称为内部风险。内部风险表现为项目目标所设定的限制条件，如时间、资金、人力等。当实际发生值超过预算量时，如交付时间紧迫、资金困难等会使项目实施陷入危险的境地。系统风险来源于项目外部的那些风险，又称外部风险。表现为国家政策法规的调整、市场环境的变化、客户关系的破裂、竞争对手的加入等，外部风险的预防和处理难度很大。

（3）积极的风险与消极的风险。积极的风险会促进项目。例如，物流项目在建设过程中，遇到了关键技术的攻克或者建设材料价格的大幅下调，则对项目发展有积极意义。相反，消极的风险会阻碍项目。纯粹风险都是消极风险，是项目风险管理的主要对象。

（4）人为风险与自然风险。人为风险是指由于人类主观活动因素导致的风险。人为风险又可细分为政治风险、行为风险、经济风险、组织风险、技术风险等，往往是可以避免或者很好控制的。自然风险是指自然力的不规则变化如台风、风暴、地震等导致项目受影响的风险，此类风险往往是不能控制的。

资料来源：第三方物流项目管理，中山大学出版社，2006。

（4）第三方物流社会责任风险。第三方物流企业在经营过程中，也会面临着与社会公众之间可能产生的责任风险，此类风险主要又表现为机动车排放尾气、交通拥堵、噪声等环境污染风险；运输司机在运输货物的过程中发生交通肇事的交通肇事风险；由于事故造成的石油、化学物品、放射性物品等泄漏风险。随时会给社会公众的生命财产安全带来威胁的危险品泄漏风险值得从事危险品物流的企业警惕。

 小链接

某快递公司就"夺命快递"道歉，称不会逃避责任

2013 年 11 月，焦女士从购物网站上购买一双童鞋。几天后，焦女士丈夫刘先生收到一份快件。就在刘先生打开包裹几小时后，开始出现呕吐、腹痛等症状，当天中午 12 点多被送往医院，近 3 个小时的抢救未见效果。下午 3 点多，刘先生转院治疗，后因抢救无效死亡，医院出示诊断死因为有毒化学液体氟乙酸甲酯中毒。同时，焦女士也出现了呕吐、腹痛的症状，被送进了重症监护室。某省邮政管理局随即召开新闻发布会，通报了此事件的相关情况。当地快递公司由于收寄验收不规范，并没有承运危险品的资质，将被依法吊销快递业务经营许可证。速递有限公司通过官方微博发出致歉声明，称公司对受害消费者及其家属表示深深的歉意，公司不会逃避责任。相关人员也对此事进行调查，及时向公众做出解释。

资料来源：http://money.163.com/13/1221/18/9GL190GG00253B0H.html，作者整理。

三、第三方物流风险管理

（一）第三方物流风险管理概念

风险管理包含有关风险本质的认识与分析、风险事件发生概率的计算、风险事件后果或影响的计算、抵消或降低风险的备选方案的制订等方面。换句话说，风险管理本身是一门应对不确定性的学科，它可以定义为：指挥并控制组织应对风险的各种协调的活动过程。第三方物流风险管理是第三方物流企业用以降低风险的消极结果的决策过程，为了以最小的成本收获最大的安全保障，对风险进行识别、风险评估，并在此基础上选择与优化组合各种风险管理技术对风险实施有效控制，妥善处理风险所致损失的后果。风险管理是一个动态的、循环的、系统的、完整的过程。

第三方物流风险管理是一项目的性较强的管理活动，明确的目标对风险管理起到有效的作用。风险管理的主要目标就是要以最小的成本获取最大的安全保障。第三方物流风险管理是一项系统工程，涉及财务、安全、生产、设备、物流、技术等多个方面，具体包括风险识别、风险评估和风险处理。

确定风险管理目标要考虑以下几个有关目标的基本要求：

（1）目标具备可行性要求。可行性即确定目标要充分考虑其实现的客观现实性。

（2）目标具备一致性要求。一致性是指风险管理目标与风险管理企业的（如生产企业

或建设工程的业主）总体目标要一致，不能出现自相矛盾。

（3）目标要具有主次性。为了利于提高风险管理的综合效果，要根据目标的重要程度，区分风险管理目标的主次。

（4）目标具有可衡量性。否则目标能否实现、是否实现则无法考证。可测量性则要求选择和实施方案的效果可以进行客观的测评。

 小知识

风险管理学科发展简史

风险管理是从 1930 年代开始萌芽，起源于美国，当时美国受 1929—1933 年的世界性经济危机影响很大，经济倒退了约 20 年。约有 40% 的美国银行和企业破产。许多大中型企业不得不通过在企业内部设立保险管理部门专门负责安排企业的各种保险项目来应对经营上的危机，取得了不错的效果。自此以后，美国企业积累了丰富的风险管理实践经验，采用更为科学的方法来应对风险。1950 年，风险管理的概念才逐步形成并发展成为一门学科。

风险管理运动是在 20 世纪 70 年代以后在世界范围内逐步掀起。法国企业从美国引进风险管理并在国内迅速传播来应对日趋复杂的企业风险和日渐升高的风险损失。同时，日本也开始了风险管理研究。

近 20 年来，全国性和地区性的风险管理协会在美国、英国、法国、日本等国家先后建立起来。1983 年风险和保险管理协会年会在美国召开。在此次年会上通过的"101 条风险管理准则"成为风险管理发展进入一个新阶段的标志。1986 年，"欧洲风险研究会"成立，是由欧洲 11 个国家共同成立的，将风险研究扩大到国际交流范围。1986 年 10 月，风险管理国际学术讨论会在新加坡召开，标志风险管理已经由环大西洋地区向亚洲太平洋地区发展。

风险管理学在外国还处于起步阶段，我国对于风险管理的研究起于 1980 年代。在 30 多年的研究中，我国学者在少数企业中试用风险管理、安全系统工程理论，取得了不错的效果。然而我国大部分企业对风险管理的认识不够，也没有专门的风险管理机构。

资料来源：百度百科，作者整理。

（二）第三方物流风险管理程序

第三方物流风险管理程序一般包括风险识别、风险评估、风险防范决策实施、风险管理监督与改进四个阶段，如图 7-2 所示。

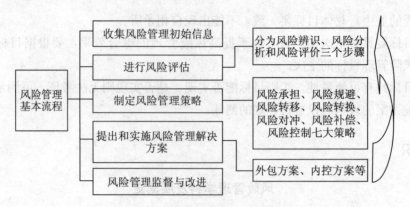

图 7 - 2 第三方物流风险管理程序

（1）风险识别阶段：第三方物流风险识别是通过利用一定的技术方法在收集风险管理初始信息的基础上，逐步辨别出影响第三方物流企业目标实现的风险事件存在的可能性，并予以分类。第三方物流风险识别是风险管理中最重要的步骤。

（2）风险评估阶段：第三方物流风险评估是风险识别与风险管理之间联系的纽带，是科学合理地进行风险决策的前提。第三方物流风险评估主要包括风险辨别、风险分析和风险评价三个步骤，是将风险事件发生的可能性与损失后果进行量化的过程。确定各种风险事件发生的概率及其对第三方物流企业目标影响的严重程度是风险评估阶段的重要成果。

（3）风险防范决策实施阶段：第三方物流风险防范决策实施是在前两个阶段的基础上，制定风险管理策略和风险管理解决方案，目的是减少第三方物流风险潜在的损失。第三方物流企业根据风险评估的结果，选择最佳的风险对策组合，对不同的风险事件选择最佳、最适宜的风险管理策略。依据风险对策所做出的决策还需要制定如预防计划、应急计划、预警计划、灾难计划等进一步落实到具体的计划和措施。

（4）风险管理监督与改进阶段：经历了前三个阶段，风险管理还需要监督与改正。风险管理是一个动态循环的过程，风险监督与改进也正是体现了这一点。风险监督是在第三方物流企业经营过程中，通过跟踪已识别的风险，及时识别剩余风险、突发出现的风险，并完善风险管理方案，对风险管理实施有效控制，保证风险管理计划的实施。评估消减风险的效果也是风险监督的重要任务。风险监督与改进利于持续改进风险管理工作。

第二节 第三方物流风险识别

第三方物流风险管理的第一个步骤是第三方物流风险识别，风险识别也是后续风险管理工作的前提。如果确定风险不会发生，就不需要对其进行评估并管理。

一、第三方物流风险识别概述

风险识别是风险管理中一个正式的过程，在此过程中努力发现潜在问题或不确定性领域。风险识别主要是利用一定的风险识别方法，依据收集的相关风险信息，查找企业面临损失的不确定风险因子，确定其来源和发生条件，描述风险特征并确定哪些风险事件有可能影响企业运营。风险识别是一门不精确的学科，它依赖于人们对潜在风险领域的认识和经验。

本节主要介绍第三方物流风险识别的方法。风险识别可以借助风险识别的工具来客观地对风险的范围、类别和严重性进行分析，为风险的评估奠定基础。如果人为地夸大或缩小风险的范围、种类和严重程度都会造成不必要的损失。本书将从主观和客观两个角度来分别介绍较常用的风险识别方法。

二、第三方物流风险识别方法

（一）主观角度出发

1. 集体思考法

集体思考法也称头脑风暴法（Brainstorming）。从 20 世纪 50 年代起就得到了广泛应用，它是由美国人奥斯本在 1939 年首创的。头脑风暴法的本质是以"宏观智能结构"为基础，发挥专家的创造性思维来获取未来信息。其一般是由风险管理者和企业相关工作人员组成的小组内进行。主持专家会议的人在会议开始时的发言中能否最大程度激起专家们的思维"灵感"，非常重要，这样会促使专家们感到急需回答会议提出的问题，产生"思维共振"，专家们的信息相互交流，相关启发。以取得"1+1＞2"的效果，产生更多的新信息，使预测和识别的结果更准确。

头脑风暴法组织过程如下：第三方物流企业风险经理组织合适人员如可考虑企业内部相关成员、客户方面、外聘风险管理专家等各方人员组成小组，根据企业经营的实际情况资料通过专家们的"思维共振"得出企业可能存在的风险。其具体流程如下：

（1）明确讨论的问题和时间限制，选择合适人员参加，可以考虑企业相关风险管理成员、外聘风险管理专家、客户等各方人员；

（2）确定时间、地点、参加人员，会议通知等会议准备工作；

（3）由主持人宣布议题：分析可能风险并指定记录人。在会议进行过程中主持人要善于鼓励与会人员自由发表见解，同时注意控制会议进程。记录人则如实记录会议上提到的观点；

（4）会议结束后，经理合并同类风险、排序，整理会议列出的风险，并进行评价。

2. 专家调查法

专家调查法又称德尔菲法（Delphi method），它是 20 世纪 50 年代初美国兰德公司（Rand Corporation）提出的，最初是为了研究美国受前苏联核袭击风险。广泛应用于经济、社会、工程技术等各领域的德尔菲法是依靠风险专家的直观能力对风险进行识别的方法。德尔菲法进行第三方物流风险识别的具体步骤如下：首先，成立风险管理小组；其次，由风险管理小组选定物流行业领域的适当数量的风险管理专家，并与这些专家建立直接的函询联系，进而通过函询收集专家意见；再次，风险管理小组需要对收集来的函询加以综合整理，再反馈给各位专家，再次征询意见。这样反复四五次，逐步使专家们的意见达成共识，作为最后风险识别的根据。当然这都是以匿名的方式进行的，专家们只能看到观点，并不知道是谁提出的，尽量减少主观因素的影响。我国在 20 世纪 70 年代在许多项目管理活动中引入德尔菲法，并取得了比较满意的结果。

3. 风险专家调查列举法

风险专家调查列举法是由风险管理人员对第三方物流企业可能面临的风险逐一列出，并根据不同的标准进行分类。专家所涉及的面应尽可能广泛些，有一定的代表性。一般的分类标准为：直接或间接，财务或非财务，政治性或经济性等。

4. 情景分析法（Scenarios Analysis）

它是由美国 SllELL 公司的科研人员 Pierr Wark 于 1972 年提出了的。此种方法通过对系统内外相关问题的系统分析，根据发展趋势的多样性，设计出多种可能的未来前景，对系统发展态势做出自始至终的情景和画面的描述。类似于撰写电影剧本的手法。情景分析中，必须回答"如果......会怎样"之类的问题，并试着预测决策的结果和行动。

第三方物流企业的经营处在复杂的内外环境下，各种政策法规、市场、经济、社会等多种影响因素都是需要考虑的。情景分析法核心是在假定关键影响因素有可能发生，并假想多重情景并预测可能的结果，以采取相应措施防患于未然。此种方法比较适用于对可变因素较多的项目进行风险预测和识别的系统技术。利用情景分析法来预测和识别其关键风险因素及其影响程度。情景分析法可以提醒决策者注意某种行为可能引起的风险或危机性的后果；研究某些关键性因素对未来过程的影响；建议需要进行监视的风险范围；提醒人们注意某种技术的发展会给人们带来哪些风险等情形。20 世纪 70 年代中期情景分析法在国外得到了广泛应用。一些大型跨国公司采用情景分析法对一些大项目进行风险预测、识别和管理。我国对情景分析法的运用还不成系统。

（二）客观角度出发

1. 检查表法

检查表是管理中用来记录和整理数据常用的工具。检查表方法把经历过的风险事件及来源列成一张检查表，再根据第三方物流企业经营环境、团队成员的技能或缺陷、服务技术资料等风险要素，用来判别当前是否存在表中所列或类似的风险。检查表是企业风险管理经验的结晶，一个成熟的第三方物流企业是具备丰富的风险识别检查表工具的。检查表上的内容一般包括：企业业务范围、质量、成本、采购与合同、人力资源与沟通等情况；以前同类业务或项目失败或成功的原因；产品或服务说明书；企业管理成员技能；企业可用资源等。第三方物流风险检查表如表 7 - 1 所示。

表 7 - 1　　　　　　　　　　　第三方物流项目风险检查

风险的方面	检查内容	是	否
管理方面	1. 物流项目获得管理层和其他方面支持吗？ 2. 物流项目组织管理制度和操作规程完善吗？ 3. 物流项目进度计划合理吗？		

续　表

风险的方面	检查内容	是	否
技术方面	1. 技术是否符合要求？ 2. 技术可靠吗？ ……		
人力方面	1. 人员到位了吗？ 2. 他们有经验、能胜任专业技术要求吗？ 3. 关键人员变动或离开怎么办？ ……		
资金方面	1. 资金是否到位，不按时到位怎么办？ 2. 是否制定成本控制措施？ ……		
客户方面	1. 客户理解物流项目的要求吗？ 2. 客户是否参与到项目实施中来？ 3. 有与客户沟通的渠道吗？ ……		
其他方面 ……	1. 天气对项目有影响吗？ 2. 政策有没有变化？ 3. 社会责任？ ……		

2. 流程图法

流程图法又称工作分解结构法。流程图方法首先要建立一个展示项目实施的全部活动的工程项目的总流程图与各分流程图，一般网络图常用来表示流程图。因为流程图可以较好地描述项目的工作步骤，突出项目的重点环节。流程图能将实际的流程与图中的状况进行比较以便于检查工作进展情况，比较适用于物流项目风险识别。这种非常有用的结构化方法可以帮助企业分析和了解物流项目所处的具体环节及各环节之间存在的风险。这种方法完成的项目风险识别可以为物流项目实施中的风险控制提供依据。

3. 财务报表分析法

风险管理人员通过实地调查研究，按照企业的资产负债表、损益表、财产目录等的财务资料，项目风险经理通过这些财务资料，来识别本企业或项目当前的所有财产、责任和人身损失风险，并在此基础上结合经费预算、财务预测发现未来的风险。因为项目或企业的经营活动涉及财务资金，这些都是风险管理最主要的考虑对象。

4. 故障树分析法

故障树分析法又称为事故树分析法（Accident Tree Analysis，ATA），是系统风险分析常用的方法，同样也适用于第三方物流的风险分析。故障树由结点和连接线组成。结点表示事件，而连线则表示事件之间的关系。故障树分析法不仅能够查明风险因素，求出风险事故发生的概率，而且还能对各种风险控制方案进行定量或定性分析。它将系统或过程内可能事件（特别是可能导致故障或不利后果的事件）的组合以图形式表示出来，以便计算某一事故或风险发生的概率。这是因果分析的思路。

故障树分析法的步骤如下：

（1）系统分析边界和定义范围，确定成功与失败的准则。

（2）需要收集准备相关资料。收集相关风险资料。

（3）构建故障树是核心部分。在收集资料的基础上和管理人员的帮助下建造故障树，即是绘制结点和连接线。

（4）模块化处理故障树。

（5）定性分析即是求出故障树的全部最小割集，当割集数量太多时，可以通过程序进行概率截断或割集阶截断。

（6）定量分析即是计算顶上事件发生概率即系统的点无效度和区间无效度，并进行重要度分析和灵敏度分析。

5. 敏感性分析法

在进行第三方物流风险分析与识别时，需要考虑关键影响因素的相互关系。敏感性分析法是识别各种引起企业风险的关键影响因素，以及这些因素的影响程度等问题的一种项目风险识别的方法，或者称之为关键影响因素风险识别法。

风险的识别还有如环境分析、保险调查等其他方法，在此不再一一赘述。第三方物流企业在识别风险时，应该根据实际情况选择使用合适的风险识别方法。风险识别的最后成果都将形成一份书面报告，其核心为"风险清单"，包括不确定事件清单、各事件风险触发器，即风险来源、征兆或风险发生条件以及需要进一步采取的行动。

第三节　第三方物流风险评估

从风险识别转移到风险管理过程的下一个阶段——风险评估阶段。风险评估是对众多已识别风险排优先级别顺序和管理者做出决策的重要依据。风险评估是对企业面临风险所进行的综合评价。

一、第三方物流风险评估概述

第三方物流风险评估是第三方企业管理者对已识别的风险所发生的概率和影响进行评估，并且尽可能量化风险，进而对风险进行排序。风险评估为制定风险防范或应对措施提供科学依据，从而最终降低风险发生的可能性或者减轻风险事件发生时所造成的影响。简单地说，风险评估就是对已识别风险事件的概率和严重程度进行评估，就是解决"它发生的可能性有多大，它可能造成多坏的结果"的问题。对于风险可以用基本公式进行量化：

$$风险＝可能性（P概率）×影响（负面的后果）$$

风险可能性是指假定风险性质和当前风险管理做法的情况下发生的概率。它可以用0~1的数字表示，或者百分比、分值（1~10）、等级（低、中、高）等来表示。风险事件发生的可能性越高，风险的总水平就越高，风险管理的级别就越高。确定风险阀值即风险控制点，以便确定风险的可接受度或不可接受度。再根据风险值确定风险相对优先顺序。

风险影响是指给第三方物流企业可能造成的损失或成本，或者对组织完成目标的能力的影响水平。对影响的严重性可以量化，如用估算的成本或损失、计分（1~10）或评级（低、中、高）等来表示。

二、第三方物流风险评估工具

第三方物流风险评估工具有定性和定量评估工具，下面将分别介绍。

（一）风险定性评估工具

风险定性评估是以明确特定风险的重要程度，按风险对企业目标可能的影响来对风险事件进行排序，从而指导风险防范计划的制订。对风险事件发生概率和影响程度主观分配一些量化的数值或等级，来区分排序风险事件。

1. 主观预测法

主观预测法是定性评估最常用的工具。它根据专家或项目小组成员的经验来对风险发生的可能性和影响程度进行估计打分。预测人员对判别可能性有一个统一的尺度，采用这种方法时要注意对量化描述要用具体文字予以说明，便以进行对比。主观预测法具体来说有德尔菲法、头脑风暴法、情景分析法等，前面已有阐述，此处不再赘述。

2. 风险评分法

即根据风险公式风险＝可能性（P概率）×影响（负面的后果）来对风险事件进行打分。概率用百分比表示，后果用1~10的数字表示（1表示可以忽略的后果，10表示灾难性的后果）。两者相乘得出风险水平，再比较风险水平高低来确定风险事件的优先排序。风险评分法例子如表7-2所示。

表7-2　　　　　　　　　　　　　　　　风险评分法例子

风险事件	发生概率（%）	后果	风险水平
系统软件故障	20	10	2
员工失误	60	6	3.6
新产品初期问题	40	4	1.6

3. 风险矩阵法

风险矩阵于1995年4月提出，由美国空军电子系统中心（Electronic Systems Center，ESC）的采办小组形成的。ESC的大量项目采用风险矩阵方法对项目风险进行分析、评估。风险矩阵是以矩阵的形式展示风险事件发生可能性和后果并能排序显示风险的工具。风险矩阵法的关键在于确定风险事件发生可能性（P）和相应后果（C）的度量准则。最初是把发生概率（非常不可能、不太可能、较可能、确定）和影响后果（微小的、较小的、严重的、惨重的）简单定性的分类，建立风险图析的方法。定性的风险矩阵如图 7-3 所示：在图 7-3 中，对角线代表一个分界线，大体上可以接受或不可以接受的风险区分开，分为风险管理的高优先级（线上）与低优先级（线下）两类。

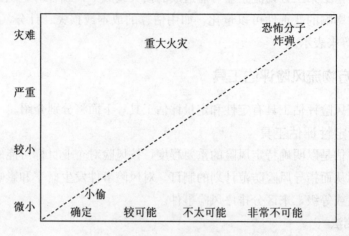

图 7-3 定性的风险矩阵

在定性矩阵基础上，对可能性分配数字，从最低（1）到最高（5），对影响后果分配数字，从微小的（1）到惨重的（5）。根据风险公式就可以得出量化的风险水平，相乘得出的分数范围 1～25。根据风险水平采取相应措施，如表 7-3 所示。

风险登记簿。风险登记簿是一份简洁、结构化的文档（见表 7-4），列出企业、项目或合同中包含的所有风险，以及风险分析结果（影响和可能性），最初的减轻计划和风险当前状态。为了保证风险状况的时效性，应及时更新风险登记簿。风险登记簿一般包括以下数据栏目。

表 7-3   **定量风险矩阵等级划分**

风险值	风险等级	风险应对
6 以下	低风险	不需要减轻措施
8～12	中等风险	审视现有控制措施并改进，成本收益分析，每年检查一次
14～20	高风险	审视现有控制措施，减轻风险规划，战略重视，每季度检查一次
21 以上	最大风险	进行较高层次的风险减轻计划，不间断检查

表 7−4　　　　　　　　　　　风险登记簿模板

ID	风险	概率等级	影响等级	战略/控制	采取的措施/当前状态	责任人	检查	更新
1	关键供应商破产	低	高	处理：评价/选择多个供方	评价标准、备用途径	核算经理	日期	日期
2	质量	低	中	处理：规格、质量保证	征求供应商意见	质量经理		
3	进度	中	低	接受：监督	监督	核算经理		
4	价格	高	中	处理/转移：合同条款	定死价格	核算经理		

（1）风险代码；

（2）风险类型或性质说明；

（3）风险被识别的日期；

（4）风险责任人；

（5）风险事件发生概率；

（6）风险事件影响后果；

（7）采取的措施及效果或当前状态；

（8）更新日期。

在使用风险登记簿时，要注意维护风险登记簿。在以下几种情况下要检查和修订风险登记簿：当运用风险减轻计划的时候；当发现新的风险或有风险升级的时候；当检查和监督计划与时间表有此要求的时候。

（二）定量风险评估工具

1. 定量主观预测法

其基本原理是利用取得的时间序列历史信息数据来推断出未来事件发生的概率和后果，其关键技术是从历史经验数据外推，所以又称外推法。多种途径可以收集到风险统计数据：关于风险事件分类与分析的公开出版报告、统计文摘、在线数据库等；公开发表的各类商业风险评估报告和监测报告；企业的记录和文件如风险登记簿、事故报告、质量故障报告等。具体方法有移动平均法、指数平滑法等。此种方法虽简单易行，但往往缺乏足够的历史资料，在风险评估时应用较难。

2. 概率分布法

概率分布表明了每一可能事件及其发生的概率。建立实际概率分布需要一般历史数据资料或理论概率分布。在现实中，第三方物流企业风险的客观概率分布很难得到，即使存在也会因为样本过小的原因而无法成功建立概率分布。实践中建立风险的分布图时，在历史资料不充分或不可信的情况下，可以利用理论上的某些概率分布来补充或修正，常用的理论概率分布类型主要有：

（1）正态分布。正态分布可以描述许多风险的概率分布，如物流项目工期变化、成本支出等。

（2）泊松分布。国外资料证明，泊松分布能特别有效地估计一个项目遭受的若干特定次数损失的概率。其优点是应用简单，只需估计项目实施中风险事件发生的平均次数即可。

在运用概率分布法时，往往很大程度上取决于主观判断，因此需要借助于风险管理专家和实践经验丰富的经理，依据项目的具体情况对概率分布做出符合实际的判断来确定。

3. 决策树分析法

决策树由决策点、状态点与节点间的分支连线组成。一般决策点用方框表示，状态点用圆圈表示，从决策点引出的分支连线表示决策者可作出的选择，从机会节点引出的分支连线表示机会节点所示事件发生的概率。决策树中的每个自然状态即决策或事件都可能引出确定的两个或两个以上的事件，并很清楚导致不同的结果，把这种决策分支画成图，因其很像一棵树的枝干故称决策树。决策树的各个分支可以代表决策方案或偶然事件。在使用决策树时，应在每一阶段计算事件发生的期望值。具体应从决策树左端起，从左向右，步步推进到决策树的右端。决策树如图7-4所示。

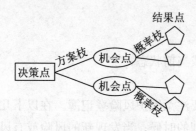

图7-4　决策树

4. 相关性建模

风险不一定是由于某一个单一的故障引起的，相反，常常是由于多种因素结合在一起引起了风险事件的发生，如人员、系统和环境等。相关性建模是一个软件工具，我们可以利用该工具来分析那些共同导致风险产生的相关变量之间的联系。在该模型中，我们可以从物流企业的目标开始，沿着实现目标所需的所有变量组成的互相依赖的网络分析下去。该模型输出的结果包括：组织所面临的风险分析；风险可能的影响；在关键点可能的应对措施。

故障树分析法在风险评估中也可以使用，前面已经阐述，此处不再赘述。

第四节　第三方物流风险防范与控制

第三方物流风险是客观存在的不确定性，并且也是不受人的主观意志所影响的。第三方物流企业只有树立风险意识，采取积极的风险管理，利用科学的技术与方法来识别和评估风险，在此基础上采取合适的风险应对策略和风险防控措施，并持续进行风险监视与改进，实时监视第三方物流企业运行状态，及时捕捉风险和预防风险控制措施效果的偏离，监控评价风险控制策略的执行效果。进而达到对第三方物流企业风险管理，使其正常运行的目的。

一、第三方物流风险应对策略

在风险管理中，风险防范控制的目的在于将风险降低到可以接受的水平，风险控制的实施一般包括风险降低和风险接受两个大方面。在风险识别和评估的基础上，根据第三方物流风险的可规避性、可转移性、可减轻性等来采取相应的风险应对策略，一般有风险规避策略、风险转移策略、风险预防策略、风险减轻策略（自留风险和应急计划）、风险接受策略等策略可以运用。

1. 风险规避策略

虽然不可能消灭所有的风险，但对具体风险来说是可以避免的。风险规避是改变企业运行计划来消除特定风险事件的威胁。一般在具体活动或项目潜在威胁发生的可能性太大，不利后果太严重，又无有效应对措施的情况下，主动放弃物流活动或计划，或者改变最初的目标和行动方案，从而规避风险的一种策略。例如，我们可以采取相对成熟的技术、或者开发团队比较有优势的技术等方法来规避物流软件项目开发中存在的技术风险；我们也可以采用增量式的开发来规避项目的进度风险；缩小物流业务工作范围以避免某些高风险的任务活动；避免跟不熟悉的服务提供商签约；通过公司政策、限制性制度来阻止高风险的经营活动、交易行为、财务损失和资产风险的发生；通过撤出现有市场或区域，剥离某个产品组合或业务或者通过出售、清算，规避风险。

有些风险因素能够避免，但不是所有的风险因素都能消除，特别是工程类物流项目，资金投入大，采用规避策略势必会带来巨大损失。风险规避策略是一种消极应对策略。因此，采用规避策略，必须在对风险有充分认识的基础上，对威胁出现的概率和后果有足够的把握，且最好在活动实施之前，以减少损失。

2. 风险转移策略

风险转移策略是将风险的后果转移给第三方。可以通过借用合法的合同或协议，将风险事件发生时损失的一部分或全部合法转移到第三方物流企业以外的第三方身上。风险转移策略不能降低风险发生的概率和不利后果的大小，这也不是风险转移策略的目的所在。其最大目标是如何实现成功转移其风险发生后的不利后果。采用风险转移策略要遵循必须让承担风险者得到相应的报答和对于具体风险，谁最有能力管理让谁承担两个具体原则。可以通过买卖契约的出售、不具优势的物流项目或活动的外包、保险与担保、联盟或合资、业绩奖罚条款等方式转移风险。

3. 风险预防策略

预防风险就是积极主动地控制风险发生的条件，以此避免风险的发生。具体可以通过工程法、教育法和程序法来实施。

（1）工程法。以工程技术为手段，属于一种有形手段，消除物质性风险威胁，其特点是将每一种措施都与具体的工程技术设施相联系。如减少物流配送项目的运输事故成本，可对参与项目的车辆进行更新，以减少车辆故障和事故发生的可能。

（2）教育法。通过风险管理教育，使第三方物流企业人员充分了解企业所面临的风险，都可能给企业造成巨大损失。第三方物流风险教育包含现代物流运作要求、运作标准、投资与运作成本、项目规范操作、规章和商品风险知识与预防技巧等。

（3）程序法。程序法是指为减少不必要的损失以制度化的方式从事具体的物流活动或项目。比如开发物流信息系统，必然遵循系统调查、系统分析、系统设计、程序编写、程序调试、系统总成等几个程序，也就是严格按照科学的规律来办事。

4. 风险减轻策略

风险减轻是减少不利的风险事件的后果和可能性到一个可以接受的范围。风险减轻的目标是降低风险发生的可能性或减少后果的不利影响。物流风险有可预知和不可预知两种类型。对于可预知并且可控制的风险（如人力、燃料等直接成本受物价和通货膨胀影响），应通过加强控制来降低风险；对于不可控制的风险（如产业结构变化、自然灾害等），可以通过有预见的工作尽量减少物流项目的不确定性。例如，我们可以通过完善工件、配备后备人员等方法来减轻在软件开发过程中人员流失对于软件项目的严重影响。还可以选择更可靠的供应商；增加资源或时间。

5. 风险接受策略

风险接受策略是在以上策略都不奏效或者无计可施的情况下采取的策略。一般包括自留风险策略和应急计划策略。接受风险可以是消极的，也可以是积极的。自留风险就是自愿接受风险事件带来的不利后果。在风险事件发生时，马上采取风险应对策略，尽管效果不理想，但还是主动采取措施并接受风险。被动接受风险是将损失列为一种费用，在风险事件造成的损失不大时，企业不采取任何行动。当风险管理成本过高时，可采用自留风险的方法。应急计划策略对很多物流项目是必需的。一旦预知风险事件成为现实时，可以立即启动应急计划。一般来说，不是所有的风险都需要制订应急计划的，应在风险评估之后，对较大风险或可以分类的风险才制订应急计划，通常包含资金、时间、技术等方面的后备措施。

二、第三方物流风险防控流程

第三方物流风险防控流程一般包括：建立风险防控体系、确定要控制的风险事件、落实风险控制的责任人、实施和跟踪风险的控制、确定风险是否消除、风险控制效果的评价与改进等环节，如图 7-5 所示。

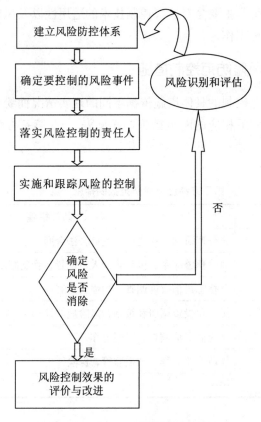

图7‐5　第三方物流风险防控流程

（1）建立风险防控体系。在实施第三方物流风险控制之前，要根据风险识别和风险评估制定出风险防控体系，从而使风险控制更加程序化。风险控制目标、风险控制流程、风险信息报告制度、风险控制决策制度、风险控制的计划和方案等要素组成了风险防制体系。

（2）确定要控制的风险事件。在第三方物流经营中，不是所有的风险都要加以控制。通常根据风险事件发生的概率、风险后果的严重性以及风险控制的资源来确定要控制的风险事件。

（3）落实风险控制的责任人。需要实施的风险控制应该落到具体的负责人身上，这些人员必须对自己控制的风险承担相关的责任。

（4）实施和跟踪风险的控制。按照第三方物流风险控制目标、计划和安排来实施风险控制，并且根据风险活动的效果反馈控制的信息，进一步指导风险控制方案的具体实施。

（5）确定风险是否消除。根据第三方物流风险控制的目标来确定风险是否消除，如果风险已经消除则风险控制进入风险评价阶段，总结经验以备后用，否则，需要进入新一轮的风险控制。

（6）风险控制效果的评价与改进。第三方物流风险控制效果的评价是对风险控制方案的效果进行科学客观评价，主要是对风险控制技术的适用性以及风险控制收益的分析和评价，以持续改进风险管理工作。

三、第三方物流风险防范控制措施

第三方物流风险防范控制的具体措施依据不同的现实情况而纷繁复杂，本小节根据风险的不同类型简单概括一下相应的防范措施，详见表7-5第三方物流风险防范控制措施一览表。

表7-5 第三方物流风险防范控制措施一览表

风险类型	防控措施
合同风险	充分调研和法律论证、签订合法合同
内部管理风险	风险预警体系、风险管理人员配置、管制制度完善、作业流程规范
金融风险	严格客户信誉度调查、加强费用管理
投资风险	做专业投资调研和策划、风险应对计划
供应商（客户）方面风险	供应商资信调查、联盟合作
业务风险（运输、保管等）	规范作业流程、加强监管、保险
……	……

实训题

某第三方物流公司企业业务风险调查

一、实训目的

通过本章内容的学习，使学生对第三方物流风险管理有一定的认识，熟悉第三方物流风险类型，能够识别、评估和防范第三方物流风险，提出第三方物流风险应对策略方案，将所学知识进一步运用到第三方物流企业风险管理实践中。

二、实训要求

1. 实训时间：两周提交解决方案相关材料。
2. 根据内容合理进行人员分工和任务分配。

三、实训内容

以小组为单位，每个小组3~6人，每组就近选取一个省内第三方物流进行实地调研，对其开展的物流服务项目和具体业务进行实地调查，总结是否面临着潜在风险或已经存在风险，并提出相应的风险应对策略和措施，最终撰写一篇某某物流公司业务风险防控管理预案。实训具体内容包括以下几个方面：

1. 以小组为单位提交风险调查报告。

2. 企业背景材料。

3. 小组总体风险防控预案。

4. 方案的可行性论证、方案持续改进的具体措施。

四、考核办法

1. 根据小组的总体设计情况进行综合评分，给出设计分。

2. 根据各小组成员的任务量和完成量及完成效率进行排名，分别打分。

3. 小组各成员的成绩以综合成绩为准。

习题

一、选择题

1. 风险管理过程中，风险识别和风险评估是两个重要步骤。下列关于这两者的表述中，正确的是（　　）。

A. 风险识别和风险评估都是定性的

B. 风险识别和风险评估都是定量的

C. 风险识别是定性的，风险评估是定量的

D. 风险识别是定量的，风险评估是定性的

2. 第三方物流风险类型包括（　　）。

A. 业务风险　　　　B. 合同风险　　　　C. 投融资风险　　　　D. 社会责任风险

3. 通过改变企业运行计划来消除特定风险事件威胁的风险应对策略是（　　）。

A. 风险接受策略　　　B. 风险减轻策略　　　C. 风险转移策略　　　D. 风险规避策略

二、判断题

1. 第三方物流企业可以完全消除风险。　　　　　　　　　　　　　　（　　）

2. 只要把风险消除了，风险管理就结束了。　　　　　　　　　　　　（　　）

3. 第三方物流企业也会有诸如战略风险、经营管理风险、市场风险等企业都会遇到的风险。　　　　　　　　　　　　　　　　　　　　　　　　　　　　（　　）

4. 第三方物流风险识别与评估是实施第三方物流风险防控的前提。　　（　　）

5. 第三方物流风险的根本原因是第三方物流经营环境的不确定性。　　（　　）

三、简答题

1. 简述第三方物流风险的常见类型。

2. 第三方物流风险有哪些应对策略。

3. 简述第三方物流风险管理的一般程序。

四、案例分析

2014 年 2 月，上海某企业发展有限公司中山分公司委托某物流公司托运蚊香、洗衣机等物品到海南省儋州市。物流公司由于业务繁忙，车辆和人员不够，随后找到邓某并与其签订托运合同。合同约定总运费为 7700 元；邓某对托运的货物承担一切安全责任，如在交货时发现丢失、淋湿、损坏等现象，由邓某照价赔偿给货运公司。同年 4 月 25 日，邓

某雇佣的司机驾驶货车拉着货物，在海南省道美洋线发生交通事故，79 台威力洗衣机均遭损坏。一个月后，邓某和物流公司达成协议，他先交了 5000 元赔偿金（79 台洗衣机预计损失 8 万元，实际损失以厂家发票为准），但随后物流公司向对方索赔共计 9.8 万余元时，遭到邓某拒绝。物流公司把邓某及其挂靠的运输公司告上法庭。

思考题：案例中的物流公司面临哪些风险？在以后的经营中如何应对这些风险？

第八章　第三方物流的信息管理

知识目标

1. 掌握第三方物流信息管理的内涵、特征，理解第三方物流信息管理的重要性；
2. 了解第三方物流信息管理需要的技术基础；
3. 了解第三方物流信息管理系统设计基本知识；
4. 熟知第三方物流企业几个典型的信息管理系统。

能力目标

1. 能够利用物流信息管理系统辅助业务工作；
2. 能够根据掌握的物流信息技术改进企业的信息管理系统；
3. 初步具有优化第三方物流信息系统设计能力。

导入案例

信息化建设成功案例——北京八达物流有限公司

　　成立于1998年的北京八达物流有限公司业务覆盖华东、华南、西南、华中、等全国大中城市，目前业务已形成集长途运输、物流配送、仓储理货、货运代理、包装加工于一体的综合物流企业。公司已建立起完善的管理机制和服务体系，并以优质、安全、快捷的服务回报客户，并随着信息化建设在企业内部的成功实施，得到了社会各界人士的高度评价。但是他们在信息化建设道路上也是摸索前行的。有着多年货运经历的张晓宇总经理深刻认识到物流企业信息化管理的必要性，八达加快了信息化建设的步伐。八达在管理中困难重重，员工工作效率低下，员工劳动强度大，企业内部管理不完善，八达为解决这些管理中的困难，八达开始了第一次企业信息化建设……初次信息化是企业采取"量身定制"的软件进行尝试。

　　但并没有达到预想的效果。仅仅是一个打印单据的工具，信息化所体现出的数据实时共享、全程全网管理优势并没有得到具体体现，无法将异地分支机构很好地管理起来。北京泰阳科技有限公司一直致力于中小企业信息化建设普及工作，两者的联手让八达人尝到了信息化的甜头。

　　实施了泰阳科技为八达设计的物流信息系统，选择符合企业实际业务流程、适合企业自身发展的信息系统才是企业信息化建设的关键所在。企业管理者决策需要企业管理全面详尽的数据分析；实时准确的业务信息；直观权威的统计报表等决策支持，为管理者决定企业今后发展方向提供了可靠的参考依据。八达信息化建设的经历表明，"量身定制"并不是适合企业。规范企业自身管理，真正了解企业需求，通过管理信息系统发现企业自身的不足，将运输行业的共性需求与本企业的个性特点融合起来，选择适合本企业的信息管理系统，中小型运输企业"买得起、用得上"的信息系统才是企业应该真正需要审视的问题。

资料来源：http：//www.eachtrans.com/article/view/16ham0rjq9pu.shtml，作者整理。

第一节　第三方物流信息管理概述

现代物流区别于传统物流最重要的方面就是信息功能。物流、商流、信息流、资金流贯穿在整个商业活动中，彼此关系紧密相连、互相制约。整个物流过程就是一个多环节的复杂系统。合理组织物流活动就要使各个环节相互协调，适时适量调度系统内基本资源，这些都需要信息来沟通。

一、物流信息

1. 物流信息概念

物流信息（Logistics Information）反映物流各种活动内容的知识、资料、图像、数据、文件的总称（《物流术语》GB/T 18354—2001）。物流信息伴随物流活动的进行而产生的。物流活动本身就包含大量物流信息，物流信息的互通互联反过来又使物流活动顺畅运行。我们称物流信息是现代物流的"中枢神经"主要是因为物流信息贯穿于整个物流活动过程中，并通过其自身对整个物流活动进行有效控制。

物流信息包含的内容从狭义和广义两个方面来理解：

（1）狭义上的物流信息就是指与具体物流活动如运输、仓储等相关的信息。货物的运输、仓储、装卸搬运等都需要详尽和准确的信息，物流信息对各项活动起到了保障作用。

（2）广义上的物流信息不仅仅包含物流活动，而且还包含如商品计划预测信息、商品交换信息、服务信息等其他与流通活动有关的信息。

在现代物流活动中，物流信息与其他各类信息相互交叉、相互融合，共同在物流系统和供应链活动中发挥着重要作用，它在第三方物流经营中越发占有重要的地位。

 小链接

商务部：2014年将重点扶持十家左右第三方物流信息化平台

2014年10月22日，商务部流通发展司司长向欣称，商务部将在全国选择十家左右区域性的第三方物流信息平台作为支持对象，使其成为规范化、标准化、易于共享的标杆，商务部将在政策上给予支持和引导。在当周全国商贸物流工作会上，商务部流通发展司司长向欣作总结发言称，"在下一步的工作中，我们准备在全国选择十家左右区域性的第三方物流信息平台作为支持对象，使他们成为规范化、标准化、便于共享的标杆，在更大范围内扩大其辐射面，为其争取有效的政策进行扶持。"向欣称，这是此次会议的一个重要成果，也是汪洋副总理十分重视的一项工作。向欣强调，由于政府运营的平台无法充分利用市场机制，实现可持续发展，在上述平台的发展中政府将起引导作用，平台的主体是带有赢利性的企业。商务部将在政策上给予支持和引导，同时协调其他部门将第三方企业需要的信息资源共享起来。2014 年 6 月国务院通过的《物流业发展中长期规划》中表示，要加强物流行业社会化、信息化建设，鼓励区域间和行业内的物流平台信息共享。

资料来源：http://money.163.com/14/1022/14/A95TUFCB00253B0H.html，作者整理。

2. 物流信息的特征

（1）广泛性。物流信息涉及生产、流通和消费等领域，涉及国民经济各个部门、物流活动各环节等。物流信息源多、信息量大，这也就决定了物流信息的广泛性。

（2）联系性。物流系统包含各类子系统，运输信息、生产信息、仓储信息等的相互关联和相互影响的信息可以使各子系统之间、供应链各环节以及物流内外部系统的相互协调运作，因此，在物流活动中所产生的各种物流信息必然存在十分密切的联系。

（3）多样性。物流信息的广泛性决定了物流信息的多样性。物流信息种类繁多，有流转信息、控制信息、管理信息、作业信息等物流系统内部各个环节的信息；有政策信息、市场信息、区域信息等物流系统外各种不同种类的信息；有根据对信息的处理程度不同，又有原始信息与加工信息等；应根据不同种类的信息进行分类收集和整理。

（4）动态性。物流活动时时都在变化，物流信息的价值衰减速度较快，各种物流作业频繁发生要求物流信息的不断更新。物流信息的动态性主要体现在变化快上。

（5）复杂性。物流信息的复杂性与物流信息广泛性、联系性、多样性和动态性是分不开的。指导物流活动就必须对不同来源、不同种类、不同时间和相互联系的物流信息进行反复研究和处理，才能从中得到有实际应用价值的信息，这个过程是非常复杂的。

3. 物流信息分类

物流信息复杂多样，其分类也有多种角度，详见表 8-1 物流信息分类。

表 8-1　　　　　　　　　　　　　　　物流信息分类

分类角度	具体分类
涉及不同领域	仓储信息、运输信息、加工信息、包装信息、装卸信息
信息环节	输入物流活动的信息和物流活动产生的信息
信息作用层次	基础信息、作业信息、协调控制信息和决策支持信息
信息加工程度	原始信息和加工信息
系统内系统外	系统内信息和系统外信息

（1）按涉及不同功能要素分类。物流信息包括仓储信息、运输信息、加工信息、包装信

息、装卸信息等。如运输信息又可以分成出库信息、车辆路线信息、库存信息、货主信息等。

（2）按产生环节分类。根据信息产生和作用的环节不同，物流信息可分为物流活动产生的信息和输入物流活动的信息。

（3）按作用层次不同分类。物流信息可分为物品基本信息、货位基本信息等物流活动的最初信息源的基础信息；具有较强的动态性的库存信息、到货信息等物流作业过程中发生的作业信息；物流活动中作为调度信息和计划信息的协调控制信息；决策支持信息是指能对物流计划决策、战略具有影响或有关的统计信息或有关的宏观信息，如科技、产品、法律等方面的信息。

（4）按加工程度的不同分类。按加工程度的不同，物流信息可以分为加工信息和原始信息。加工信息是对原始信息的提炼、简化和综合，对原始信息进行各种方式和各个层次处理后的信息，这种信息是利用各种分析工作在海量数据中发现潜在的、有用的信息和知识。原始信息是指未加工的信息和最有权威性的凭证性信息，同时也是信息管理的基础工作。

（5）物流系统内外不同可分为系统内信息和系统外信息。系统内信息包括商品信息、库存信息、运输信息等主要是指伴随物流活动而发生的信息。系统外信息包括供货人信息、客户信息、交通信息、市场信息等，还有来自于企业内部生产、财务等部门与物流活动有关的信息主要是指在物流活动以外发生，但提供给物流活动使用的信息。

4. 对物流信息的要求

（1）物流信息要具备充足可得性和及时性。可得性是指大量分散动态的物流信息在需要的时候能够容易被获得，并且以数字化的适当形式加以表现。及时性要求物流信息必须及时被提供、快速反馈，主要强调物流服务的快速。及时的信息可以减少不确定性，增加决策的客观性和准确性。

（2）物流信息要具有准确性和集成性。依据物流信息中不准确的信息做出的决策带来的风险有时比没有信息支撑的决策风险更大。物流信息中集成的信息价值更大，所涉及的信息需要都需要集成，并使其产生互动，实现资源共享、减少差错、减少重复操作，从而使信息更加准确和深入。

（3）物流要具有适应性和易用性。信息的表示要明确、容易理解和方便应用，针对不同的需求和应用要有不同的表示方式。适应性和能够描述突发或非正常情况的事件，如运输途中的事故、出库货物的异常变更、货损、退货，临时订单补充等，包含适应不同的使用环境、对象和方法。

5. 物流信息作用

物流信息是现代物流的功能要素之一。物流信息在发挥物流系统整体效能上的功能，体现在以下两个方面：

（1）物流信息是物流系统的中枢神经。物流系统是一个有着自身运动规律的有机整体。物流信息成为系统决策的依据，需要经过收集、加工、处理，发挥着对整个物流系统运筹、指挥、协调的作用。信息的准确与及时与否，直接影响着系统的顺畅运行与否。

（2）物流信息是物流系统变革的决定性因素。人类已进入信息时代。信息技术的发展影响到生产、生活的方方面面，甚至在改变着人类生产生活的秩序。物流信息化程度是决定物流系统变革的决定性因素，也是第三方物流企业能否满足企业物流需求发展需要，在激烈的物流市场竞争中取得成败的关键。

二、物流信息管理

1. 物流信息管理概念

物流信息管理是指企业有效地运用人力、物力和财力等基本要素以为达到物流管理的总体目标的活动，对物流信息搜集处理、检索挖掘、交流和提供服务的过程，发挥着运用计划、组织、指挥、协调、控制等基本职能。物流信息管理的对象是物流信息，为达到物流供应链各环节协调一致，减少冗余和错误信息，辅助决策支持，物流信息能够共享和互动，进而提高物流供应链竞争力的目的，围绕物流信息对物流信息资源进行统一规划和组织，并进行对其收集加工、存储检索、交换传递、共享应用的全过程进行合理控制。物流信息管理不是静止的概念，相反，它是动态的发展的概念，随着物流实践的深化和物流管理的发展，物流信息管理的内涵和外延在不断地发展。早期的物流信息管理主要是依托人工方式进行的，可以说谈不上是信息管理，只是简单的人工记录原始物流信息。计算机的出现以及伴随着信息技术的发展，物流信息管理产生了革命性的变化。也就是出现了基于信息技术的物流信息管理系统。利用计算机技术和通信技术发展起来的物流信息系统对物流信息进行收集整理、加工存储、交换共享等工作的人机系统。最初主要应用于销售管理、采购、生产管理的企业信息处理，在 20 世纪 60 年代后半期以来发生了改变。因为市场竞争更加激烈、销售渠道越来越广泛、流通成本的降低更加必要，这些都要求物流信息管理更加深入和高效率。物流系统化发展的背景下，物流信息处理体系也逐步与之相适应和完善。计算机和通信系统的利用，使物流信息系统达到了处理大量的信息、迅速的进行远距离信息交换，并且对商流、会计处理、经营管理也起着非常重要的作用，同时显著地提高了物流信息的处理能力。

2. 物流信息管理的内容

物流信息管理的内容具体主要包括信息政策的制定、信息管理规划、信息收集处理、信息共享应用。

（1）信息政策的制定。

信息政策的制定是实现物流信息管理的基础工作内容。物流信息要能在不同国别、不同区域、不同企业、不同部门间相互识别和共享利用，实现物流供应链信息的通畅传递与共享，必须确定一系列共同遵守和认同的物流信息规则或规范，这也就是物流信息政策制定的工作内容，主要包括如信息传递的协议、信息安全的标准、信息的格式与精度、信息共享的规则、信息存储的要求等。

（2）信息管理规划。

为了确定信息管理工作的目标与方向，保证信息管理工作有条不紊地进行。企业相关部门从企业或行业的战略高度出发，对信息资源的管理开发、利用进行较长远发展的计划，并根据实际情况制订出不同阶段的可行任务，指导数据库系统的建立和信息系统的开发。

（3）信息收集、处理。

物流信息的收集和处理是物流信息管理的日常工作，也就是通过利用各种手段、通过各种渠道进行物流信息的采集，然后再根据企业对物流信息的需求，对收集到的信息进行筛选分类、加工及储存等基本活动处理，进而得到使用者所需要的信息。

整个物流信息管理工作中工作量最大、最耗费时间和人力精力的环节也正是信息的收集工作。在物流信息需求分析和合理选择信息源的基础上，保证收集工作的系统性和联系性。物流信息处理通常包括信息编目或编码、信息的分类及汇总、信息储存、信息更新、数据挖掘等内容。

（4）信息共享应用。

物流信息共享应用是物流信息管理重要的内容，也是对物流信息更高层级的应用。物流信息管理的最终极目的就是对信息的应用。物流信息共享应用主要内容有物流信息发布、信息技术服务、信息交换服务、信息咨询服务等。尤其在供应链管理模式下，物流信息的共享更为重要。

 小知识

物流信息的处理是物流信息管理的重要内容，物流信息处理过程如图8-1所示：物流信息收集把散落在各个信息源的物流信息准确识读和输入计算机系统；物流信息存储是指利用计算机硬盘设备或外部设备的储存介质，将收集来的信息，以数据文件的形式储存的过程；物流信息加工是指利用物流信息系统和数据挖掘工具对原始物流信息进行深度探索和解析，以得到隐含性的信息的过程；物流信息提取则是企业用户或个人用户通过某个信息平台或某种设备工具，从数据库中浏览、查询或抽取信息的过程；物流信息处理完成后，就应该按惯例工作的要求以各种形式将信息提供给有关单位和人员。在第三方物流企业中，各种计划、统计报表、技术文件、统计分析图等都是输出信息的形式。物流信息标准化是物流信息处理的基础工作，一般具体有物流信息分类编码标准、物流信息传输交换标准、物流信息采集标准、物流信息存储标准、安全标准等内容。

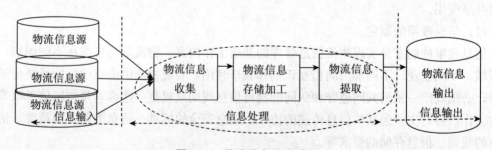

图8-1　物流信息处理过程

三、物流信息管理系统

1.物流信息管理系统的概念

物流信息系统是人机交互系统，由人员、设备和程序组成的。发挥着为物流管理者执行信息管理计划、实施、控制等职能，它与物流作业系统一样都是物流系统的子系统。第三方物流信息管理系统是指第三方物流企业为了实现其经营目标，并为企业提供信息分析服务和决策支持，对于其与物流服务有关信息的收集、加工处理、存储和传递过程进行有效控制和管理的人机系统。

物流信息管理系统，实际上是信息网络和物流管理软件结合的产物，小到一个具体的物流管理软件，大到利用覆盖全球的互联网将所有相关的合作伙伴、供应链成员连接在一起提供物流信息服务的系统，其实都是物流信息管理系统。

2. 物流信息管理系统的特征

物流信息系统是企业物流管理系统的一个子系统，因此它与企业其他的管理信息系统在本质上没有太大的区别，都具有集成模块化、网络智能化的特征。但除此之外因为物流活动本身具有的时空上的特点决定了物流信息系统具有自身独有的特征：

（1）跨地域联结。物流需求者、物流提供者在物流活动中一般不在同一场所，是跨地域的。如处理订货信息的营业部门和承担货物出库的仓库一般在地理上是分离的，发货人和收货人不在同一个区域等，这种在场所上相分离的企业或人之间的信息传送需要借助于数据通讯手段来完成。在传统的物流系统中，信息需要使用信函、电话、传真等传统手段实现传递，随着信息技术进步，利用现代电子数据交换技术可以实现异地间数据的实时、无缝的传递和处理。

（2）跨企业联结。物流信息系统可以将这些企业内外的相关信息实现资源共享。物流信息系统涉及的企业内部信息涵盖生产、销售、运输、售后等部门，外部信息涉及供应商、业务委托企业、销售客户等交易对象，以及在物流活动上发生业务关系的仓储企业、运输企业和货代企业等众多的独立企业。

（3）信息的及时处理和实时传送。物流信息的及时处理要求信息系统快速地将搜集到的大量形式各异的信息进行分类查询、计算、储存，使之有序化、系统化、规范化，成为能综合反映某一特征的真实、可靠、适用而有使用价值的信息；物流信息的实时传送是指只有实时的信息传递，使信息系统和作业系统紧密结合，物流现场作业从物流信息系统获取信息，用以指导作业活动，克服传统借助打印的纸质载体信息作业的低效作业模式。

3. 物流信息管理系统的功能

为物流管理者及其他组织织管理人员提供战略、战术及运作决策支持等主要功能，提高物流运作的效率与效益的物流信息管理系统是由人员、计算机硬件、软件、网络通信设备等设备组成的，能够实现对物流信息的收集存储、传输、加工整理、维护和输出。物流信息系统是物流系统的神经中枢，它作为整个物流系统的指挥和控制系统。通常，可以将其基本功能归纳为以下几个方面：物流信息输入、物流信息存储、物流信息加工处理、物流信息传递、物流信息输出等；从管理层面来看，物流信息管理系统为物流基层业务作业如仓储管理、订单管理、运输管理、账务管理报表管理、客户关系管理等提供信息支持；为物流管理者提供流程控制信息和决策支持信息。

小链接

我国第三方物流信息化现状

据有关调查表明，我国第三方物流企业信息化系统功能不够完善，总体来说物流信息化程度低。多数物流企业仍然使用比较低效率的人工处理信息作业方式。如有信息系统39%、无信息系统69%；物流企业的信息系统应用数据是，仓储工作管理38%、库存管理31%、运输管理27%、财务管理38%、其他30%，涉及物流企业运营的很多环节，物流企业对信息化发展的需求呈现多样化的特点。企业的信息系统主要发挥包括业务管理、远程通信功能、查询功能等基础功能。物流企业的信息系统存在功能简单、决策分析等高级功能没有实现，功能层次低等问题。多数企业的物流信息系统只有简单充当记录员、打印机等基本管理功能，决策、分析、互动等高级功能基本没有。

资料来源：http：//baike. baidu. com/link？url＝O14uRuB2CbxF4iROGwV5gT4bLS60AWzIRt5LN1mTd460VM2I7czBPxcxW2cq4ACg7Uv1XU6dvyamow6yPKacj，作者整理。

第二节　物流信息管理系统的技术基础及应用

物流信息管理系统的建设与应用离不开物流信息技术的发展，物流信息技术是现代信息技术在物流行业各个作业环节中的综合应用，是现代物流区别于传统物流的根本标志，也是体现现代物流发展水平的重要标志。本章简要介绍一下物流信息管理系统相关的物流信息技术。

一、计算机网络技术

1. 计算机技术

计算机技术泛指计算机领域中所运用的技术方法和技术手段，近些年发展飞快。计算机技术与电子工程、机械工程、应用物理、现代通信技术以及数学等紧密结合，具有明显的综合特性。计算机技术主要包含计算机系统技术、计算机部件技术、计算机器件技术等几个方面。

尤其是计算机技术与网络技术结合产生的计算机网络技术，大大扩大了其应用领域。网络结点、资源管理和任务调度工具、宽带网络系统、应用层的可视化工具等是网络的关键技术。通常情况下计算机网络可以实现以下主要功能：一是资源共享，随时随地传递信息，信息共享在网络背景下变得非常简单，对交流的双方而言在网络环境下时空已不是障碍；二是信息传输与集中处理，服务器在信息通过网络传递过程中发挥着重要作用，因为服务器有强大的信息集中处理能力；三是综合信息服务，即在一套系统上提供集成的信息服务，包括来自政治、经济、等各方面资源，甚至同时还提供如图像、语音、动画等多媒体信息，多维化是网络发展的主要趋势；四是负载均衡与分布处理，负载均衡同样是网络的一大特长。在多维化发展的趋势下，网上交易、视频点播、联机会议（视频会议）、远程登录、新闻组、信息查询等许多网络应用的新形式不断涌现。

 小知识

世界上第一台计算机的诞生

1946 年 2 月 14 日，在美国宾夕法尼亚大学诞生了世界上第一台电脑 ENIAC。世界上第一台电子计算机其实是个庞然大物，它重 27 吨，占地 150 平方米，肚子里装有 18800 只电子管。第二次世界大战期间，美国军方为了更快速准确计算炮弹弹道，结果有宾州大学莫奇来（Mauchly）博士和他的学生爱克特（Eckert）设计出了以真空管取代继电器的"电子化"电脑——ENIAC（Electronic Numerical Integrator and Calculator），又称电子数字积分器与计算器，见图 8-2 Mauchly 博士和他的学生 Eckert 和图 8-3 第一台计算机。

在第二次世界大战中，飞机和火炮被大量用来猛烈轰炸对方的军事目标。要想打得准，必须精确计算并绘制出"射击图表"。经查表确定炮口的角度，才能使射出去的炮弹正中飞行目标。但是，每一个数都要做几千次的四则运算才能得出来，十几个人用手摇机械计算机算几个月，才能完成一份"图表"。针对这种情况，人们开始研究把电子管作为"电子开关"来提高计算机的运算速度。美国宾夕法尼亚大学电工系由莫利奇和艾克特领导，为美国陆军军械部阿伯丁弹道研究实验室研制了终于制成了世界上第一台电子计算机，它的计算速度快，每秒可从事 5000 次的加法运算，运作了九年之久。但是这台计算机却异常耗电，据传 ENIAC 每次开机的时候，整个费城西区的电灯都为之黯然失色，受到很大的影响。同时，真空管的损耗率也相当高，几乎每 15min 就可能烧掉一支真空管，这就需要操作人员花 15min 以上的时间找出坏掉的管子，非常不方便使用，其实也没很大的使用价值。曾有人调侃道：只要那部机器可以连续运转五天，而没有一只真空管烧掉，发明人就要拍手称庆了。

图 8-2　Mauchly 博士（左）和他的学生 Eckert（右）

图 8-3 第一台计算机

2. 网络技术

网络技术是把互联网上分散的资源融为有机整体，实现资源的全面共享和有机协作，使人们能够透明地使用资源并按需获取信息。我国网络技术是从 20 世纪 90 年代中期发展起来的。

小链接

在科学研究中，经常碰到"种瓜得豆"的事情，Internet 的出现也正是如此：互联网的原型是 1969 年美国国防部远景研究规划局（Advanced Research Projects Agency）为军事实验而建立的网络。原名为 ARPANET，初期只有四台主机，当网络中的一部分因战争原因遭到破坏时，其余部分仍能正常运行是其设计的目标。异构网络的 TCP/IP 协议于 20 世纪 80 年代初期由 ARPA 和美国国防部通信局研制成功并投入使用。1986 年在美国国会科学基金会（National Science Foundation）的支持下，用高速通信线路把分布在各地的一些超级计算机连接起来，以 NFSNET 接替 ARPANET；进而又经过十几年的发展形成 Internet。

我国是在 20 世纪 90 年代初，作为第 71 个国家级网加入 Internet 的国家，通过中国公用互联网络（CHINANET）或中国教育科研计算机网（CERNET）都可与 Internet 联通。只要有一台微机，一部调制解调器和一部国内直拨电话就能够很方便地享受到 Internet 的资源；这是 Internet 逐步进入普通人家的原因之一；原因之二，友好的用户界面、丰富的信息资源、贴近生活的人情化感受使非专业的家庭用户既做到应用自如，又能大饱眼福，甚至利用它为自己的工作、学习、生活锦上添花，真正做到"足不出户，可成就天下事"。

资料来源：http：//baike. baidu. com/link? url＝JCSEwc－vmdbdOSx1dZ1d9PxOW6xuZ1－m1IirMZiewEo7jCw6AZiFkHavWYw34KgOrSGco4HdNT39lfqVzdPoQq，作者整理。

3. 数据库技术

数据库技术产生于 20 世纪 60 年代末 70 年代初，其主要目的是有效地管理和存取大量的数据资源。作为信息系统的一个核心技术的数据库技术是一种计算机辅助管理数据的方法，它主要研究如何组织和存储数据，如何高效地获取和处理数据。数据库技术是通过研究数据库的结构、存储、设计、管理以及应用的基本理论和实现方法，并利用这些理论来实现对数据库中的数据进行处理、分析和理解的技术，数据库技术是研究、管理和应用数据库的一门软件科学。近些年来，数据库技术和计算机网络技术发展很快，并且相互渗透，相互促进，已成为发展迅速、应用广泛的两大技术领域。数据库技术除了日常事务的处理，并且进一步应用到情报检索、专家系统、人工智能、计算机辅助设计等领域。

数据是数据库技术研究和管理的对象。按照指定的结构建立相应的数据库和数据仓库，对数据的统一组织和管理；对数据仓库中的数据进行添加、修改、删除、处理等处理；利用数据库管理系统和数据挖掘系统设计、分析、报表和打印等多种功能的数据管理和数据挖掘应用系统；并利用应用管理系统最终实现对数据的处理、分析和理解等是数据库技术所涉及的具体内容。

 小链接

数据管理技术的发展历程

人们对数据的管理一直在探索之中。截至目前，数据管理技术的发展大致经过了三个阶段：人工管理阶段；文件系统阶段；数据库系统阶段。

（1）人工管理阶段。20世纪50年代是一个时间节点，在此之前，计算机没有产生，数据收集、处理工作主要是基于人工来做的，效率低小、误差率高。早期的计算机功能如其名字所示，主要用于数值计算。当时的硬件主要有外存，只有纸带、卡片、磁带，没有直接存取设备。当时还未形成软件的整体概念，没有相关的软件，没有操作系统以及管理数据的软件；处理数据量小，数据无结构，由用户直接管理，且数据间缺乏逻辑组织，数据依赖于特定的应用程序，缺乏独立性。

（2）文件系统阶段。20世纪50年代后期到60年代中期，在磁鼓、磁盘等数据存储设备产生的基础上新的数据处理系统迅速发展起来。文件系统的基本概念逐步间建立并应用，文件系统实现了记录数据的结构化即给出了记录各种数据及数据间的关系。具体来说计算机把数据组织成相互独立的数据文件处理系统，对文件中的记录进行存取，可以按照文件的名称对其进行访问，并可以实现对文件的修改、插入和删除。记录数据的结构化并不意味着文件是有结构的。所以此时的文件从整体来看仍然是无结构的。其数据面向特定的应用程序，数据共享性、独立性差，且冗余度大，管理和维护的代价也很大。

（3）数据库系统阶段。20世纪60年代后期，出现了数据库这样的数据管理技术。数据库管理技术的特点是面向数据库即全组织，具有整体的结构性。信息共享性高、冗余度小、具有一定的程序与数据间的独立性，并且实现了对数据进行统一的控制。数据不再只针对某一特定应用。

资料来源：http://baike.baidu.com/link? url＝7jgINHdjoHKQDkH41wAvsklFLjVjciaSFSNQ0TycmiKWE8qbUUijycdjtW7lmO2gmHJdw8－w20E4vWjlQIkI3_，作者整理。

信息系统开发和数据分析与展示是数据库技术应用的两个发展方向。

一是信息系统开发解决的是业务数据的输入和管理问题。结合具体的编程语言，利用数据库技术以及互联网技术，可以开发一个信息系统。在信息系统开发中，主要利用的是 RDBMS 的基本功能，即数据定义功能、数据操纵功能、数据查询功能以及数据控制功能。

二是数据分析与展示解决的是业务数据的综合利用问题。利用 RDBMS 的数据查询功能对数据库中的数据进行关联组合或逐级汇总分析，并以表格、图形或报表形式将分析结果进行展示。

二、数据自动采集技术

目前，数据自动采集技术应用广泛的主要有条码技术和无线射频技术，下面将分别介绍。

（一）条码技术及在物流领域应用

1. 条码技术概述

在计算机和信息技术基础上产生和发展起来的条码技术是一种新兴信息技术，集编码、识别、数据采集、自动录入和快速处理等功能于一体。它是实现计算机管理和电子数据交换不可少的前端采集技术。具体包括条码的编码技术、条码标识符号的设计、快速识别技术和计算机管理技术。条码技术具有实时生成方便灵活、成本低廉、操作简单、技术成熟等优势，广泛应用于各行各业，极大地提高了生产效率，并且迅速地改变着人们的工作方式和生产作业管理。条码技术在现代化物流业中的运用最为广泛、高效。

条码是由一组规则排列的条、空以及对应的字符组成的标记，"条"指对光线反射率较低的部分，"空"指对光线反射率较高的部分，这些条和空组成的数据表达一定的信息（见图 8-4），并能够用特定的设备识读，转换成与计算机兼容的二进制和十进制信息。

图 8-4　条码

目前条码按码制不同分为一维条码和二维条码，二维条码除了具有一维条码的优点外，还具有信息量大、可靠性高、保密防伪性强等优点。条码的分类及具体应用如表 8-2 所示。

表8-2		条码的分类及具体应用一览表
条码类型		具体应用
一维条码	UPC 码	美国率先在商业系统中广泛应用
	EAN 码	国际物品编码协会在全球推广应用的商品条码
	128 码	物流领域应用最广的储运单元条码
	交叉 25 码	应用于包装、运输、国际航空机票顺序编号
	库德巴码码	应用于血库、图书馆、包裹等跟踪管理
	39 码	应用在工业、药物、政府等领域
二维条码	PDF417 码	泛应用在证件管理、海关报关单、长途货运单、税务报表、保险登记表、火车票、汽车销售及售后服务、安全保密、资料备援、追踪应用等方面
	Code49 码	
	MaxiCode	

 小知识

条码的识读设备

条码识读设备指的是用来读取条码信息的设备。条码识读设备使用简单，与计算机接上后可直接使用，如同键盘一样，一般不需要驱动程序。条码扫描设备根据原理不同可分为光笔、CCD 和激光三类，在形式上有手持式和固定式两种。一般需要使用驱动的那些识读设备，需要和电脑直接连接然后在电脑中运行相关的驱动，便可进行条码的读取。

一维条码扫描器有光笔、CCD、激光三种：光笔扫描器在读取信息时需要手持光笔并移动光笔，并且光笔笔尖部分需要与条码直接接触，是最原始最早的扫描方式；可以实现在一定范围内，不必直接接触而自动扫描，读取率较高的 CCD 扫描器是以 CCD 作为光电转换器，LED 作为发光光源的扫描器。CCD 可识读性较高，可以阅读各种材料、不平表面上的条码，成本也较为低廉。常见的有手持式枪型条码扫描器、台式条码自动扫描器等；但是与激光式相比，扫描距离较短；激光扫描器是以激光作为发光源的扫描器，有线型、全角度等几种，常见的是手持式扫描器，一般扫描范围远，准确性高。全角度多为卧式，自动化程度高，在各种方向上都可以自动读取条码。

二维条码的阅读设备主要有线性 CCD 和线性图像式阅读器、带光栅的激光阅读器、图像式阅读器（Image Reader），他们的阅读原理有所不同。

（1）线性 CCD 和线性图像式阅读器（Linear Imager）。线性 CCD 和线性图像式阅读器对一维条码和线性堆叠式二维码均可识读。在阅读二维码时需要沿条码的垂直方向扫过整个条码，我们称为"扫动式阅读"。这类产品比较便宜，普及率较高。

（2）带光栅的激光阅读器。带光栅的激光阅读器可阅读一维条码和线性堆叠式二维码。阅读二维码时将光线对准条码，由光栅元件完成垂直扫描，不需要手工扫动，读取率较高。

（3）图像式阅读器（Image Reader）。采用面阵 CCD 摄像方式将条码图像摄取后进行分析和解码，阅读范围广，一维条码和所有类型的二维条码均可识读。

资料来源：http：//www. medialab. pku. edu. cn/groups/7d880/wiki/bb6eb/，作者整理。

2. 条码技术在物流领域的应用

条码技术是实现 POS 系统、EDI、电子商务、供应链管理的技术基础，是物流管理现代化的重要技术手段。条码技术是物流信息由手工处理到数字化、自动化的桥梁，可以说没有条码技术就无法建立真正的物流信息系统。因此，条码技术是物流信息系统的关键技术。具体来看，作为物流信息管理工具的条码技术，其应用主要集中在以下物流环节。

（1）物料管理。条码技术在物料管理环节应用广泛，而且效果显著。通过将物料编码，并且打印并黏贴条码标签，便于物料跟踪管理的同时，也有助于做到合理的物料库存准备，提高生产效率，便于企业资金的合理运用。

（2）生产线物流管理。条码生产线物流管理是产品条码应用的基础。利用条码技术建立产品识别码，在生产中应用产品识别码监控生产，采集生产测试数据，并采集生产质量检查数据，进行产品完工检查，建立产品识别码和产品档案，进而有序地安排生产计划，监控生产及流向，提高产品下线合格率。所以说条码技术在生产线物流管理中应用广泛。

（3）分拣运输管理。铁路运输、邮政通信、航空运输等许多行业都需要及时准确的货物分拣、搬运。大批量的货物需要在很短的时间内分拣并准确无误地装到指定的车厢或航班；一个拥有生产上百个品种产品的生产厂家需要将其分门别类，以送到不同的目的地，必须扩大场地，增加人员，即便这样，人工错误还是难以避免。应用物流标识技术，使包裹或产品自动分拣到不同的运输机上是解决这些问题的有效办法。我们所要做的只是在每个分拣点装一台条码扫描器，将预先打印好的条码标签贴在发送的物品上。

（4）仓储保管。在仓储信息系统中，条码技术广泛应用于入库、在库、出库、盘点等作业环节。需要时经过扫描，计算机对信息进行处理后，更有利于对商品的采购、保管和出入库管理。

（5）货物通道。和机场的通道一样，货物通道位置安装了一组扫描器装置。这些装置能够从上下、左右等全方位方向上识读条码，并且这些扫描器可以识读任意方向、任意面上的条码，包裹的大小、运输机的速度等不影响识读。无论包裹之间的距离有多小，所有固定式的扫描器一起工作，决定当前哪些条码需要识读，然后把信息传送给主计算机或控制系统。

🧊 小知识

我国对条码技术的研究始于 20 世纪 80 年代中期。首先是一些高等院校、国家科研部门以及一些出口企业对条码技术进行研究和推广应用。比如图书馆、邮电、物资管理部门和外贸部门等行业和部门率先使用条码技术，大大提高了他们的工作效率，取得了不错的效果。

中国物品编码中心于 1991 年 4 月 9 日正式加入了国际物品编码协会，国际物品编码协会分配给中国的商品前缀码为"690—695"。很多企业也积极参与条码技术的普及工作，获得了条码标记的使用权，为中国商品进入国际市场奠定了基础，企业也获得了客观的经济效益。

条码技术广泛应用于商业流通、邮政、图书管理、工业生产过程控制、交通等领域，它是在计算机应用中产生并发展起来的，具有输入快、准确度高、成本低、可靠性强等优点。

资料来源：http://www.3737580.com/rc/84/8284/20141124050145，作者整理。

（二）无线射频技术（RFID）及在物流领域应用

1. 无线射频技术（RFID）概述

20世纪90年代产生了无线射频技术（Radio Frequency Identification，RFID），它是一种非接触式的自动识别技术。射频技术相对于条码技术具有非接触、阅读速度快、无磨损、不受环境影响、寿命长等特点。

阅读器（Reader）、电子标签（TAG，应答器）及应用软件系统三个部分组成一套完整的RFID系统。RFID技术的基本工作原理很简单：标签进入磁场后，接收解读器发出的射频信号，或者主动发送某一频率的信号，凭借感应电流所获得的能量发送出存储在芯片中的产品信息；解读器读取信息并解码后，送至中央信息系统进行有关数据处理；中央信息系统根据逻辑运算判断该卡的合法性，针对不同的设定做出相应的处理和控制，发出指令信号控制执行机构动作。无线射频技术在阅读器和电子标签之间进行非接触双向数据传输，以达到目标识别和数据交换的目的，如图8-5RFID技术基本工作原理模拟图所示。

小链接

与传统条码识别技术相比，RFID有以下优势：

（1）快速扫描。条码在信息读取时只能一对一进行扫描，而且需要近距离接触才达到扫描效果；而RFID辨识器可同时辨识读取在一定区域内的数个RFID标签。读取效率大大提高。

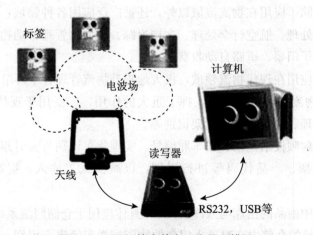

图8-5　RFID技术基本工作原理模拟

（2）RFID 标签在体积形状方面更加小型化、多样化。随着 RFID 技术的发展，RFID 标签在向着小型化与多样的趋势发展，以更加适用于不同产品的需求。而且 RFID 在读取上并不受尺寸大小与形状限制，对纸张的固定尺寸和印刷品质没有特殊的要求。

（3）抗污染能力和耐受性好。普通条码的载体是纸质材质，附于商品包装上或外包装纸箱上，因此容易受到污染，且对水、油污等物质耐受性差，一般一次性使用就报废了。而 RFID 电子标签是将数据存在芯片中，因此可以免受直接的污损，标签对水、油和化学药品等物质具有很强的抵抗性。因此，RFID 电子标签使用时间更长，且可以长期使用。

（4）可重复使用率高。印刷在纸质材质上的普通条码信息不能改变，因为印刷上去之后就无法重新印刷信息。RFID 标签则大不一样，不仅可以根据需要新增、修改、删除 RFID 卷标内储存的数据，方便信息的更新，而且电子标签可以重复使用。

（5）可以实现非接触式阅读信息。RFID 能够穿透纸张、木材和塑料等非金属或非透明的材质，在电子标签被覆盖的情况下能够进行穿透性通信，实现长达几米或几十米距离的扫描读取信息。而条码识读器必须近距离甚至要直接接触并且无障碍物阻挡的情况下扫描信息，实现辨读条码信息，读取效率低下。

（6）数据的内存容量大。一维条码的容量是 50Bytes，二维条码最大的容量可储存 2～3000 字符，信息存储量较小。而 RFID 最大的容量则有数单位是 Megabytes。未来物品所需携带的信息量会越来越大，对卷标所能扩充容量的需求也会相应增加。并且随着 RFID 记忆载体的发展，数据容量还有不断扩大的趋势。

（7）安全性高。电子式信息的 RFID 信息，对数据内容可以增加密码保护、加密处理等安全技术处理，所携带的内容不易被伪造、更改或篡改。交传统条码的安全性大大提高。

资料来源：http：//wenku. baidu. com/link? url=7PhpwY9ax3S6swJPCSG5sXH6N4m1aZ8asz8RB9lTnWQmtL3axrrEtdtCdGgbqVxgqyC5RgnuT1NuYLglo076aPUr13UIPgaxTClloySOTnO.

2. 无线射频技术在物流领域应用

无线射频技术除了应用在物流流域以外，还被广泛应用各种领域：生产制造和装配领域、邮件快运包裹处理、航空行李处理、文档追踪、图书馆管理、动物身份标识、运动计时、门禁控制、电子门票、道路自动收费等。

射频识别技术应用在现代物流领域，极大地提升物流管理各个环节的智能化水平和服务水平。RFID 在物流的诸多环节上发挥了重大的作用，广泛用于现代物流的仓储管理、物料跟踪、运输管理、运载工具和货架识别等。

铁路系统采用射频技术记录货车车厢编号、实现货车识别与实时跟踪；还可用于对客户的产品清单、发票、产品代码等进行识别，以减少人工输入，提高管理效率。具体如下。

（1）仓储管理中商品的出库与入库。RFID 具体应用于仓储门禁系统，主要过程如下：装有 RFID 门禁系统的仓储中心对进入门禁的物资配送车辆进行识别。在车辆入库时，门禁系统的阅读器读取到射频标签信息，并在仓储中心系统中显示此时车队所载物资为空。

当车辆装载完货物以后离开发货仓库时再次通过门禁时，通过阅读器再次读取信息，物流系统将出库物资信息写入到系统数据库中并上报给物资配送中心，这样就是说射频标签承载了其所运物资的相关信息，实现了自动完成物资出库，此时配送物资的车辆和物资进入在途运输状态。配送车辆到达收货仓库时通过门禁，阅读器读取到射频标签中的信息后传输给仓储中心系统，系统即显示待入库物资的相关信息并写入数据库，自动完成物资入库，并上报给物资配送中心，通知物流配送中心配送任务已经完成。

（2）RFID 可以用于物流运输的跟踪。利用射频技术可准确、迅速地完成配送任务并实现对在途物资的跟踪。在运输管理中，对需要监管的对象如重要货物和车辆等可以通过贴上 RFID 标签，完成物流运输的跟踪控制。RFID 系统接收装置收到 RFID 电子标签信息后，连同接收地的位置信息上传至通信卫星，再由卫星传送给运输调度中心，送入数据库中。在物资运输期间，物资配送中心根据发/收物仓储中心上报的数据可知在途物资的名称、品种和数量等信息，达到在途物资的可见性。

（3）仓储管理中的存储与库存盘点。仓储管理中的存储与库存盘点是常规性工作，费时费力。若采取 RFID 射频技术，对货物实现与库存盘点，能够实现自动化的商品的登记、存货和取货等操作。如果将供应计划系统与射频识别技术相结合应用在仓储管理中，则能够保证作业的准确性和快捷性的前提下，高效地完成各种操作，提高物流服务质量。对减少物流中由于偷窃、损害、出货错误等造成的损耗，实现快速供货并最大限度地减少储存成本也有突出贡献。

（4）物流配送环节应用射频技术可大大提高配送效率。具体运作是首先对中央配送中心所有商品都贴上 RFID 标签，这样货物就可以实现在进入中央配送中心被识别。当商品进入配送中心时，通过一个门式阅读器可以读取托盘上所有货箱上的电子标签信息内容，并通过发送系统将这些信息发送至物流配送信息系统，实现与发货记录进行核对，以判断是否有错误。然后将 RFID 标签更新为最新的商品存放地点和状态等信息。这样就确保了精确的库存控制。在物流的配送环节，采用射频技术能大大加快配送的速度、提高拣选、分发过程的效率与准确率，同时在人工费用、配送成本方面大大降低。RFID 技术可以实现合理的产品库存控制和智能物流技术。

 小链接

数据自动采集技术未来发展趋势

数据自动采集技术未来发展趋势表现在以下三个方面：

首先，物流信息技术发展的突破点将发生在物流动态信息采集技术上。能否及时掌握货物的动态信息在全球供应链管理趋势下已成为企业赢利的关键因素。物流动态信息采集技术是物流信息技术发展的瓶颈，与现代物流发展的需求相去甚远。借助新的科技手段，完善物流动态信息采集技术，成为物流领域下一个技术突破点。

其次，RFID 将成为未来物流领域的关键技术。RFID 技术应用于物流行业，大大提高物流管理与运作效率，降低物流成本方面也功不可没，这得到了业界专家的一致认可。

RFID 在未来几年内相关技术会不断完善和成熟，使 RFID 产业将成为一个新兴的高技术产业群，成为国民经济新的增长点。

最后，物流信息自动采集安全技术将日益被重视。物流信息技术与网络技术密不可分，给物流管理带来很大好处，但例如网络黑客无孔不入地恶意攻击、病毒的肆虐、信息的泄密等安全问题逐步凸显出来。应用安全防范技术，保障企业的物流信息系统或平台安全、稳定地运行，是信息自动采集技术领域又要解决的一个课题。

资料来源：中国物流设备网。

三、空间数据管理技术

（一）全球定位系统（GPS）

1. 全球定位系统（GPS）概述

全球定位系统（Global Positioning System，GPS）是指利用卫星在全球范围内实时进行定位、导航的系统，简称 GPS 定位系统。由空间部分、地面控制部分、用户部分三部分构成。GPS 定位系统的空间部分是由 24 颗 GPS 工作卫星所组成，其中 21 颗为可用于导航的卫星，3 颗为活动的备用卫星。这 24 颗卫星分布在 6 个倾角为 55°的轨道上绕地球运行。卫星的运行周期约为 12 恒星时。每颗 GPS 工作卫星都发出用于导航定位的信号。GPS 用户正是利用这些信号来进行工作的。GPS 定位系统的控制部分由监测站、主控制站、地面天线所组成，主控制站位于美国科罗拉多州春田市；地面控制站负责收集由卫星传回之讯息，并计算卫星星历、相对距离，大气校正等数据；主控站的作用是除了对卫星进行控制，当工作卫星出现故障时，调度备用卫星，替代失效的工作卫星工作，向卫星发布指令，还可以根据各监控站对 GPS 的观测数据，计算出卫星的星历和卫星钟的改正参数等，并将这些数据通过注入站注入卫星中去；GPS 定位系统的用户部分由 GPS 接收机、数据处理软件及相应的用户设备如计算机气象仪器等所组成。它的作用是接收 GPS 卫星所发出的信号，利用这些信号进行导航定位等工作。

小链接

1964 年投入使用的 GPS 定位系统是美国第二代卫星导航系统，起始于 1958 年美国军方的一个项目，主要目的是在陆海空三大领域范围内提供实时、全天候和全球性的导航服务，也可以用于情报搜集、核爆监测和应急通讯等一些军事目的。GPS 定位系统耗资 300 亿美元，历经 20 余年的研究实验，于 1994 年实现全球覆盖率高达 98％的 24 颗 GPS 卫星星座已布设完成。

资料来源：http://baike.baidu.com/link?url=aIKV1fKwPwaMaYYtO7635o2l5IZGtTgmCkyQtVp1VrV_g1ByZLawq_ZsPN59qwxzxQDM76n-VO6caFuDwYwKf_#2，作者整理。

2. 全球定位系统（GPS）在物流领域的应用

全球定位系统（GPS）在物流领域的应用具体表现在汽车导航和交通管理中的应用。主要用于车辆定位、跟踪调度；铁路列车、机车车辆、集装箱及货物跟踪等运输管理。

（1）车辆跟踪。利用该功能可对重要车辆和货物进行跟踪。利用 GPS 和电子地图可以实时显示出车辆的实际位置，可以随目标移动，使目标始终保持在屏幕上；并可任意放大、缩小、还原、换图；还可实现多窗口、多车辆、多屏幕同时跟踪。

（2）规划和导航物流运输、配送路线。有人工线路设计和自动线路规划两种方案。人工线路设计是由物流人员根据自己的需要设计起点、终点和途经点等，自动建立路线库。根据规划的线路在电子地图上显示设计的路线并储存路线、车辆在运行时显示车辆运行路线。自动线路规划是根据物流人员的确定起点和目的地，由计算机软件自动设计包括最快的路线、最简单的路线、通过高速公路路段次数最少的路线计算最佳行驶路线。

（3）物流信息查询。可以提供如线路查询、车辆查询、货物信息查询等数据库的信息，显示用户在电子地图上的位置。也可以对区域内的目标位置进行查询。

（4）物流紧急援助。监控台的电子地图显示求助信息和报警目标，规划最优援助方案。GPS 定位和监控管理系统可以对遇有险情或发生事故的车辆进行紧急援助。

（5）话务指挥。指挥中心对监测区域内的车辆运行状况进行监控，合理调度监控车辆，也可以根据需要与被跟踪目标通话和实行话务指挥管理。

 小知识

四大导航系统

（1）美国全球定位系统（GPS）。美国研制的由 24 颗卫星组成，分布在 6 条交点互隔 60°的轨道面上，精度约为 10 米，军民两用。目前全球应用广泛的导航系统。

（2）于 2007 年开始运营俄罗斯"格洛纳斯"系统。该系统最早开发于苏联时期，后由俄罗斯继续该计划。俄罗斯 1993 年开始独自建立本国的全球卫星导航系统。2007 年只开放俄罗斯境内卫星定位及导航服务。其服务范围于 2009 年已经拓展到全球。该系统主要服务内容包括确定陆地、海上及空中目标的坐标及运动速度信息等。"格洛纳斯"导航系统目前在轨运行的卫星已达 30 颗（27 颗工作星和 3 颗备份星），精度在 10 米左右，军民两用。

（3）欧洲"伽利略"系统。欧洲"伽利略"系统是欧洲计划建设的新一代民用全球卫星导航系统，系统由 30 颗卫星组成，其中 27 颗卫星为工作卫星，3 颗为候补卫星，卫星高度为 24126 千米，位于 3 个倾角为 56°的轨道平面内，此外还有 2 个地面控制中心。定位误差不超过 1 米，主要为民用。2005 年首颗试验卫星已成功发射，2008 年前开通定位服务。其提供的信息服务仍是位置、速度和时间。但两者也有不同，GPS 仅有标准定位服务（SPS）和精确定位服务（PPS）两种，而 Galileo 则提供五种服务：公开服务（OS），与 GPS 的 SPS 相类似，免费提供；生命安全服务（S0LS）；商业服务（CS）；公共特许服务（PRS）；以及搜救（SAR）服务。以上所述的前四种是伽利略的核心服务，最后一种则是支持 SARSAT 的服务。所以说伽利略提供的服务种类远比 GPS 多，而且独具特色，它能提供完好性广播；服务的保证；民用控制；局域增强。

（4）中国"北斗"系统。由 5 颗静止轨道卫星和 30 颗非静止轨道卫星组成。"北斗一号"精确度在 10 米之内,而"北斗二号"可以精确到"厘米"之内。计划 2008 年左右覆盖中国及周边地区,然后逐步扩展为全球卫星导航系统。2000 年 10 月 31 日第一颗北斗导航卫星成功发射,我国开始逐步建立北斗卫星定位系统。2012 年 10 月 25 日 23 时 33 分,我国在西昌卫星发射中心用"长征三号丙"火箭,成功将第 16 颗北斗导航卫星送入预定轨道。这是长征系列运载火箭的第 170 次发射。至此,我国北斗导航工程区域组网顺利完成。截至 2013 年,北斗已经展开了在军用及民用领域的应用。如北斗二代军用终端已达到厘米级的定位精度;在民用领域,三星已推出支持北斗卫星定位功能的手机,凯立德已推出支持北斗的车载导航仪,根据《国家卫星导航产业中长期发展规划》,到 2020 年,我国卫星导航系统产值将超过 4000 亿元,国内以往由 GPS 垄断市场的局面就此改变。

资料来源:http://news.163.com/11/1228/14/7MC9BJRR00014AED.html,作者整理。

(二) 地理信息系统 (GIS)

1. 地理信息系统 (GIS) 概述

地理信息系统是 20 世纪 60 年代开始迅速发展起来的地理学研究技术,是现代地理学、信息科学、计算机科学、管理科学等多门学科综合而产生的新学科。地理信息系统的核心是计算机科学技术,基本技术是数据库、地图可视化及空间分析技术。简单地说,GIS 是处理地理数据(信息)的输入、输出、管理、查询、分析和辅助决策的计算机信息系统。与地图相比,GIS 具备的先天优势是将数据的存储与数据的表达进行分离,因此基于相同的基础数据能够产生出各种不同的产品。

外部表现为计算机软硬件系统的地理信息系统内涵是一个地理空间信息模型,它是由计算机程序和地理数据结合而成的,是一个逻辑缩小、高度信息化的地理系统。从应用角度来说,GIS 由五部分构成:①人员是 GIS 中最重要的组成部分,最好的软件也无法弥补操作人员对 GIS 的一无所知所带来的副作用;②数据,查询和分析的结果是由精确可用的数据决定的;③硬件,它是影响软件对数据处理速度、使用是否方便,以及可能输出方式的主要因素;④软件,包含 GIS 软件、各种数据库数据、绘图、统计、影像处理及其他程序;⑤过程,GIS 要求明确定义,一致的方法来生成正确的可验证的结果。

GIS 特征:可以对公共地理实现基础定位;具有采集、管理、分析和输出多种地理空间信息的能力;具有极强的空间综合分析和动态预测能力,并能产生高层次的地理信息;以地理研究和地理决策为目的,是一个人机交互式的空间决策支持系统。

2. 地理信息系统 (GIS) 在物流领域的应用

GIS 技术在科学、政府、企业和产业等方面更广泛的应用,应用包括房地产、公共卫生、国防、可持续发展、自然资源、景观建筑、考古学、社区规划、运输和物流等不同领域。在物流领域的应用也相当广泛,具体来说:GIS 作为处理与地理位置相关的空间数据具有得天独厚的优势,利用 GIS 技术和手段优化物流过程,必将有力地压缩物流成本,提升管理效果。很多物流活动如配送中心选址、布局配送点和优化配送路径、实时监控配送车辆等有相当一部分与地理位置密切有关。尤其是运输、仓储以及配送等活动涉及的信息几乎都与空间位置有关。而地理信息系统（GIS）具有强大的采集、管理、存储、分析、处理、输出空间数据的能力，良好的可视化和辅助决策功能。所以在运输路线选择、车辆调度和规划、物流中心和配送中心选址、配送系统优化等方面都有很好的应用。

小链接

局相关统计显示，截至"十一五"末，我国地理信息产业总值突破1000亿元；而到"十二五"末，这一数字突破2000亿元。倍增的规模将给地理信息产业链上下游企业带来巨大的市场空间。值得注意的是，"十一五"末，公众版国家地理信息公共服务平台"天地图"开通并产生重要影响。规划提出，"十二五"期间将"天地图"服务功能延伸到省级和市级，并加大"天地图"推广应用工作力度，将其打造成为互联网内容服务的中国自主品牌。

国家测绘地理信息局印发的《测绘地理信息发展"十二五"总体规划纲要》，目标是到2015年，建成数字中国地理空间框架和信息化测绘体系。规划还提出，争取把地理信息产业纳入国家战略性新兴产业规划。加大地理信息技术和位置服务产品在电子商务、电子政务、智能交通、现代物流等方面的应用；开发基于地理信息的电子游戏产品、地理信息电视频道以及基于物联网的位置服务产品等。

资料来源：http://business.sohu.com/20110701/n312161117.shtml，作者整理。

四、电子数据交换技术（EDI）

EDI技术是随着现代计算机技术和远程通信技术的发展而产生的一种新的新管理技术，是企业之间实现数据交换、信息资源共享的基础。

1. 电子数据交换技术（EDI）概述

电子数据交换技术（Electronic Data Interchange，EDI）是指用电子化手段，采用标准化格式，利用计算机网络在公司之间传输和交换数据的技术。通过这种技术传输的文件包括表格、订单、收发票等商业文件，以实现贸易无纸化和提高作业效率。

EDI系统构成需要三个基本条件：

（1）计算机管理信息系统，使用DEI的双方必须具有内部的计算机应用管理系统，即内部数据的信息化。

（2）EDI处理软件，它可以将用户的数据库系统中的信息翻译成标准的EDI格式文件，才可以进行传输交换。如图8-6所示。

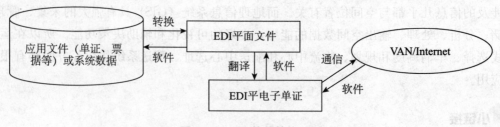

图 8‑6　EDI 软件转换过程

（3）数据通信网络。通过数据通信网络即互联网或者局域网来实现文件的通信传输。如图 8‑7 所示。

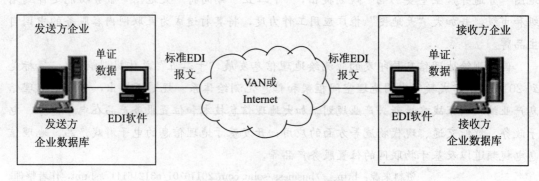

图 8‑7　EDI 数据传输过程

2. 电子数据交换技术（EDI）在物流领域的应用

在物流领域中，企业间往来的单证都属于物流 EDI 报文所适用的范围，物流相关作业包括订购、进货、接单、出货、送货、配送、对账及转账作业等。EDI 在物流中的应用，被称为物流 EDI，如图 8‑8 所示。所谓物流 EDI 是指在物流活动中货主、承运业主以及其他相关的单位之间，通过 EDI 系统进行物流数据交换。物流 EDI 参与单位有如生产厂家、中间商、批发商、零售商等货主企业；如独立的物流承运企业等承运企业；公路企业、铁路企业、水运企业、航空企业等第三方物流企业；政府有关部门、金融企业等协助单位；和其他的物流相关单位（如仓库业者、配送中心等）。

数据是在物流公司的应用程序（如采购系统）与货物业主的应用程序（如订单输入系统）之间电子化转移的，没有另外的人为干预或重复输入。数据不仅在物流公司与货物业主之间电子化流通，而且在每一个物流公司和货物业主内部的应用程序之间电子化流通，同样的数据就会传递到货物业主的仓储、运输、加工等应用程序，并自动响应产生加工安排表、库存记录更新、货物单、发票等。数据在一个组织内部的应用程序之间的电子化流通成为"搭桥"。由于报文结构与含义有公共的标准，交易双方所往来的数据能够由对方的计算机系统识别与处理，因此大幅度提高了数据传输与交易的效率。

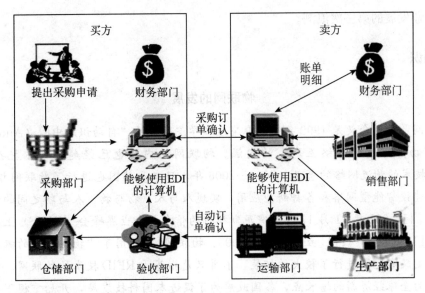

图 8-8 EDI 技术在物流中的应用

五、物流信息新技术

(一) 人工智能与专家系统

人工智能（Artificial Intelligence，AI）是计算机科学的一个分支，它试图生产出以人类智能的方式做出反应的智能机器来研究、开发用于模拟、延伸和扩展人的智能的理论、方法、技术及应用系统的一门新的技术科学，机器人、语言识别、图像识别、自然语言处理和专家系统等都属于该领域的研究范围。专家系统（Expert Sywtem，ES）是人工智能应用研究的主要领域。

专家系统是一个具有大量的专门知识与经验的程序系统，简而言之，专家系统是一种模拟人类专家解决相关领域问题的计算机程序系统。它利用了人工智能技术和计算机技术，形成某领域一个或多个专家提供的知识和经验的数据库，在解决具体问题时进行推理和判断，模拟人类专家的决策过程，以便解决需要真实人类专家处理的复杂问题。在物流管理的应用中，开发的相关的物流领域专家系统用于对物流系统进行智能控制、合理规划、布局、评价及智能化管理等。

(二) 物联网技术

1. 物联网概述

物联网概念最初在 1999 年提出：物联网是指通过各种信息传感设备，实时采集任何需要监控、连接、互动的物体或过程等各种需要的信息，与互联网结合形成的一个巨大网络。其目的是实现物与物、物与人，所有的物品与网络的连接，进而进行识别、管理和控制。物联网本质上是互联网的应用拓展，与其说物联网是网络，不如说物联网是互联网的业务和应用。简而言之，物联网就是"物物相连的互联网"。物联网关键技术是传感器技术、RFID 标签技术、嵌入式系统技术以及互联网技术。被称为继计算机、互联网之后世界信息产业发展的第三次浪潮。

 小知识

物联网的发展

物联网最初的含义是 1999 年美国麻省理工学院建立的"自动识别中心（Auto - ID）"，提出"万物皆可通过网络互联"的内涵。物联网的内涵也已经超出了依托射频识别（RFID）技术的物流网络的含义。2004—2006 年，日本和韩国也进行了物联网相关研究。并提出要建设智能型网络和各种新型应用，实现人与人、物与物、人与物之间的相连接的泛在网络。于 2005 年 11 月 17 日在突尼斯举行的信息社会世界峰会（WSIS）上，国际电信联盟（ITU）发布《ITU 互联网报告 2005：物联网》，引用了"物联网"的概念，但对物联网的定义和范围进行了较大的拓展，不再只是指基于 RFID 技术的物联网。可见物联网可能成为全球经济新的增长点，各国政府为了促进本国科技发展，开始重视下一代的技术规划，并不约而同地将目光放在了物联网上。2009 年欧盟执委会发表了欧洲物联网行动计划，描绘了物联网技术的应用前景，提出欧盟政府要加强对物联网的管理，促进物联网的发展。2009 年奥巴马就任美国总统后，IBM 首席执行官彭明盛首次提出"智慧地球"概念，建议新政府投资新一代的智慧型基础设施。当年，美国将新能源和物联网列为振兴经济的两大重点。

中国对物联网的研究也可以追溯到 1999 年，并且一直以来取得了深入的发展，物联网已被贴上"中国式"标签。中国在 1999 年提出来的时候叫传感网。中科院早在 1999 年就启动了传感网的研究和开发。与其他国家相比，我国的技术研发水平处于世界前列，具有同发优势和重大影响力。2009 年 8 月，温家宝"感知中国"的讲话把我国物联网领域的研究和应用开发推向了高潮，无锡市的"感知中国"研究中心、有中国科学院、运营商和多所大学合建的物联网研究院，以及江南大学的全国首家实体物联网工厂学院等表明中国在物联网的研究方面日渐深入并扩展到应用。被正式列为国家五大新兴战略性产业之一的物联网被写入了"政府工作报告"。2010 年，发改委、工信部等部委正在会同有关部门，以形成支持新一代信息技术的一些新政策措施，在新一代信息技术方面开展深入研究，从而推动我国经济的发展。《2014—2018 年中国物联网行业应用领域市场需求与投资预测分析报告》数据表明，2010 年物联网在安防、交通、电力和物流领域的市场规模分别为 600 亿元、300 亿元、280 亿元和 150 亿元。2011 年中国物联网产业市场规模达到 2600 多亿元。

资料来源：http：//baike. baidu. com/link? url=IAozSwK - 8ZU2V8K _ OOA7S - SX81WYznJyYZhI vFEksqVnkQNDFvlnDBDFjXexCln _ L9edZpRj0xWWJoc9goagDq，作者整理。

2. 物联网在物流领域应用

物联网用途广泛，遍及智能交通、公共安全、平安家居、老人护理、花卉栽培、水系监测、食品溯源等多个领域。在物流领域的应用也相当广泛：

（1）储存环节：物联网可以实现仓库内物品、货架、搬运工具的可视化管理，可视化的库存管理可以使库存管理人员甚至供应链上的各个节点的相关人员及时、准确地掌握物品的库存信息、所处状况及活动信息，实现库存供应的及时辅助决策，从而提高仓库管理的水平和质量。

（2）运输环节：在运输管理利用物联网更是可以实现智能指挥控制车辆。在途运输的货物和车连可以通过物联网的相关装置来完成跟踪和控制。物流公司的物联网系统会提醒工作人员装车时是否超载了，超载了多少，并且会告诉你怎么配载最好；当工人野蛮装卸时货物可能会大叫"亲爱的，请你不要太野蛮，可以吗？"。

（3）配送及分销环节：到达配送中心的商品均有电子标签，可以通过物联网实现信息收集、读取识别，准确了解相关信息，提高拣选与分发过程的效率与准确率，并能减少人工。

 小链接

物联网应用案例

上海浦东国际机场利用物联网传感器应用在防入侵系统中。该系统拥有 3 万多个传感器节点，几乎覆盖了地面、栅栏和低空探测，对人员的翻越、偷渡、恐怖袭击等攻击性入侵完全可以达到防御要求。

中科院无锡高新微纳传感网工程技术研发中心研发的防入侵微纳传感网相关产品在上海世博会得到应用，交易额达 1500 万元。ZigBee 路灯控制系统点亮济南园博园。首家手机物联网落户广州，手机物联网购物也就是所谓的闪购。通过手机扫描条码、二维码等方式，可以进行购物、比价、鉴别产品等功能。

联网与门禁系统的结合并且设备简化到极致的结果就是一把电池供电的锁具的产生，它相当于由读卡器、控制器、电锁、出门开关、门磁、电源、处理中心这八个模块组成的门禁系统。

物联网在指挥中心已得到很好的应用，网连网智能控制系统可以指挥中心的大屏幕、窗帘、灯光、摄像头、DVD、电视机、电视机顶盒、电视电话会议；也可以调度马路上的摄像头图像到指挥中心，同时也可以控制摄像头的转动。网连网智能控制系统还可以通过3G 网络进行控制，可以多个指挥中心分级控制，也可以连网控制。

物联网助力食品溯源，肉类源头追溯系统。中国于 2003 年已开始将先进的 RFID 射频识别技术运用于现代化的动物养殖及加工企业，可以实现对动物养殖加工企业的生产进行监控管理，做到实时监控生产的全过程，对生产关键环节如主要生产工序与卫生检验、检疫等的有关数据自动实时采集，较好地满足质量监管要求。该系统还可以用于政府监管部门对监控产品的质量安全，及时追踪、追溯问题产品的源头及流向，从而有效地提高肉食品的质量安全。

资料来源：http：//baike. baidu. com/link？url＝rZRQZIs2WFFYny＿R0B－0KrRuHlqET387Bj7prWzMpVQYcZplyNPnLOJZNzF1T5rKmNFMEazWMDHsuyOZyqvV3＿，作者整理。

第三节　第三方物流信息管理系统

第三方物流信息管系统在第三方物流企业管理中起着非常重要的作用，因此选择合适的第三方物流信息管理系统至关重要。本节在介绍第三方物流信息管理系统分析的基础上，阐述第三方物流信息管理系统设计目标、总体架构及关键功能模块，最后对第三方物流信息管理系统的运行、维护与评价做简单介绍。

一、第三方物流信息管理系统分析

第三方物流信息管理系统分析是第三方物流信息管理系统设计的前提，只有在详细分析第三方物流信息管理系统需求及第三方物流企业业务流程的基础上，设计出来的第三方物流信息管理系统才是合适第三方物流企业的。第三方物流信息管理系统分析是指对第三方物流企业自身需求、业务流程等将企业自身的信息系统进行定位，为后续的系统设计打下基础。第三方物流信息管理系统分析的主要任务是确定新系统应该"做什么"的问题。具体包括第三方物流企业系统需求分析、第三方物流企业业务流程分析、数据流程分析。

（一）第三方物流企业系统需求分析

第三方物流企业系统需求分析目的是全面理解第三方物流企业的各项需求，并准确表达出企业的需求。首先是功能需求，第三方物流企业要这个系统满足什么功能，这是由第三方物流企业的类型决定的。一般包括物流企业的日常业务如运输、仓储、配送、库存控制、财务以及与企业其他信息系统的联系等。其次是系统的性能需求，即要达到的指标，这与企业提出的对系统性能的要求有关。最后是系统可靠性的需求，即系统在运行过程中，不发生故障的概率，是对系统质量可靠性的要求。除此之外，还有安全保密需求、机型操作系统等环境需求、系统成本与进度需求等。所以系统内分析就是把这些需求弄明白，明确了应该"做什么"，才使后续的系统设计不会偏离需要。在这个过程中，需要与第三方物流企业充分沟通。

（二）第三方物流企业业务流程分析

第三方物流企业业务流程分析包括对企业组织结构与功能分析、企业业务功能分析。组织结构与功能分析是对组织内各部门的职能以及职能之间关系的分析，其分析结果是获得一张反映组织内部之间隶属关系的组织结构图。企业业务功能分析是对各部门业务功能的详细分析，需要对业务功能进行进一步细化，通常用业务流程图来描述业务工作流程。

（三）数据流程分析

数据流程分析是指系统分析员与用户之间进行交流的有效手段，是系统设计的主要依据之一。主要任务是单纯从数据流动过程来考察实际业务的数据处理模式，隐藏了具体的组织机构、信息载体、处理工作等物理组成，把数据在现行系统内部的流动情况抽象出来，即把业务流程图抽象成数据流图。

二、第三方物流信息管理系统设计

在第三方物流信息管理系统分析的基础上来进行系统设计。包括系统设计目标、系统的整体架构设计和关键功能模块设计。

1. 第三方物流信息管理系统设计目标

（1）整合物流企业运输、仓储、货运代理、配送等各项业务；

（2）规范并优化企业内部各部门的业务流程；

（3）实现各部门的协同作业；

（4）具有一定程度的决策支持能力，为企业决策层提供可视化、报表化的业务分析数据；

（5）可以与海关、货主等关系部门进行数据共享和交换；

（6）与其他物流信息技术融合的能力；

（7）系统具有可开放性和延展性。

2. 第三方物流信息管理系统架构设计

第三方物流信息管理系统架构设计包括功能结构、层次结构以及软件结构三部分内容，具体架构设计如图8-9第三方物流信息管理系统总体架构图所示。

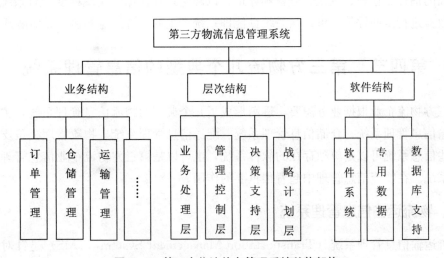

图8-9 第三方物流信息管理系统总体架构

3. 第三方物流信息管理系统关键功能模块设计

根据第三方物流企业的自身业务特点，设计出其关键功能模块。一般包括：

（1）营销模块。具有开展电子商务、信息查询及传递等客户服务功能；客户关系管理功能；营销管理功能。

（2）订单处理模块。货主可以通过网络下单，内部可以处理客户的订单、客户的详细资料以及订单信息。

（3）运输业务管理模块。包括货物信息、运输信息、车辆信息、货主信息等信息查询、运输管理、实时跟踪、路线规划等职能。

（4）仓储管理模块。包括收发货、出库、单据管理、打印等功能。

（5）统计报表功能模块。系统能够提供动态固定格式的统计报表输出。

（6）与企业其他信息系统联系模块和安全功能模块。

三、第三方物流信息管理系统运行、维护与评价

第三方物流信息管理系统在完成设计并成功实施后，还要加强对系统的维护与评价，确保系统正常运行和尽量延长系统的受用寿命。

在系统测试、安装之后就进入运行阶段，系统运行管理包括三个方面的工作：日常管理、系统文档规范化管理以及系统的安全与保密。日常管理包括系统运行记录、运行的日常维护、系统的适应性维护等。系统文档规范化管理师有序地、规范地开发与运行信息系统所必须做好的工作。主要包括技术文档、管理文档及记录文档等类型。系统安全与保密是一项极其重要的工作，是指防止破坏系统软硬件及信息资源，防止有意窃取信息资源行为的发生。

确保系统适应变化、不断修改与完善，进行必要的维护，确保系统正常运转。系统维护是面向系统中各个构成因素，对系统应用程序、数据、代码等进行维护。对系统的性能进行全面的估计、检查、测试、分析和评审，以确定系统目标的实现程度。对系统建成后产生的效益进行全面评估，可以从系统性能即系统产生的经济效益等两个方面展开。

第四节　第三方物流几个典型的信息管理系统

第三方物流企业根据业务需要，逐渐形成了几个典型的物流信息管理系统，主要包括物流运输信息管理系统、仓储信息管理系统、配送信息管理系统、物流管理决策支持系统等，这些信息系统可以是单独存在的软件系统，也可以是第三方物流企业信息管理系统的一个子系统。在物流信息管理中起着很重要的作用。

一、物流运输信息管理系统

物流运输信息管理系统（Transportation Management System，TMS）是针对运输作业产生的运输信息管理系统，该系统是基于运输作业、物品、车辆、商务等线索设计的。物流运输信息管理系统集成了先进的信息技术、数据通信技术、传感器技术等对物流企业日常运输业务进行智能化管理。

（一）物流运输信息管理主要业务内容

物流运输信息管理包括运输车辆、运输人员、货物以及运输环节的信息进行管理，主要包括运输业务调度管理、货物跟踪管理、运输资源运行管理、运输作业过程管理以及各种费用管理。

（1）运输业务调度管理。根据运输业务需要，实现对运输车辆、人员、运输任务的实时调度管理。调度员根据运输计划，客户的具体要求对客户订单进行安排，生成调度结

果，在系统中形成行车单。根据运输计划分别在规定的时间内准备合适的车辆并及时反馈备好车辆的相关信息如司机、车牌号等。运输信息管系统中有"智能调度与运输任务自动配载"优化模块，帮助工作人员进行全方位的运输调度。

（2）货物跟踪管理。物流运输企业利用条码技术、射频技术及 GPS 等物流信息技术实现对运输状态的货物进行监控、定位，及时获取物品信息、运输信息、在途情况等信息，不仅满足了客户对货物状态进行信息查询，还可以实现对货物的控制，提高了运输质量和效率。

（3）运输资源运行管理。主要包括对车辆、司机等运力资源的管理。对车辆管理主要通过定位系统，确定车辆在路网中的位置，及时调配车辆，避免车辆在完成任务后放空。对司机档案、考勤管理，实现对司机人员的合理调配，提高运输效率。

（4）运输作业过程管理。就是对货物在途情况与车辆运行情况实时跟踪以及货物到达后的签收、回单，对车辆、人员的回归登记等业务管理。主要包括提货发车、状态查询、在途跟踪、签收回单、车辆人员回归及安全管理。

（5）各种费用管理。即实现对运输过程所发生的费用的管理，包括费用等级、发票制作、费用结算实付账管理等。

（二）物流运输信息管理系统主要功能模块

物流运输信息管理系统主要模块有系统管理模块、基本信息管理模块、运输调度模块、运输作业过程管理模块、财务管理模块。

（1）系统管理模块。主要包括用户管理设置、权限决策管理、系统运行日志管理等基本的系统设置，这是信息管理系统的基础模块。

（2）基本信息管理模块。实现对客户信息、车辆信息、人员信息、货物信息等运输信息的录入、更新及查询等功能，对人员信息管理还包括薪酬管理、操作员管理等功能。

（3）运输调度模块。主要包括订单处理模块，提供关于运输订单的生成、录入、修改、执行等一系列功能。达到运行时间的订单生成运单并提示调度人员安排车辆执行。调度配载模块式运输作业的中心作业。根据运输计划安排最佳的车辆和运输路线规划。

（4）运输作业过程管理模块。主要对运输作业过程包括运输调度执行、运输合同管理、发车、在途跟踪、签收回单、车辆人员回归及安全管理定损理赔等作业环节的支持功能。

（5）财务管理模块。主要实现财务的应收应付管理、各种结算统计报表的管理等功能。

二、仓储信息管理系统

仓储信息管理系统（Warehouse Management System，WMS）是对仓储环节涉及的仓储过程、仓库、人员、库存等仓储信息的管理系统。可以实现对货物进出入库、在库的全过程管理，以及库存信息管理。

（一）仓储信息管理主要业务内容

仓储信息管理主要围绕仓库、货物出入库及在库、库存、人员等基本要素产生的信息进行管理。涉及的主要业务内容有基本信息（客户、仓库、设施设备、人员等）的管理、仓储作业环节（入库、在库、出库）、仓储资源等内容。

（1）仓储基本信息管理。主要包括货主信息、各种商品信息、仓储设施设备信息、仓库及货位详细信息、人员信息等基本信息。

（2）仓储作业环节管理。主要是对入库、在库、出库三个作业环节的管理。入库时需要根据仓储资源和客户需要编制入库计划，下达入库通知单，并执行入库作业，具体包括货位、设备等入库准备、堆垛上架管理、入库登记归档等；在库时需要执行日常的商品养护、盘点、库存管理等工作；出库时需要根据出库需要安排出库计划、进行拣选配货、配载、运输调度与路线规划等作业。

（3）仓储资源管理。仓储资源包括仓库等仓储设施设备、人员等资源。主要包括对仓储设施设备的利用与维护，人员的使用与培训等内容。

（二）仓储信息管理系统的主要功能模块

仓储信息管理系统包含系统设置部分、系统操作部分，具体包括的功能模块详见表8-3。

三、配送信息管理系统

第三方物流除了运输、仓储等传统物流服务项目，还开展有配送管理服务。配送管理系统是解决订货、库存、采购、配送等一系列问题的集合系统。在配送管理过程中，需要很多即时、准确信息的传递，这些信息起着非常重要的作用。

（一）配送信息管理主要业务内容

从物流功能角度来看，配送是物流的一个缩影或在小范围中物流全部功能的体现。因为配送活动几乎实现了所有的物流功能要素，一般的配送活动集装卸、包装、保管、运输于一身。所以配送信息管理涉及的信息具有复杂繁多，要求高的特点。具体如表8-3所示。

表 8-3   **仓储信息管理系统主要功能模块一览表**

功能模块类型		主要内容
系统设置		包括用户信息、权限设置、使用日志、数据管理
基本信息模块		包括客户信息、合同信息、货物信息等录入、更新查询功能
仓储作业模块	入库	包括入库计划编制、入库单复核查询、码货单生成、入库归档
	在库	包括库房盘点、库存控制系统、报损报溢、库存查询等功能
	出库	包括出库单管理、拣选配载、路线规划等功能
仓储资源模块		包括车辆、仓库等设施设备资源管理、人员调配等
财务管理模块		包括仓储相关费用记录、实收付账款、结算、各种财务统计报表等

（1）仓储管理。配送信息管理涉及的仓储管理业务内容有配送中心的销售出库作业、

采购入库作业、在库管理作业。前面有所介绍，不再赘述。

（2）配货配装、加工管理。根据客户需要，对销售出库的货物需要进行配货配装以实现装配合理化，提高配送效率。必要的话可能还涉及货物的流通加工作业。

（3）配送运输管理。配送运输管理类似运输管理，需要对车辆、人员和货物进行调度、路线规划、动态控制等作业内容。

（4）各种运力、仓储资源管理。配送管理涉及的资源众多，有各种运力资源和仓储资源，需要对其进行合理使用、维护和更新。

（5）财务管理。财务管理也是配送管理必不可少的业务内容。主要包括对配送管理活动中发生的各种财务往来、费用记录、货款实收付等业务内容。

（二）配送信息管理系统主要功能模块

配送信息管理系统涉及的功能模块有些前面已经介绍过，下面主要介绍其他的功能模块：

（1）基本信息模块。主要包括客户信息、合同信息、货物信息等录入、更新查询功能。

（2）销售出库、采购入库模块。销售出库包括订单处理、拣选、包装、加工作业。采购入库则在库存管理的基础上，根据业务需要购入或向上级单位请购商品以补充库存，保障配送活动顺利进行。其入库环节与仓储管理中入库环节基本一致。

（3）配货配装、加工管理。包含商品拣选、配货、包装、加工等业务功能。通过相关数据库来计算所需人力、物力和库存量需求，以便制作拣选规划、包装加工规划、批次拣选单等，来实现分派工作以及进度的管理与控制。

（4）配送运输模块。此模块主要实现对配送运输车辆的调度、配送路线的规划、出库登记管理及配送途中的动态跟踪管理等业务功能。提供相关出货单汇总查询、车辆数据查询、配送调度报告等。

四、决策支持系统

决策支持系统（Decision Support System，DSS）的概念是 20 世纪 70 年代被提出来的，它是针对半结构化的决策问题采取以运筹学、管理科学、控制论、行为科学为基础，以计算机技术、仿真技术和信息技术为手段，支持决策活动的具有智能作用的人机系统。该系统可以实现以下功能：能够为决策者提供所需的数据、信息和背景资料；帮助明确决策目标和进行问题的识别，提供各种备选方案，进而建立或修改决策模型；并且通过人机交互功能进行分析、比较和判断，对各种方案进行评价和优选，为正确的决策提供必要的支持。

第三方物流信息管理系统也加入了决策支持系统的功能模块，是对各种物流信息的深入挖掘与利用开发出来的智能化模块系统。决策支持系统主要集中在决策应用上，具体包括车辆日常调度计划、仓储管理、物流设施选址、路线规划等以协助管理人员鉴别、评估和比较物流决策的可选方案。对于决策分析，物流信息系统必须包括数据维护、建模和分析。

实训题

某第三方物流公司信息管理解决方案

一、实训目的

通过本章内容的学习，使学生对第三方物流信息管理有系统的认识，熟悉目前应用的物流信息技术和典型的物流信息管理系统，能对第三方物流信息管理提供优化解决方案，并对方案的可行性进行论证分析，将所学知识进一步运用到第三方物流企业信息管理中。

二、实训要求

1. 实训时间：三周提交解决方案相关材料。

2. 根据内容合理进行人员分工和任务分配。

三、实训内容

以小组为单位，每个小组 3～6 人，每组就近选取一个省内第三方物流进行实地调研，对其应用的物流信息技术与物流信息管理系统深入考察，并撰写出一篇某第三方物流公司信息管理解决方案。实训具体内容包括以下几个方面：

1. 以小组为单位提交解决方案。

2. 企业背景材料与物流信息管理现状。

3. 小组总体解决方案及相关论证材料。

4. 方案的可行性论证、方案持续改进的具体措施。

四、考核办法

1. 根据小组的总体设计情况进行综合评分，给出设计分。

2. 根据各小组成员的任务量和完成量及完成效率进行排名，分别打分。

3. 小组各成员的成绩以综合成绩为准。

习题

一、选择题

1. 数据自动采集技术包括（　　）。

A. RFID 技术　　　　B. GPS 技术　　　　C. GIS 技术　　　　D. 条码技术

2. EAN 码主要用于（　　）。

A. 物流领域应用最广的储运单元条码

B. 国际物品编码协会在全球推广应用的商品条码

C. 应用于包装、运输、国际航空机票顺序编号

D. 应用于血库、图书馆、包裹等跟踪管理

3. 物流运输跟踪系统主要运用到以下（　　）。

A. RFID 技术　　　　B. GPS 技术　　　　C. GIS 技术　　　　D. EDI 技术

4. TMS 的核心任务是（　　），以优化运输服务质量。

A. 安排运输车辆

B. 安排运输流程

C. 调度系统资源

D. 安排车辆、司机与货运之间关系

二、思考题

1. 简述运输信息管理系统的主要业务内容。

2. 举例说明 GPS 技术在物流领域的具体应用。

3. 思考物流信息技术在物流信息管理中的应用。

三、判断题

1. 物流信息系统具有一般管理系统的结构，在开发过程等方面也比较相似。　　（　　）

2. 条码技术与 REID 技术相比，具有制作成本低、使用简单等优点。　　（　　）

3. 物联网技术在物流信息管理应用中起不到什么作用。　　（　　）

4. 第三方物流企业只要购买了物流信息管理软件，即实现了物流信息化建设。　　（　　）

四、知识应用题

画出某物流公司仓储信息管理系统应用框架结构，描述其主要作业流程。

第九章 第三方物流发展的新模式

 **知识目标**

1. 理解供应链、供应链管理的概念，掌握第三方物流与供应链管理的关系；
2. 理解供应链管理系统的设计规划；
3. 了解电子商务的概念及其与物流、第三方物流的关系；
4. 掌握电子商务环境下第三方物流的模式选择；
5. 了解第四方物流的概念，并理解第三方物流与第四方物流的差别。

能力目标

1. 具备第三方供应链系统的管理能力；
2. 具备第三方物流电子商务化作业与管理的能力；
3. 关注第四方物流的发展。

导入案例

山东省邮政速递物流有限公司与山东盖世国际物流集团有限公司战略合作

2012 年 8 月 23 日，山东省邮政速递物流有限公司与山东盖世国际物流集团有限公司战略合作协议签约仪式在济南舜耕山庄举行，如图 9-1 所示。

随着《国务院办公厅关于促进物流业健康发展政策措施的意见》的出台及山东省配套措施的实施，物流业面临着难得的历史发展机遇。该协议的签订，标志着不同所有制形式、不同专业分工的物流企业实现强强联合，对开创园区物流企业和第三方物流运营企业合作新模式，优化资源配置，探索形成集约化战略合作联盟具有重要的意义，必将推动山东省物流业快速发展，进一步发挥物流业在经济社会发展中的基础性产业作用。

图 9-1　山东省邮政速递物流有限公司与山东盖世国际物流集团
有限公司战略合作协议签约仪式现场

　　根据此次签订的战略合作协议，山东邮政速递物流和山东盖世国际物流将本着优势互补、资源共享的原则，采取协同运作、方案集成、行业创新等模式，向客户提供仓储租赁、供应链金融以及第四方物流服务，推进"物流园区＋速递物流"战略合作，提升在各自领域的核心竞争力。

　　　　　　　　　　资料来源：http：//news. iqilu. com/shandong/yuanchuang/2012/0824/1305798. shtml.

　　思考题：

1. 山东邮政速递物流和山东盖世国际物流为何达成战略合作？

2. 两方的合作有何意义所在？

小链接

　　岁末年初，在慧聪网相继推出自营商城和金融超市后，慧聪网 B2B 在线交易生态链上重要的一环——B2B 物流体系也有望实现。据介绍，慧聪网物流平台已于近日上线，此平台以第三方开放平台模式汇集了包括中铁物流、恒路物流、佳吉快运等 12 家品牌物流商。分析人士指出，慧聪网最近动作频频，意在打造集金融、在线交易、物流、大数据一体的"B2B 电商生态闭环"。慧聪网物流平台首页如图 9-2 所示。

图 9-2　慧聪网物流平台首页

据悉，慧聪网基于现有资源打造的 B2B 第三方物流平台在业内尚属首家。2014 年 10 月，网盛生意宝曾宣称与上海运泽供应链有限公司共同出资设立了网盛运泽物流网络有限公司，但生意宝对物流的作用仅停留在提供理论支撑和数据分析上，地区也仅限于上海自贸区。

据介绍，慧聪物流平台不仅覆盖全国大多数省份，还深入区县地区，各条线路也提供了多家品牌物流商以供商家货比三家，如果是慧聪网会员还可享受年终折扣。

"全网最低价、全网最透明、全网最放心"是慧聪物流平台对客户的承诺，也可理解为慧聪物流平台的优势所在。"利用慧聪网的平台优势整合供应链上下游的资源，帮助企业以最优的服务和最低的价格实现交易。慧聪网金融平台是如此，物流平台更是如此，我们需要将这种集聚效应发挥好。"慧聪网 CMO 李韬表示。

慧聪网 CEO 郭江将慧聪网未来的发展定位于"交易加金融"，但在线交易的实现也是难点所在。艾瑞数据显示，2013 年中国电子商务交易中，B2B 就占了 77.9%，但实际上九成以上 B2B 交易却仍然在线下完成。尽管在线交易反处境尴尬，却反映出在 B2B 在线交易还是一片处女地，具有非常好的发展前景。

李韬认为，B2B 在线交易的实现不仅仅需要在线支付系统，更是信用评价、物流运输、金融服务、实名认证、交易服务、营销推广等链条的打通和数据的共享，B2B 在线交易完整生态链的构建会形成整体大于局部的效应。

业内人士指出：慧聪网能在短期内将自营商城、金融超市、物流平台迅速推出，可见其已经加快了向 B2B2.0 转型的速度，同时也可看出慧聪网高管团队高效的执行力。物流平台的出现补足了慧聪网在线交易链条上的短板，未来 B2B 在线交易的大规模实现值得期待。

资料来源：《2014 年 12 月慧聪网打造 B2B 行业首家第三方物流平台》，中国网 http://www.donews.com/media/201412/2872938.shtm，2014-12-24.

第一节 供应链环境下的第三方物流

在经济高速发展的现代社会，经济全球化日新月异，科学技术迅猛发展，其物流的高效运作能力与质量随之发展尤为重要。全球的数字化、信息化、网络化已然已经成为这个知识经济时代的主要特征。在全球经济一体化浪潮的推动下，供应链管理的概念早已跨越单独的企业界限，这种由供应商、制造商、分销商、零售商客户组成的网链结构式系统成为企业战略发展的主流。当供应链管理与企业业务外包相结合时，便需要物流专业化形式——第三方物流，来贯穿并连结其系统当中的各个节点，不单单使企业增强自身的核心竞争力，将部分或全部物流业务外包，其物流业务不但包括简单的仓储、运输的单项活动，还延伸至对于物流业务活动的组织、规划、设计以及协调和管理。因此，第三方物流在这种基于流程的集成化管理模式下成为了企业间战略性合作的纽带。

第三方物流与供应链管理的关系

20世纪90年代以来，随着科学信息技术的更新换代，企业间竞争愈演愈烈，作为"第三利润源泉"的物流在经济全球化的浪潮中发展的如火如荼。新形势下的大环境中，激烈的企业竞争不再以单纯的利润作为抗衡的唯一要素，而是转向于经营思想的一体化、系统化的管理模式。物流作业的专业外包已然成为供应链节点企业发展的必然方向。

（一）供应链管理概述

1. 供应链的概念

供应链（Supply Chain）是围绕核心企业，通过对信息流、物流、资金流的控制，从采购原材料开始，制成中间产品以及最终产品，最后由销售网络把产品送到消费者手中的将供应商、制造商、分销商、零售商，直到最终用户连成一个整体的功能网链结构，如图9-3所示。早期观点认为的供应链是从属于制造业，是指把从企业外部采购的原材料和零不见，通过生产与销售的过程，再传递到零售商和用户的一个内部过程。而现如今的供应链早已无法局限于企业内部操作的层面上，而是随着各企业间合作往来的增多，供应链更加注重的是与外部其他企业的联系，这是一个从原材料供应开始，通过不同企业的制造加工、组配、分销、等过程直到最终用户的企业节点作业。供应链由最初局限于企业内部操作转变为一个更大范围、更为系统的企业外部联系的概念。目前，我们熟知的品牌企业丰田、耐克、尼桑、海尔、苹果等企业对于供应链的概念更加注重围绕核心企业的网链关系，比如说核心企业与其供应商以及供应商的上线乃至与一切前向关系，与用户以及用户下线乃至与其一切的后向关系。现如今的供应链不仅能够做到物资、信息与资金的连接，而且可以增加物料在供应加工、包装、运输等相关过程的价值，为企业自身以及相关联的企业都能带来收益，因此还可称之为增值链。

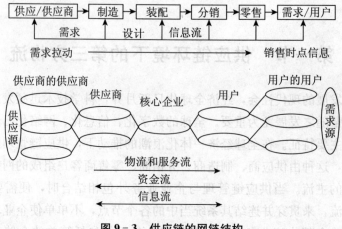

图 9 - 3 供应链的网链结构

供应链的概念最早是在 20 世纪 80 年代末提出来的。最早来源于彼得·德鲁克提出的"经济链"，后经由迈克尔·波特发展成为"价值链"，最终演变为"供应链"。近年来，随着全球制造的出现，供应链在制造业管理中得到普遍应用，成为一种全新的管理模式。由于国际市场的激烈竞争、经济的飞速发展以及用户需求不确定性的增加，供应链以及供应链管理引起了人们的广泛关注。供应链主要有以下特征：复杂性、动态性、面向用户需求、交叉性。

供应链与纵向一体化的区别：纵向一体化一般指的是上游的供应商与下游用户之间存在产权关系，而供应链上的加盟节点企业并不具备产权关系，它们的关系通常是建立在共同思想理念基础上的默契关系或是以合同为依托的契约关系。

2. 供应链管理的概念及内容

《物流术语》国家标准（GB/T 18354—2001）对供应链管理（Supply Chain Management）的定义：利用计算机网络技术全面规划供应链中的商流、物流、信息流、资金流等，并进行计划、组织、协调与控制等。简单来说，供应链管理就是以一种集成的管理思想，使供应链的运作最优，以最少的成本，使供应链从物资的采购开始到最终客户满足的所有过程，包括运作流、实物流、资金流和信息流等均能高效率地操作，把合适的产品、以合理的价格，及时准确地送达消费者。从企业的角度来看，其目标在于提高用户服务水平和降低总的交易成本，并且寻求两个目标之间的平衡。

小知识

供应链管理主要涉及四个领域：供应（Supply）、生产计划（Schedule Plan）、物流（Logistics）、需求（Demand）。对于物资在供应链中的实体流动，如图 9 - 4 所示，是以同步化、集成化生产计划为指导，以全球信息（Internet/Intranet）网络共享为依托，为满足供应采购、生产制造、物资运作以及需求来实施的。

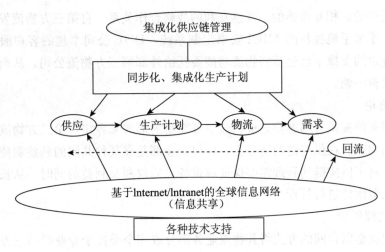

图9-4 供应链管理所涉及的领域

除此之外，供应链管理还包括以下内容：①战略性供应商和用户合作伙伴关系管理；②供应链产品需求预测和计划；③供应链的设计；④企业内部与企业之间的物料供应与需求管理；⑤基于供应链管理的产品设计与制造管理、生产集成化设计、跟踪和控制；⑥基于供应链的用户服务和物流管理；⑦企业间资金的管理；⑧基于Internet/Intranet的供应链交互信息管理等。

资料来源：Ronald H Ballou. BusinessLogistics Management：Planning，Organizing，and Controlling the Supply Chain［M］. Pearson Education，Inc，1999.

3. 供应链管理与传统管理模式的区别

与传统的物料管理模式相比较，供应链管理与其的区别体现在以下几个方面：

（1）传统管理模式以"效率"为基准，例如仓储效率、作业效率、装卸效率等，而物流本身却仅处在生产、采购、销售等活动的延伸位置；而供应链管理将所有节点企业看作一个整体，涵盖整个物流过程，包括从供应商到最终用户的采购、制造、分销、零售等职能领域。

（2）供应链管理强调和依赖战略管理，供应链上的任何两个节点企业之间都存在着供应与需求的关系；同时它又具有极为重要的战略合作意义，它影响和决定了整个供应链的成本和市场占有份额。

（3）不同于传统管理仅满足于完成一定的市场目标，供应链管理是通过管理库存和合作关系达到更高的水平的服务，满足更高的目标——提高顾客价值。其关键是需要采用集成的思想和方法，应用系统的观点，而不是节点企业资源的简单连接。

（二）第三方物流融入供应链管理的理论基础

1. 核心竞争力理论

第三方物流的产生是企业为加强竞争力，将非核心辅助性业务外包的直接结果。供应链管理强调的是企业把主要精力集中放在核心业务上，充分发挥其优势，与此同时与合适的企业建立长期的、相互渗透的、互惠互利的战略合作关系。自第三方物流发展至今，许多企业例如，小米手机独特的 MIUI 安卓定制系统，DHL 公司卓越的客户服务水平等企业，在以该理论的支撑下已逐步将物流功能委托给外部第三方物流公司，从而达到自身在所属领域的独树一帜。

2. 契约理论

从物流服务的提供者与客户达成物流服务交易的形式来界定，第三方物流又称之为合同物流、契约物流。在供应链的链条上，任何企业都是靠某种共同的利益驱使着而成为一种动态联盟，对于供应链的管理需要保证尊重各方的权利及利益的同时，从长远的角度来依照契约对联盟伙伴进行管理。

3. 委托代理理论

物流外包就是以合同的方式将其物流业务部分或完全委托于专业的第三方物流公司运作，这是基于该理论发展而成的。委托代理理论的实施必须满足两个条件，一是参与者参与供应链管理，并接受契约中存在的约束；二是供应链管理要求参与者做出有利于整个联盟企业利益的决定，实现供应链企业共赢。

（三）第三方物流与供应链管理的关系

在供应链管理的模式下，许多企业的物流业务由第三方的物流业者承接办理，由于第三方既非生产方，也非销售方，而是从生产到销售再到最后客户的整个流通过程中进行服务的第三方。因此，企业对此物流水平的运作和管理的要求更加高，供应链管理模式下发展而起的物流外包业务已然成为节点企业的必然趋势。两者之间的关系是相辅相成而存在的。第三方物流与供应链管理是一种战略性的合作关系。第三方物流是以客户需求为导向的服务提供方，而服务的提供是建立在具有长期契约性质的合同上，而这种契约性质的最终职能是服务对象物流体系的高效运作和不断优化供应链管理。在现如今的经济一体化社会中，一个企业单靠自身资源、靠自己"埋头苦干"是很难求得长久高效的发展，必须寻找稳定的、互惠互利的、长期的战略合作伙伴，在供应链的大环境下，其管理模式正是顺应时代发展，帮助企业取得竞争优势的关键。战略性合作的建立追求的并不是短期的经济效益，而是通过战略同盟的形式为供应链上的各个节点企业进行服务，目的是为达到双方利益一体化，这就是现代企业竞争理论所强调的"双赢战略"。从内容上来看，第三方物流作为一种全新的物流协作模式，使供应链小批量库存更加经济，物流服务水平更快捷、费用更廉价、过程更安全、质量更高超。除此之外，现代的第三方物流利用电子化手段，实现了供应链节点企业信息共享，企业间高效协作运筹。

第二节　电子商务下的第三方物流

网络经济时代的到来，现代信息科学技术日益完善，世界运输业也日趋自由化，作为物流行业的朝阳领域，第三方物流逐渐发展成为现代物流业的主体。越来越多的物流企业开始由原始传统的配送、仓储向生产、销售环节延伸，"电商环境下的第三方物流"备受关注。

一、电子商务的发展对第三方物流的影响

（一）电子商务概述

1. 电子商务的概念

电子商务是 20 世纪网络化、信息化的产物，对于它的具体定义通常有很多。电子商务的英文是 Electronic Commerce，简记 E‐Commerce 或 EC，指的是利用电子网络环境和信息技术来进行的商业活动，它是一种崭新的商务运作方式，是一种以信息为基础的商业构想的实现。在概念上，电子商务有广义和狭义之分。广义的电子商务（EB 或 E‐Business）是指各种具有商业活动能力的实体（包括生产企业、商贸企业、金融机构、政府机构及个人消费者等）利用网络和信息技术进行的各种商业活动。狭义的电子商务也称为电子交易（EC 或 E‐Commerce），是各种交易主体利用互联网所进行的贸易活动。

🧊 **小知识**

电子商业（E‐Business）和电子商务（E‐Commerce）是目前社会用得最多的两个"E 化"术语。一般认为，E‐Commerce 是指狭义的电子交易，而 E‐Business 除了买、卖商品和服务外，还包括客户服务、与商务伙伴之间的合作、网上学习、企业内部电子交易等，见图 9‐5。事实上，电子商业和电子商务看问题的角度有所不同。

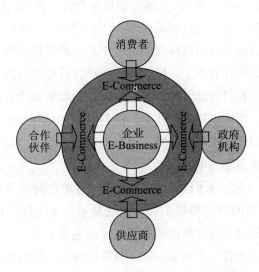

图 9‐5　对 E‐Business 与 E‐Commerce 的理解

电子商业（E‐Business）强调电子化信息技术企业主体商业活动的支持，是指企业如何运用电子信息技术工具来支持自身以及与外部主体间的业务活动，这种活动，可以是企业方方面面的活动。

电子商务（E‐Commerce）强调电子化信息技术对交易主体参与交易过程的支持，一

般意义的电子商务是指企业在外部与客户或者供应商开展商务交易活动。

电子商务的角度可以是一个交易主体之外的角度，电子商业是一个相对宏观视野下的商务行为（方式）。

资料来源：《完美商店》作者：〔美〕科恩 冷鲲，等。

1997 年 11 月，国际商会举行的世界电子商务会议（The World Business Agenda for Electronic Commerce）关于电子商务的权威阐述：电子商务是指对整个贸易活动实现电子化，其强调的是创造新的商机，以较少投入换取较高回报。

在技术、经济高度发展的现代，电子商务就是掌握信息技术和商务规则，以交易方式的创新，通过电子的手段，系统化地运用电子工具，增强贸易伙伴之间的商业关系，高效率、低成本地从事以商品交换为中心的各个活动的总称。

2. 电子商务的内涵

电子商务早已不是新兴之物，早在 19 世纪 40 年代，当电报刚出现的时候，人们就已经开始研究运用电子手段进行商务活动这一主题。商人们为加快贸易信息的传递，贸易开始以莫尔斯码点和线的形式在电线中传输，这就标志着运用电子手段进行商务活动的新纪元。而后来利用电话、传真等传递商贸信息的活动应该是电子商务的开端。但是真正意义上的电子商务的发展被分为两个阶段，即开始于 20 世纪 80 年代中期基于电子数据交换（EDI）技术的电子商务和始于 20 世纪 90 年代初期的 Internet 电子商务。

EDI（Electronic Data Interchange）即电子数据交换，由 20 世纪 80 年代发展起来的一种电子化商业贸易工具，它是通过增值网络 VAN（Value Added Networks）进行实现，通过电子数据网络，卖方与买方可以将交易过程中产生的各种单据，以及发票等以规定的标准格式呈现在交易双方的计算机上，EDI 是现代计算机技术与网络通信技术相结合的产物。EDI 的成功实现意味着"无纸贸易"的开始，企业效率大大提高，同时，贸易伙伴之间的合作往来不断增长。然而，EDI 对技术、设备以及人员有着极高的要求，且成本使用价格及其高昂，因此，EDI 技术在全世界范围内得不到广泛的普及和发展，大多数中小型企业难以将此技术应用到实际当中。

随着 EDI 的发展与局限，人们逐渐将目光转向迅速走向普及化的 Internet，20 世纪 90 年代中期，这种大众化的信息传播工具，以交易双方为主体，以银行支付和结算为手段，以客户数据库为依托的全新商业模式发展飞速的遍及全球。

由电子商务的发展史来看，不难发现电子商务的前提条件是依托于电子信息技术，以电子技术的手段达到商务交易的目的，其核心是交易的双方。除此之外，电子商务这种创新的商务模式，是系列化、系统化、高效化的电子工具，它作为对于传统商务模式的改良，仍然是以商业为出发点，以赢利为目的。对于一个企业来说，电子商务引入的成功与否主要取决于网络环境和企业内部资源的整合是否进行了合理化调配；对于客户来说，电子商务意味着利用高速网络电子工具进行检索、选择、测试、交易等一系列的沟通活动。

小知识

电子商务商业模式要实现其收益，如表9-1所示，必须包含8个要素。

表9-1 电子商务模式八大要素

商业模式要素	关键问题
价值体现	消费者为什么买你的东西
赢利模式	如何赚钱
市场机会	目标市场、市场容量
竞争环境	目标市场的竞争性企业
竞争优势	进入目标市场的特点、优势
营销战略	对产品和服务的销售计划
组织发展	相应的组织结构
管理团队	企业领导者的经历和背景

小链接

"大家记住，2020年王健林如果赢的话，是我们这个社会就输了，是我们这代年轻人输了。"当被问及2012年马云和王健林那个著名的赌约——"2020年电商零售份额能不能占到总零售份额半壁江山"时，马云这样回答。

由阿里巴巴集团策动起的十一月十一日网络购物促销，已经逐渐演变为中国网络的购物节，经过2011年的52亿元，2012年的191亿元后，2013年双十一成交金额突破300亿元，在阿里巴巴总部，董事局主席马云为双十一定下了更宏大目标：成为中国消费者的购物节，要把地产价格压下来，帮助中国企业转型。

身着太极服的马云说："我关心的数字背后，我们怎么样把商业地产用市场化的方法压下来，进而让周边居民住宅地产健康。明后年转型升级后，工厂不再把商业地产作为投资，居民区的价格也会降下来，能不能让中国物价得到调节。"马云相信，今天双十一的数字一定会对很多中国企业家产生冲击，"我今天走在路上，看到商店里营业员比顾客多，企业家是很聪明的，就不会在这里（商业地产）投资。"

"如果2020年房地产商业地产仍旧占领中国大半江山，说明我们的经济转型没有做好，说明我们这代人的努力不如他们上一代人，我们必须赢，不管是不是我们，是不是我，我相信我们这一代会做得很好。"

此前，中国总理李克强在和马云的对话中，也提及自己上淘宝购物的体验，并称赞淘宝的商家工作敬业，非常不容易。但是李克强同时也"警示"马云："马云同志，你的那些公司，要是按照规定实际上都不合法，就到你网站注册一下就成公司了？现在合法了，我们已经规定了，取消门槛了。"

来自大连的转业军人王健林刚刚凭借 140 亿美元成为福布斯中国首富，他所创立的万达集团在中国大陆建设了超过 100 座万达广场，以及大规模的万达连锁影院和五星级酒店，并且在美国收购了 AMC 连锁影院。王健林也在进军文化娱乐业，宣布将在青岛投资超过 500 亿元人民币建设全球最大的影视基地。

在 2012 年的电视节目上，王健林和马云设下赌局，"10 年后，如果电商在中国零售市场份额占到 50%，我给马云一个亿。如果没到，他还我一个亿。"

原中国商务部部长陈德铭在福布斯·静安论坛上表示，中国传统的商业不完全发育，包括物流的不完全发育，给我们的电商发展提供了一个比世界上任何国家都好的机遇。"陈德铭透露一组数据，在 2012 年，包括 B2C 和 C2C 之内的网络零售达到 1.3 万亿元，占中国总零售份额为 17%，但是这个份额后面又很快增速之势。"今年年底中国将超过美国，到了 2015 年网络零售额预计会突破 3 万亿元。"

资料来源：http://www.forbeschina.com/review/201311/0029335.shtml 2013 - 11 - 11.

课堂讨论：

传统商业都有哪些？其模式与电商模式有何不同？电子商务带动了哪些新兴行业的发展？

（二）电子商务与第三方物流的关系

电子商务的是通过电子的手段达到商务的目的，而完成商品的交易涉及四个方面：对于商品所有权的转移、货币的流转、相关信息的获取与分析、实体商品的传送，即商流、资金流、信息流还有物流。前三者都是可以通过计算机网络通信设备得以实现传递，而物流最为特别，除少数非实体商品或服务可直接进行信息传输，大多数的实体商品必须通过低成本、高效率、适时、适量的物流系统来进行传输与配送，因此，物流与电子商务存在着莫大的关系，两者协同发展、相得益彰。

1. 电子商务与现代物流的关系

（1）电子商务加速现代物流的发展。

第一，电子商务的兴起提高了整个物流流通领域的效率与效益。若一个物流系统达不到高效、合理及畅通，那便无法配合电子商务发挥其优势，与传统的商务模式相比，正是由于电子商务的出现，整个流通的环节更加直观，现代商品的流通中客户的需求和生产销售部门得到了有机结合，使传统的供应链提升到一个全新的水平，有些企业更是以供应链为基础做到了产销一体化，这就大大扩展了产品及服务的活动范围，可以更大程度上接触客户在流通过程中的需求。长期以来形成的根深蒂固般存在的传统商业模式逐渐被摈弃，现代流通的格局在悄悄变革之中。在网络科技不断发展的今天，电子商务为生产者和消费者提供了及时而又准确的交互式服务与沟通。在很短的时间内，商家可以通过电商网络，经济又高效的将货物输送至全球任何地方，这种生产者对商品流通全过程的介入与监控的新式流通格局正在逐步形成。电子商务的出现使得越来越多的生产制造商直接参与到主体的流通活动，任何商家都可以在网络上建立自营网店，这种"产销结合""批零一体"的销售模式大量形成并应用，电子商务带来的是流通领域的变革。

第二，电子商务使现代物流更具有市场的国际化、管理的信息化、服务的专业化与社会化，以及物流系统的实时化与系统化。电子商务需要一个完善的全球物流系统来保证实体商品的合理流通，电子商务的出现，借助现代信息网络技术，采购已不再局限于某一特定区域或地区，生产销售也做到了跨越国界；除此之外，存在于交易过程中的每一个主体需建立网络化物流信息系统，用来进行既有效果又有效率的信息沟通与传递；伴随着需求的日益增多与个性，越发多样化的物流服务也成为连接生产企业与客户的重要环节；对于物流系统而言，其运作由于电子商务的出现而变为以信息为中心，通过网络来传递信息，实现对物流的实时监控，对整个系统进行合理规划与统筹协调。

（2）现代物流为电子商务的发展提供支持与保证。第一，物流是实现电子商务的保障，是电子商务运作过程的重要组成部分，是信息流、商流和资金流得以实现的根本保证。当商品所有权从合同签订的那一刻起，便由供给方转移到需求方，但商品的实体并没有发生位置的移动。按照传统的商业过程来看，一般的交易也就是商流是必须要伴随着相应的物流活动，即按照需求方的要求将商品实体由供给方向需求方转移；而今，消费者通过网络购物，表面上看似完成商品所有权的转移过程，实质上商务的活动并未终结，只有当商品真正实现了实体位置的转移，从商家到达消费者手中，消费者结清货款，商务活动才能够得以完成。当这种"以顾客为中心"的电商理念有了物流的支持与保障，安全、快捷、准确地输送消费者的所需商品，在现代社会中，既顺应了时代的发展与市场的需求，增强了企业竞争力，又稳固了物流在电子商务的地位，使其更加完善地做好奠基。目前，很多大型生产厂商为扩大其市场覆盖面，纷纷开展电子商务，按照网络订单进行生产，"以需定产"实现高效节能，又与专业物流企业合作来为客户提供生产后的一切售后服务，使物流成为流通过程中不可或缺的一个环节。可以这么说，没有物流做基础的电子商务活动是不完整的。

第二，物流服务水平制约着电子商务的发展。作为支持大部分有形商品网络商业活动的物流，已然已经成为网络购物能否顺利进行和发展的关键，电子商务本具有约定俗成的电子订购系统，而物流实现的是实体货物的空间转移，如何更加快速、更加安全的完成流通过程，就要看物流运作的成本与速度。网上的下单和支付仅仅完成的是商品所有权的转移，实体商品是否顺利、安全、及时地到达客户手中，取决于物流服务的方式和路径的选择，物流方是否能够节省直接和间接开支，以最快速度、最低费用、最小损失、最安全方式将商品送到指定地点，这就便可以决定该电子商务企业在市场中的竞争力的强大与否。

2. 电子商务与第三方物流的关系

电子商务发展至今，打破了时间与空间的限制，形成的巨大物流需求促进了第三方物流的发展，使越来越多的企业运用该手段来改造传统商业模式，与此同时，也将第三方物流推向社会发展的舞台，成为新环境下物流服务专业化、社会化的先进形式。

（1）第三方物流与电子商务的共同促进、协同发展。物流是一种服务，面临着服务的信誉与质量高低的问题；对于电子商务企业而言，当货物送达至客户手中时，便是客户与商家唯一一次面对面的机会，因此，物流的服务直接影响该企业在客户心中的形象。第三方物流企业提供的就是专业化、社会化的物流服务，不但能够有效保障电商企业在客户心中形象，而且完善的第三方物流体系，可让电子商务企业将更多的经历投入到核心优势的建立中去，使未来业务得到极大延伸。有了第三方物流的稳固支持，当电子商务企业的规模不断扩大时，随之而来的是第三方物流业务量的与日俱增，因此，电子商务的发展离不开第三方物流的支持；而第三方物流的业务增长、规模扩大同样也离不开电子商务；两者是相辅相成，缺一不可的关系。

（2）第三方物流是电子商务交易实现的最佳载体。现代物流的发展为电子商务提供支持与保证，从根本上来讲，电子商务实现的是网上交易与在线支付，当中若缺少了物流便无法达到交易的真正实现，而第三方物流正是现代物流走专业化、社会化的先进产物，是电子商务交易实现的最佳载体。

（3）电子商务是第三方物流产业的发展方向。第三方物流既能够集中电子商务企业精力用于核心建设，又可作为电商交易实现的最佳载体，那么可以说，要想实现电子商务，必须要有物流系统作支持；要想发展第三方物流业务，也不可缺少电子商务的促进。因此，这种运用网络技术实现物流供需双方的交易模式，也就是电子商务模式成为了现代第三方物流的发展趋势。

（4）电子商务的快速发展要求更完善的第三方物流体系。从以上所谈的情况来看，伴随现实商店虚拟化的结果就是第三方物流业务量的增多。第三方物流企业不仅承担将指定货物输送至分散客户地点的职责，同样也扮演着生产企业仓库的角色。电子商务在今天得以发展的核心就是它打破了供应方与需求方之间时间、空间的障碍，使沟通与交易变得没有距离，而这就从客观上要求起现代的第三方物流企业在实现基础的传统仓储、配送等功能之外，成为一个拥有高科技的信息资源富足的多功能企业，用以增强电子商务企业的优势；另外，电子商务企业间竞争激烈的程度日益增长，其工作的重心将放在核心业务的建设以及如何延伸领域，自然而然就将商品的采购、包装、加工等业务一并外包给第三方物流企业来经营与管理，因此，第三方物流企业不得不提高自身的业务能力与专业素养，整个系统达到企业内部大量信息技术的应用整合，服务功能上实现多样化，缩短全球物资流通距离，这样才得以在物流企业的竞争中立于不败之地。网络时代下的第三方物流被电子商务的发展提升到了一种前所未有的高度，不但得到了业务量的增长，同时也达到了本质的飞跃。

（三）电子商务对第三方物流的影响

电子商务的运作过程包括四种基本的"流"，即信息流、资金流、商流和物流。其中物流是"四流"中最为特殊且不可缺少的一种，如果没有物流电子商务的优势就无法发挥极致。特别是第三方物流，电子商务只有以专业的物流服务为支点，才能实现发展上的成功跨越。电子商务把物流业提升到了前所未有的高度，并为其发展提供了前所未有的机遇；电子商务需要高效、便捷的物流运作与之相配套，因此第三方物流成为满足企业电子商务配送需求的最佳选择；电子商务的发展给全球物流业带来新的变化，使现代第三方物流具备了信息化、自动化、网络化和个性化的新特点。

1. 电子商务的发展为物流行业开辟了一个全新的市场

传统的商业模式所形成的销售活动基本上都是需要面对面进行的，而后需求方再按照原先约定的时间来进行货物自提，大部分商品都不需要通过物流公司送货。在电子商务出现以后，越来越多的商家在网上开店经营，这就必然要求有第三方物流企业做线下配送，否则，线上的电子交易就不可能真正完成。在电子商务环境下，激烈的市场竞争使大部分企业选择把握核心竞争力，把非核心的物流业务外包出去，这就使物流外包业务的快速增长加快了第三方物流的发展。第三方物流企业集成各电子商务经营者的外包物流业务，规模化、集约化运作，互利共赢，提高效益。

2. 电子商务给第三方物流提供新的技术

由于电子商务的发展为现代第三方物流提出了更高的要求，不但要求其完成基本的仓储、配送等任务之外，还需要第三方物流系统达到信息科技的高层面；当信息技术全方位地渗透到物流管理领域时，就为第三方物流提供了较高的技术保证与信息沟通的渠道。

3. 电子商务为第三方物流形成了实时地监控指导

现代物流的网络化是区别于传统物流的主要特征，而正是因为互联网的存在企业才得以将供应商到客户联系起来，由此形成由上自下的实时信息的更新与传递。例如，电子商务企业如今已经实现了客户对于订购货物的实时行程的追踪，通过网络查询便可得知货物正在哪个运输环节上，还有多长时间可以到达，以及物品的质量是否保证等。在这样透明度极强的电子商务实时的监控下，第三方物流企业只有本着保证服务质量、诚实守信的原则才能够得到长久发展。

二、电子商务环境下的第三方物流模式的选择

（一）电子商务环境的特点

电子商务坏境下发展起来的第三方物流伴随着很多机会与空间，但仍存在很多不足；想要更好地发展第三方物流业，需要不单单是对物流体系的重新构建，对物流企业的战略重组，对物流体制的重点改革；还需要借助电子商务的发展来挖掘更多的机遇。总的来说，电子商务环境可分为社会经济文化环境、技术科学环境、管理环境等，其特点具体如下。

1. 高度发达的信息技术

以 Internet 和 Intranet 为基础建立下的计算机网络以及基于电话、光纤、宽带通信等的基础设施设备，为人们提供了一个快速畅快的信息通信环境，在这样的环境下，人们利用多种多样的形式来进行信息的传输、处理和保存，相比于以前简单的人工处理无法办到的事情，这大大提高了工作效率，同时降低了运行成本。

2. 宽松自由的社会环境

网络社会不同于现实社会的重重约束，网上社会是一个无界的环境，网上的各个企业的网站都是平等的存在，毫无地区、行业和层次的限制，只要不违反法律就可以相当自由地开展各项业务活动。目前世界上很多国家政府在网上实行了比较宽松自由的政策，因

此，网络的业务运作应当比现实社会更加方便与高效。

3. 看似遥远却又很近的供应商——客户市场

由于网络社会无国界，所以无论距离多么遥远的客户或者供应商，都可以通过互联网在不同的时间、地点进行紧密的联系，所有这些供应商就形成了供应商市场，而客户便形成了企业的客户市场，而企业就可以以之供应商——客户市场进行"零距离"沟通。因而，网络社会不再像复杂的现实社会要讲关系，网络社会单纯许多，仅是一种纯粹的供需关系。

4. 完善方便的业务处理

每一个电子商务企业都有自己的网站，仅一般的电子商务网站都有着相对齐全的功能，例如，企业的背景介绍与宣传，企业发展规划、服务宗旨、工作承诺、企业的业务范围、流程、客户关系管理、企业销售、采购管理、友情链接等。

5. 方便迅速的客户沟通与供应商管理

在电子商务的大环境下，企业可通过自己的网站，方便快捷地透过资源网络联络客户，客户同样也可以通过该企业网站，联系企业提出需求。这种相对自由的沟通方式得益于电子商务企业网站的建立，让企业能够实时的与客户进行信息交流，进行客户管理，加强业务往来，从而提高工作效率。再者，企业还可利用自己的网站方便迅速地与供应商联系，从事网上下订单，寻找优质资源，进行业务洽谈等活动。

6. 网上网下相结合的工作环境

客观来讲，电子商务为企业创造了两个工作环境，作为基础的网下环境和作为网下环境扩充和延伸的网上环境。

（二）电子商务环境下第三方物流模式

1. 综合物流代理模式

综合物流代理模式是指充分利用现有的物流设施、设备、物流管理经验，向用户提供多样化物流定制服务的一种模式。基于电子商务的综合物流代理模式则是物流企业对电商企业所有物流业务进行全权代理，通常是由一家在物流综合管理水平上具有一定优势的物流企业对电子商务交易中供求方的所有物流相关业务进行全权代理。同传统物流模式相比，基于电子商务环境的综合物流代理模式更能体现集成化的思想，通过企业内联网、外联网和各种功能模块的整合，对其上下游企业进行统筹规划和管理，从而更好地优化作业流程，也有利于物流业务的整合和重组。

2. 电子商务企业和第三方物流企业互相参股模式

电商企业与第三方物流企业关系紧密，采用互相参股模式可以有效实现资源共享，提升双方企业的竞争力。电商企业与第三方物流企业相互参股，既可以得到完善的服务，又可以有效控制成本，同时也加强对物流过程的控制。对于第三方物流企业来讲，又可以稳定客户。在具体操作中，各方企业应该首先明确自己的优势，突出核心业务，双方可以实现战略合作，利益共享，风险共担。

3. 第三方物流和第三方支付平台相结合模式

这种模式也体现了资源整合的思想，通常由第三方物流或者是第三方支付平台牵头，整合两种资源。例如，阿里巴巴企业的支付宝网络科技有限公司同宅急送和大田集团两大物流巨头进行结盟。电商企业与第三方物流企业的结盟，一方面能够有效地降低物流成本，有助于电子商务的推广；另一方面能够较好地杜绝网络欺骗的发生，从而降低交易的风险。但在具体操作过程中两者的结合较为复杂。

三、电子商务环境下第三方物流的发展对策

电子商务时代，信息技术是在以新的物流网络从事处理订单，实现商品配送，及时更新信息，与客户进行沟通等活动，这就要求企业利用外部的服务商来承担部分或全部的物流业务。为适应电子商务发展的需要，适应市场化、网络化、全球化、智能化的经济发展趋势，建立适应于我国电子商务大环境下的现代第三方物流。

（一）第三方物流企业需构建出独特的企业核心能力

任何企业想要在竞争中立于不败之地，则必须具备开发出自己独特的产品、技术或者服务的能力。第三方物流企业必须要有自己的核心力，才得以与同行业者竞争。构建其核心竞争力可从以下几方面入手：技术体系的完整，信息体系的培育，知识技能的积累，组织管理的建设等。

（二）进行资源重组并促进物流联盟

实现资源重组可以帮助企业摆脱以往固有的社会化、组织化的物流模式，通过重组使企业找到真正的市场，改变总体水平相对薄弱的局面；物流企业间的联盟可实现规模效应，同时可以将各自独特的资源再次进行整合，实现互补与共享，不仅可以实现服务的综合化和多样化，还可以降低成本来提高利润。

（三）充分应用先进信息技术和物流技术

第三方物流企业要想在激烈的市场竞争中占据优势，先进的信息技术和物流技术的应用是关键，这也是第三方物流企业成长的必然需求。信息化是物流系统一个重要的特征，信息技术是物流系统必不可少的一个组成部分，例如，条码、电子数据交换、物流管理信息系统、射频识别技术、全球卫星定位系统等已经在一些大型的第三方物流企业广泛应用。

（四）提升第三方物流企业服务水平

第三方物流的服务水平是客户选择评价企业的一个重要方面，目前来看，提升第三方物流企业服务水平是在电子商务环境下发展的一个有效途径。要想提升第三方物流企业的服务水平，第三方物流企业必须综合利用各种现代化技术，以客户需求为基本出发点来开发新的物流服务流程，注重企业集成管理来实现一体化的物流服务。

（五）紧跟市场节奏，满足客户需求的变化性和多样性

第三方物流企业不但要面临电子商务环境下愈演愈烈的同行竞争，同时还需要承担来源于客户变化多样的需求。面对不断变化的需求，第三方物流企业应跟踪市场步伐，具备实时预测并快速的反应能力，建立一定的反应机制是必不可少的，其目的主要就是将买方与上游供应商紧密联合在一起，已达到在生产与销售之间的商流与信息流的快速转移，得以快速满足客户需求。

（六）加快第三方物流的关键环节建设与改造

物流配送中心是集商流、物流、信息流三流为一体的第三方物流的关键环节，第三方

物流企业应将分散的商品实体转变为系统性的物流活动，并加以管理，这就务必要加紧建设物流配送中心。配送中心的建设是物流实现标准化的有效途径，是连接供应商与客户的桥梁与纽带，在此大环境下发挥着重要作用。

第三节　第四方物流的发展

一、产生的背景与环境

（一）第四方物流的产生背景

在当今的供应链环境中，随着市场竞争的加剧，企业对降低物流成本的追求导致了物流服务商必须站在更高的角度完善物流服务，将所提供的物流服务从传统的运输管理协调和供应链管理上升到对整个供应链方案的再造设计和物流供应链的整合优化上。同时，随着现代信息技术的突飞猛进和电子商务影响力的迅速扩展，顾客的期望不断增高，供应链上各节点企业对内要求整合资源和向外要求扩展的需求也在不断扩大。顾客未满足的期望推动企业加速联盟与壮大团队，一种新的外包选择开始出现。第三方物流企业正在步步迈向将整个供应链流程外包给专业且单一指向型组织，由该组织进行一系列的评估、设计、制定及运作全面的供应链集成战略方案。这些因素相互作用，共同推动了第三方物流服务的新模式的产生，也就是第四方物流（Forth Party Logistics，4PL）。

（二）第四方物流的概念

第四方物流的概念是 1998 年美国安盛（Accenture Consulting）咨询公司率先提出的。该公司将第四方物流定义为："第四方物流（4PL）是一个供应链的集成商，它调剂和组织管理公司内部和具有互补性的服务供应商所拥有的不同资源、能力和技术，提供一套综合的供应链解决方案。"这一概念实现的是第四方物流存在于客户与第三方物流之间，充当着"联络人"的角色；该角色不仅控制和管理特定的物流服务，而且主要依靠业内领先的服务供应商、技术供应商、咨询企业以及其他服务商，对整个物流活动流程提供综合方案，为客户提供个性化、广泛性的增值服务。

🔲 小知识

关于第四方物流的定义，不同的组织有不同的认识：

定义一：集成商们利用分包商来控制和管理客户公司的点到点式供应链运作。

定义二：综合供应链解决方案的整合和作业的组织者，负责传统的第三方物流之外的职责，即第四方物流负责传统的第三方安排之外的功能整合。

定义三：一个集中管理自身资源、能力和技术并提供互补服务的供应链综合解决方案的供应者。

资料来源：李艳.《现代物流管理：第四章 第三方物流企业管理》. 北京交通大学出版社。

二、第四方物流与第三方物流的差别

第四方物流是在第三方物流无法满足客户的高需求的情况下逐步发展起来的,可以说没有第三方物流,就很难发展这个物流运作管理模式的新一代,甚至许多第四方物流企业需要从第三方物流企业转化过来,而且两者之间也存在着互补与合作的关系。然而,相比较而言,两者还是存在很大的不同。第三方物流的重点在于实际的物流运作以及面对客户需求的一系列信息化服务,更偏重于通过对物流运作和物流资产的外部化来降低企业的投资和成本,提高运作效率,达到客户满意;第四方物流则侧重于通过对整个供应链的资源优化和集成来降低成本,其优势在于管理理念的创新和变革管理的能力,根据客户需求进行资源整合评估并重新配置,为客户提供个性化的最优解决方案。再者,两者的自身条件也有差别。由于第三方物流是为客户提供具体的物流运作服务,本身的技术水平不高,能够提供的增值服务比较少;而相对于第四方物流,其自身具有丰富的物流管理经验和技术服务,能够满足客户多样化的需求;但是第四方物流的不足之处就是无法提供实质性的物流运输、配送以及仓储等服务。

三、第四方物流的发展趋势

现代物流业整体步入的是一个各个环节的系统化、网络信息化、分工专业化、供应链规模化以及物流、商流、信息流一体化的趋势。仔细考察物流服务的发展历程,第一方物流和第二方物流在物流市场尚未发育成熟的早期,甚至是在一些专业人员对概念还懵懵懂懂时产生的,它们是按照企业以契约形式同时存在的,并没有先后之分。而第三方物流的出现是因为发展中的企业核心竞争力观点以及非核心业务外包理论,使企业更好地集中力量配置资源、增强核心竞争力,实现产品的生产与销售。近年来,客户在原有第三方物流服务的仓储、配送、运输等业务上,又提出了更高的要求与多样化的需求,专业的物流企业需要能够拿出解决供应链上配置资源、技术、能力的解决方案,因此传统第三方物流服务的很多思想都需要打破重铸,第四方物流步入历史舞台。从第一方物流到第四方物流,事实上是一个提供物流服务概念的延伸过程,每一代物流模式的发展都指出上一代的局限性,同时也是对现有物流服务能力的一种挑战。

小链接

中国经济网 南昌1月13日讯 近日,在南昌市商务局举行的"移动互联网第四方物流公共交易信息平台高端论坛暨合作对接会"上,建行与全省首个第四方物流信息平台——物流团购签订了全面战略合作协议。会上,建行江西省分行副行长彭家彬与其他嘉宾共同开启了物流团购上线仪式,建行南昌洪都支行副行长郑斌与来自物流界、互联界、金融界的专家就第四方物流信息平台进行了交流与沟通。

随着互联网、物联网等信息技术的发展,为了有效降低物流成本,整合物流资源,类似"物流淘宝"的第四方物流平台得到迅速发展。针对当前物流企业一定程度上存在"小、散、乱"信息化水平低、标准化程度不高造成的运输效率低、成本高等问题,江西尧泰物流供应链管理有限公司组建了全省首个第四方物流信息平台——物流团购。该平台利用移动互联网的技术，整合众多第三方物流资源和物流基础资源提供社会化物流服务，通过整合生产商、批发商、零售商等物流部门、采购部门、销售部门，将最大化开发物流业务需求。同时，利用平台的品牌效益和优质的技术管理服务、安全承诺，也将吸引更多的上游品牌成为合作伙伴，实现上下游客户零差价对接。该平台以南昌华南城为基地，构建一级分拨中心，并通过连锁加盟方式发展各地市的二级分拨中心和终端网点，搭建覆盖全省，辐射全国的三级物流网络，与尧泰物流电商平台形成物流O2O线上线下的融合协同，解决当前传统物流运营模式难以逾越的顽疾，为江西及全国的制造商贸企业提供低成本、高质量的物流供应链服务，提升江西整体物流服务水平。

此次，建行与物流团购的合作，将涉及发行联名卡、为平台及平台用户提供资金结算、通过平台大数据对部分优质平台用户发放信用卡或信贷支持以及与高速公路、石油、轮胎、润滑油等第三方合作联盟对平台用户提供优惠等合作内容。建行与第四方物流信息平台的合作，在促进物流行业做大做强的同时，也对进一步提升对客户的综合服务，实现了银企双赢。

江西省原副省长黄懋衡，省商务厅副厅长李清华，发改委、交通厅、国税局、公信委、财政厅等政府部门负责人，各物流行业相关专家、物流上下游大中型企业参加此次论坛。

资料来源：http：//finance. ce. cn/rolling/201501/13/t20150113 _ 4327387. shtml 2015 - 01 - 13.

第四方物流实质上是一种虚拟物流，它是依靠业内最优秀的第三方物流服务供应商、技术供应商、管理咨询企业和企业增值服务商，进行社会资源整合，为客户提供独特的供应链综合解决方案。第四方物流存在三种可能的基本运作模式。

1. 超能力组合（1＋1＞2）协同运作模式

该模式指的是第三方物流与第四方物流一同开发市场，由第四方物流向第三方物流提供供应链管理策略、战略技术、专业项目管理能力等一系列服务。而第四方物流往往在第三方物流企业内部工作，其思想理念和策略就需要通过第三方物流这么一个具体的组织来进行实质性的实施，服务于客户。第四方物流和第三方物流一般会采用商业合同或者战略联盟的方式进行合作。

2. 方案集成商模式

所谓方案集成商指的就是运作和管理整个供应链的解决方案全部由第四方物流为客户提供。第四方物流对自身和第三方物流的资源、能力以及技术进行综合评估、重组、配置，借助第三方物流为客户提供全面的、综合的集成供应链解决方案。作为客户与第三方物流的重要枢纽的第四方物流，将客户与第三方物流连接起来，可以集成多个服务供应商的能力和客户的资源，方便客户直接通过第四方物流服务供应商来实现复杂的物流运作管理。

3. 行业创新者模式

该模式与方案集成商模式相同之处在于，都是作为客户与第三方物流沟通的桥梁，将两者连接起来；不同点在于行业创新者模式所面向的客户是同一行业的多家企业，而不是一家。在这种模式下，第四方物流提供的是行业的整体物流方案，其运作规模得以扩大，为整个行业带来丰厚利益。

由此可见，三种模式的复杂性一次递增，未来的第四方物流无论采取哪一种模式，都将突破第三方物流的局限性，解决物流信息充分共享、物流资源充分利用的问题，能够真正做到低成本运作，实现最大范围的资源整合。

小链接

在欧洲，安盛公司和菲亚特公司的子公司 New Holland 成立了一个合资物流公司 New Holland Logistics S. P. A. ，专门经营服务零配件物流。该公司由 New Holland 拥有 80％ 的股份，安盛占 20％。New Holland 为合资企业投入了 6 个国家的仓库，775 个雇员，资本投资和运作管理能力。安盛方面投入了管理人员、信息技术、运作管理和流程再造的专长。零配件管理运作业务涵盖了计划、采购、库存、分销、运输和客户支持。在过去 7 年的总投资回报有 6700 万美元。大约 2/3 的节省费用来自运作成本降低，20％ 来自库存管理，其他 15％ 来自运费节省。同时，New Holland Logistics S. P. A. 实现了大于 90％ 的订单完成准确率。

实训题

调查某第三方物流企业实施供应链管理的情况

一、组织安排

教师将全班学生分为 8～10 人一组，按小组完成实训任务和评比成绩。

二、实训任务及要求

按小组调查本地某家第三方物流企业现状，以企业方角度，模拟供应链，通过供应链管理进一步对其进行优化。

三、实训内容

1. 在当地选择一家大中型第三方物流企业，该企业要求看起来各方面达标，但各小组需通过调查找出该企业需要改进的地方。

2. 体会该企业各环节优化和通过供应链协作整体优化总结第三方物流供应链管理的实现途径。

3. 根据上述内容写出小组调研报告，并制作 PPT 进行课堂小组演讲。

习题

一、选择题

1. 早期观点认为的供应链是从属于（　　　），是指把从企业外部采购的原材料和零部件，通过生产与销售的过程，再传递到零售商和用户的一个内部过程。

A. 农业　　　　　B. 工业　　　　　C. 制造业　　　　　D. 零售业

2. 当供应商采用货到付款的方式与其他企业交易商品，则会引起（　　）。

A. 物流在前，商流在后　　　　　B. 商流在前，物流在后

C. 商流与物流同时发生　　　　　D. 商流迂回，物流直达

3. 第三方物流成功的因素主要在于（　　）。

A. 可靠性　　　　　B. 准时性　　　　　C. 快捷性　　　　　D. 服务于客户

4. 供应链管理就是以一种（　　）的管理思想，使供应链的运作最优，以最少的成本，使供应链从物资的采购开始到最终客户满足的所有过程。

A. 创新　　　　　B. 集成　　　　　C. 开放　　　　　D. 高效

5. 供应链管理覆盖了从供应商的供应商到客户的客户的全过程，主要涉及供应、（　　）、物流、需求四个领域。

A. 采购　　　　　B. 生产计划　　　　　C. 制造　　　　　D. 客户管理

6. 真正意义上的电子商务的发展被分为两个阶段，即开始于 20 世纪 80 年代中期基于（　　）电子商务和始于 20 世纪 90 年代初期的（　　）电子商务。

A. EFD，Internet　　B. EDI，Intranet　　C. EDI，Internet　　D. EFD，Intranet

7. 在商流、物流、资金流、信息流四种流中，只有（　　）最为特别，除少数非实体商品或服务可直接进行信息传输，大多数的实体商品必须通过低成本、高效率、适时、适量的物流系统来进行传输与配送。

A. 物流　　　　　B. 商流　　　　　C. 资金流　　　　　D. 信息流

8. 比较适合 B2B 电子商务、B2C 电子商务的同城业务的第三方物流模式是（　　）。

A. 电子商务企业与第三方物流企业互相参股模式

B. 第三方物流与支付平台相结合模式

C. 综合物流代理模式

D. 邮政物流模式

9. （　　）侧重于通过对整个供应链的资源优化和集成来降低成本，其优势在于管理理念的创新和变革管理的能力，根据客户需求进行资源整合评估并重新配置，为客户提供个性化的最优解决方案。

A. 供应链物流　　　B. 第三方物流　　　C. 外包型策划公司　D. 第四方物流

10. （　　）是连接企业客户与第三方物流的桥梁，该模式所面向的客户是同一行业的多家企业，而不是一家。

A. 行业创新者模式　　B. 方案集成商模式　　C. 协同运作模式　　D. 系统互补模式

二、名词解释

1. 供应链

2. 供应链管理

3. 电子商务

4. 第四方物流

三、判断题

1. 供应链上任何两个节点之间都存在供需关系。 （ ）

2. 第三方物流是以客户需求为导向的服务提供方，而服务的提供是建立在具有长期契约性质的合同上，而这种契约性质的最终职能是服务对象物流体系的高效运作和不断优化供应链管理。 （ ）

3. 电子商务是第三方物流实现交易的最佳载体。 （ ）

4. 阿里巴巴旗下的支付宝网络科技有限公司与天津大田集团和宅急送两大国内物流巨头结盟这一案例，指的是电子商务企业与第三方物流企业互相参股模式。 （ ）

5. 第四方物流是在第三方物流无法满足客户的高需求的情况下逐步发展起来的，但两者之间也存在互补与合作的关系。 （ ）

第十章　典型行业第三方物流的应用

知识目标

1. 了解汽车业第三方物流的具体应用；
2. 了解医药业第三方物流的具体应用；
3. 了解家电业第三方物流的具体应用。

能力目标

1. 明确各行业第三方物流应用的现状及存在的问题；
2. 能够根据不同行业的特点和需求，提出改进的建议。

第一节　汽车行业第三方物流应用

导入案例

安吉物流汽车也能快递 自驾车回程新途径

2015 年 7 月 29 日，我国最大的汽车物流企业——安吉物流在上海发布了首款手机 App 产品"车好运"，专门为消费者提供新购车辆、二手车、商务旅游车、租赁车等各类车辆的快捷托运服务。很多自驾游车主往往回程时没有精力开车，想乘坐飞机返程却不能不管车。而安吉物流正是看中这一商机，提供了一个很好的解决方案，用户可以通过下载"车好运"App 应用程序，完成注册，便可以实现线上下单、在线支付、运输跟踪和收货评价等功能。

安吉物流专业的线下作业流程与线上服务相互结合，保障了企业整体物流服务质量的提升：依托全国物流网络布局，规划最优运输路线，作业人员可以上门取车，并对车辆进行清洁，办理保险；系统设置了 GPS 导航和运输跟踪功能，用户可以随时查询车辆的实时动态，并提供 10 分钟回复、7 日内赔付、预计运输期限，安吉物流既简化了中间环节，又为客户降低了成本，并能够提供更好的服务。

随着近年来国内二手车交易量和自驾游的急剧增加，近年来个人汽车运输的需求也在不断增多。安吉物流"车好运"APP将互联网思维和传统物流实现有机结合，实现了将商品车运输扩大到社会车辆运输的全方位物流服务，从而形成了全面的战略布局。

资料来源：http：//auto.163.com/15/0729/03/AVLLS07500084IJN.html.

一、汽车行业第三方物流发展现状

我国汽车行业的飞速发展在一定程度上揭示了汽车产业物流的市场潜力。无论是从设计、采购、制造还是从分销、运输、仓储等环节都涉及大量的物流活动，从而形成了一条完整的供应链网络，而如何使汽车供应链网络降低成本，不断提升利润，产生更大的效益，已经成为汽车制造商不断追求的目标。

目前，我国汽车行业第三方物流企业所提供的服务基本上还处于初级阶段，汽车业对物流的需求呈现高标准，而物流企业目前所提供的物流服务水平还有待于提升，这两者之间存在较大的矛盾。例如，根据相关统计数据显示，我国汽车运输成本占总物流成本的75%~80%，仓储成本占15%~20%，管理成本为5%。约82%以上的整车物流委托第三方物流公司进行运输，18%左右的运输任务是由企业自身完成，但从整体需求和服务水平上来说，我国的汽车物流服务还处于初级阶段，多数汽车物流企业供应能力无法满足汽车企业的客观需求，加之越来越多的汽车物流巨头，如荷兰TNT、挪威华伦威尔森等汽车物流巨头纷纷进入中国市场，使目前国内第三方物流企业面临着日益激烈的竞争环境。

二、汽车行业第三方物流发展中所存在的问题

（一）汽车物流成本居高不下

尽管我国已经成为世界上最大的汽车消费国，但并不意味着我们也是汽车强国。据物流行业相关调查数据显示，目前我国汽车物流企业公路货物运输的空载率高达39%，运输成本为欧美的2~3倍，而且中国人部分汽车物流企业仅能维持1%的资产回报率，究其原因主要是因为空载率过高，单位运输成本居高不下。而根据国外的统计数据显示，欧美汽车制造企业的物流成本仅占销售额的8%左右，日本更低，约为5%。居高不下的物流成本进一步加大了我国汽车制造企业提升竞争力的难度。

（二）服务模式单一，增值性服务较少

目前我国汽车物流中运输成本在物流中成本中占据较高的比重，特别是目前我国汽车运输模式较为单一，91%以上的整车物流都是采用公路货物运输的形式，铁路运输和水路运输相对较少。而实际上对于运输距离较长，运输加之较高的产品，铁路、水路运输优于公路运输。在整个物流供应链中涉及原材料机器供应商的采购库存、包装设计、厂内物料控制、整车订单运输、售后配送等多个环节，物流企业可以针对不同环节提供个性化服务，而事实是现阶段我国汽车物流主要局限于仓储和运输等传统物流服务功能。据统计，物流服务及物流信息服务与支持物流的财务服务的收益只占10%。

（三）物流标准化工作进展缓慢

从国内汽车数个行业的角度上看，汽车物流标准化工作远远落后于现代汽车物流业的

发展，国内汽车物流的国家标准、行业标准等的制定还处于刚刚起步的阶段。虽然大部分汽车物流行业也能结合实际运作情况总结出符合自身需要的各类标准，但是大多没有进行必要的整合，从而造成了企业资源的浪费和效率的降低。

（四）服务体系建设滞后

我国大部分的汽车物流企业是从传统的运输和仓储企业转型而来，从服务理念上来说，大部分比较关注运输和仓储两项基本服务，专业服务能力相对较弱，特别是附加服务。同时又由于运输、仓储等基础设施专业化基础较为薄弱，很多路段根本无法满足运输整车的大型集装箱卡车的通行需求。再加上由于国内第三方物流的发展属于刚刚起步，市场竞争环境比较混乱，大多数物流企业为了能够拓展业务，随意压低价格，从而扰乱了整个物流企业的市场秩序。

三、汽车行业第三方物流的发展对策

（一）采取有效措施降低汽车物流成本

首先，在有条件的情况下尽可能增加水运比例。我国汽车航运物流具有较大的发展潜力，沿中国海岸线，长春、北京汽车制造基地有大连、天津港；上海、江浙汽车制造基地有上海等港口，这是一个顺畅经济的运输通道。通过增加水运比例，设计合理的比例来降低运输成本。其次，增加汽车集装箱运输。集装箱运输能够节省运输装卸费用，提高汽车物流效率。因此，第三方物流企业应增加汽车集装箱运输的比例，在满足客户的需要的同时，也能有效地降低物流成本。

（二）提高专业化服务水平

作为专业的第三方物流企业必须要打破原有的单一服务，向多层次、多元化方向发展。汽车物流企业可以为汽车制造企业提供采购物流、生产物流、销售物流和售后物流等全方位的物流增值服务，例如，提供货物分拨、加工、包装、库存控制等。同时还要注意不断提升服务水平，通过提高服务水平的提升来创建企业自身的物流品牌。当然，不同的客户有不同的服务需求，这就要求物流企业根据不同的客户提供不同的服务来满足他们的需求即服务差异化。汽车行业第三方物流企业可以结合自身客户特点，开展差异化服务，并将其纳入自身体系，制定相关企业标准，并尽量在行业的标准上超越顾客需求，从而不断提高服务水平。

（三）强化物流标准化

要想提高汽车企业、汽车物流企业以及物流企业之间的协作程度，物流标准化必须强化。首先，必须建立和完善企业内部管理的标准化，这需要对汽车物流服务实施过程和服务质量进行强有力的监控汽车物流运作技术标准化，以便建立健全的质量管理体系。其次，要建立标准化的汽车物流作业模式，包括集装器具和编码的标准化的建立，以便于方便信息在不同企业之间的传递和识别，缩短供应链流程时间。

小链接

汽车物流成车企"第三利润源"服务商选择是关键

随着汽车工业的不断发展，汽车企业已经将优化成本管理结构作为提升其整体竞争力的关键。特别是在现代化信息技术的支撑背景下，通过汽车物流的合理规划管理，将商品从生产到最终消费者的各个环节进行有效控制，从而降低企业运营成本，已经成为汽车企业"第三利润源"的关键。

要想实现汽车第三方物流的规范管理，使各环节之间实现高效衔接，在供应链管理背景下对其进行科学规划是关键。在高度的协同效果中实现物流运作的低成本和高效率。目前，汽车物流主要包括零部件入厂物流、生产物流、整车物流和售后零配件物流等几大组成部分。鉴于汽车产品本身的复杂，包含零部件数量种类之多，对不同产品或者生产流程的物流管理要求也有所不同，这就对汽车物流供应商服务提出了多样化、柔性化的要求。

目前国内物流的发展处于初级阶段，当前国内物流方式主要有两种：自营物流和第三方物流。其中，自营物流主要是汽车企业自己有车队、仓库等，自己承担物流活动，灵活度较高，但空载率较高，资源利用率较低。而第三方物流主要是外包给第三方物流企业，相比之下，第三方物流企业可以利用自己相对专业化的物流网络和资源优势，进一步提高物流效率和服务质量。但是，由于目前我国物流业的发展还处于起步阶段，无论是动作经验还是现代化的物流管理方面都有待于进一步提高。

据相关统计数据显示，在西方汽车行业，第三方物流企业已经占行业物流的50%以上。一般规模较大、资金雄厚并拥有成熟完善的汽车物流管理体系。其所提供的服务除了传统的运输、仓储服务外，更多的是一些结合客户需求的高附加值物流服务，例如，服务车辆及配件通关，零部件拆拼箱，重新贴签、包装、分类、集散、零部件配套，配送网络的布局规划，组装、配件组装，测试和修理等。据了解，国内销量表现领先的具有外资背景的合资企业在西方成熟市场几乎均采用了这样的物流外包方式。因此，在欧美也涌现了很多独立大型的物流供应商，而伴随着中国汽车市场这块蛋糕的诱人前景，这些成熟的大型汽车物流供应商正在纷纷抢滩中国市场，为国内车企提供专业高效的物流服务。

除了能够提供高附加值的服务，成熟的汽车物流供应商在针对汽车产品的物流过程中日益关注业务的可视化水平和追踪性，因此，IT的系统集成应时而生，为车企提供更为精准细致的物流管理，与此同时，IT系统的建立可以增强汽车物流的抗风险能力，一旦建立了意外响应模型，汽车物流便可以针对事先预定的运作规则对突发事件实施管理。这对国内汽车物流领域信息管理水平薄弱的现状无疑是个巨大的挑战。

可以看出，现阶段我国汽车物流管理水平总体来说与来自于欧美的成熟物流管理水平差距较大，随着国家商务部近期出台了发展第三方物流的政策，物流供应商应该在政策利好的前提下，抓紧机遇，从硬件、软件方面双管齐下，进而提升自身竞争力，得到整车企业的青睐。

资料来源：http://auto.gasgoo.com/News/2013/11/2005025925960268391295.shtml.

第二节　医药行业第三方物流应用

一、医药业第三方物流发展现状

药品一直以来被视为特殊商品，药品流通领域一直以来未向外资和民间资本开放。而且受长期计划经济的影响，我国医药企业经营管理水平和信息化水平都比较低，而且由于长期以来医药物流企业形成的传统管理模式，培养出来的企业往往不能区分自身核心竞争力与非核心竞争力，使医药行业专业化的第三方物流还处于不成熟阶段。

我国的医药企业在物流管理和运作上一直沿袭着"大而全、小而全"的经营思路，无论大小企业基本都拥有自己独立的仓库、车辆、设施设备和管理人员等。近些年随着我国医药流通体制改革不断深入，医药流通模式发生了深刻变化，传统的多级批发格局已经被打破。在新的流通格局下，物流配送被提升至重要的战略高度，各地纷纷建立大型医药物流配送中心。此时，专业性较强的第三方医药物流逐渐得到业内外的普遍重视，并呈现出良好的发展趋势。从物流服务提供者来看，这些第三方医药物流企业，一般分为两类：完全社会化的第三方医药物流企业和部分社会化的第三方医药物流企业。前者与客户企业之间不属于同一行业，只是客户供应链上的一个环节，仅提供物流外包服务，与客户企业维持着较为直接和简单的关系。而后者一般是由规模较大的医药流通企业或医药集团公司转型而来，他们在满足自身物流需要的前提下，向其他医药企业提供第三方物流服务。从第三方医药物流的需求方来看，主要有四类：医药生产企业、医药批发企业、医药零售企业和医疗机构。从长远来看，在社会分工日趋细化，市场竞争不断加剧，以及企业对提高效率不断追求的情况下，在医药领域发展第三方物流是大势所趋。

二、医药第三方物流发展所存在的问题

（一）第三方医药物流市场需求不足

这种需求不足主要表现在三个方面：其一，医药企业物流外包意识薄弱，造成医药第三方物流需求不足。由于目前我国医药行业正处在产品同质化竞争阶段，企业更加重视营销体系，即如何扩大产品市场份额、如何成功扩展销售渠道，如何增加销售量等方面，而对物流业务外包所带来的隐性成本不够重视，对于多数医药企业来讲，现实收益并不明显。其二，物流业务外包存在一定的风险，例如，医药企业实施物流外包后，有第三方物流介入医药行业的采购、生产等环节，这必然会导致医药企业对产品市场终端的控制能力的降低，同时也会增加信息外泄的风险。其三，我国医药行业第三方物流多数属于非专业的物流公司，整体实力、信息化程度、专业化水平相对较弱。因此，导致很多医药企业对第三方物流持观望态度，最终导致医药物流外包市场的需求不足。

（二）信息化、标准化程度较低

从信息化方面来讲，信息化程度难以适应医药行业的需求，很多医药企业的管理软件多停留在物料需求计划和制造资源计划阶段，缺乏推行企业资源计划（ERP）的意识，最

终使企业的信息管理只是围绕企业内部信息来进行，无法适应当前企业资源一体化的趋势。另外，物流标准缺乏统一。这是制约我国医药物流实现规范化和高效化的一个重要原因。例如，药品条码不规范，药品物流容器、药品包装箱和药品仓储托盘等缺乏统一的标准。需要特别指出的是，物流要想实现标准化，条码是关键一环，如果没有医药条码的使用，标准化管理根本无从谈起，更不用说全面展开物流信息处理、库存管理、流通加工和物流成本控制等以信息技术为基础的物流增值服务。

（三）物流服务水平不高

目前，大多数企业是以自营物流模式为主，所提供的服务也多是运输和仓储。虽然自营物流存在着一些优势，但是也存在着投资大、成本高等缺点，企业在选择物流模式时候应充分考虑自身条件的限制。虽然也会有一些企业选择第三方物流，但第三方物流目前在中国的医药行业没有形成规模和气候，医药配送通常都是由医药批发企业完成的。第三方物流服务水平不高还表现在：

（1）物流配送网络单一，没有站在系统的角度，从第三方物流系统规划配送网络的角度设计。

（2）信息化能力低，许多企业还没有能力利用信息化来提高运作效率。

（3）医药物流企业采用的是仓库、车辆和人员的堆积方式，当面对更大的商品吞吐量时，效率、速度、准确与成本等因素对发展造成影响。药品生产或经营企业自建医药物流体系并不具有规模优势，同时由于供应链中多种企业复杂的竞争关系也不具有激励其他药品生产或经营企业的委托物流配送的积极性。

（四）我国医药物流相关政策法规不健全，流通体制不完善

我国医药市场缺乏国家宏观调控的引导和对市场准入条件的限制，医药物流管理的体制尚未建立，对医药物流政策、法规和管理还不够完善，特别是加上药政权与药事权的分离、地方保护政策等多种因素促使产生了大量医药批发企业，从而导致我国医药批发行业存在着诸多问题：企业数量多、规模小、经营效益低、资金不足、流通秩序乱、政府政策调控不到位、市场监管力度不够、地方保护主义严重等。

三、发展对策

（一）构建专业化的第三方医药物流企业

我国医药企业要真正实行第三方物流的一个重要的条件就是建立专业第三方医药物流企业。从目前来看，我国第三方物流正处于发展阶段，专业的第三方医药物流企业更少，这就需要第三方医药物流企业构建企业核心竞争力，进行资产重组，建立区域联盟，充分利用先进的物流信息技术，提高物流服务的专业化。

（二）加快医药物流信息化、标准化建设

首先，加快医药物流信息化建设的步伐。政府应多渠道调动各方面力量，增加资金投入，加快信息网络建设，构建医药电子商务平台，尽快实现企业间的互联互通。其次，推进医药物流标准化建设。一是组织有关单位尽快制定和出台统一的药品编码体系。二是加快推进药品容器标准、药品包装标准和药品信息化标准的规范。

（三）改进管理方式，改善现有物流设备，提升物流服务能力

运用系统、科学的手段对物流过程进行合理设计，加强物流部门在市场、客户服务、运营效应、仓储运输、分拣配货和财务等方面的管理。同时医药物流企业应该根据医药行业的特点，按照药品的特殊性要求，更新现有的储运物流设施设备，提高物流设备的生产效率和生产能力，提高物流服务的整体水平。另外需要注意的是，在新建物流设施时，要重视现有设施的盘活和整合，重视规划功能，做到布局合理、规模适中、功能配套，防止盲目建设。

（四）改革药品流通行业发展环境，推进体制改革

积极推行药品流通改革，进一步完善药品定价、采购和医保支付机制，会同相关部门积极推动改革，完善药品定价、采购和医保支付机制，破除地方保护主义。保障药品批发企业能够平等参与招标采购、配送业务，促进医疗机构依合同规定按期向流通企业支付货款。密切跟踪医药卫生体制改革各项政策实施对医药行业的影响，研究提出解决对策和措施。

第三节　家电业第三方物流的应用

经过多年的发展，家电企业的产品质量差异在逐步缩小，家电市场也在从供不应求转向产能过剩，多数家电企业产品价格逐年走低，承受着巨大的成本压力。在当今激烈的市场竞争中，家电企业要想获得可持续的竞争优势，需要将目光转向另一利润源泉——家电物流领域。

一、家电业第三方物流发展现状

（一）家电企业对第三方物流的需求不断增加

在最近几年的发展中，随着家电企业对第三方物流企业需求的不断增加，特别是在物流总成本控制和物流流程优化上，很多家电企业希望能够通过第三方物流借助其专业化的优势来降低企业的直接物流费用，进而将注意力集中于核心业务上，从而不断提升竞争优势。

（二）家电企业与第三方物流企业间的合作关系更加和谐紧密

首先，对于第三方物流服务商来讲，同家电企业的合作可以进一步增大其业务量，因为家电企业产品业务操作量大，物流营业额高，是物流细分市场的一个重要领域，第三方物流服务商都比较重视家电客户。其次，从家电企业来讲，基于企业需求，迫切希望通过稳定的物流服务合作伙伴，提升自己物流系统的稳定性，进一步降低物流成本，加快企业产品的周转速度，不断增强企业核心竞争力。因此基于双方的考虑，建立紧密的长期战略合作伙伴关系对双方发展都至关重要。

（三）家电企业第三方物流面临较大的压力

家电产品品种多样，消费者的需求变化较快，以及家电行业内的竞争使家电物流企业的管理面临着较大的压力，具体表现在以下几个方面。

（1）消费者日益变化的需求。消费者需求的多样化和个性化要求家电企业根据消费者需求设计产品，并进行多品种小批量的生产。这必然也促使家电物流企业重新改变自己的物流管理模式，设计更好的物流解决方案来满足消费者需求。

（2）产品与技术同质化。经过多年的发展，不同企业产品差异逐渐缩小，通过物流变革，使得成本领先，提供差异化服务，将最终建立竞争优势。

（3）家电企业竞争激烈。不仅包括国内家电企业的竞争，也包括外资家电的竞争，这一方面给中国的物流企业带来了巨大的需求量，另一方面，国外的物流巨头也随着外资家电企业的本土化逐渐在中国市场上站稳脚跟，如何建立自己的核心竞争力是摆在第三方物流面前的一个重要课题。

（4）家电企业销售渠道多元化。目前销售渠道主要有电器专营店、百货商场、家电专业连锁、品牌专卖等。随着新型家电企业国美、苏宁等开始在物流管理中取得更多的控制权，并且更深层次的参与到物流管理中，加剧了第三方物流企业之间的竞争。

（5）成本持续降低。家电产品价格逐年降低，家电企业为降低风险，会将成本压力转嫁给第三方物流企业，从而使第三方物流企业的服务质量因成本限制难以提升。

二、家电行业第三方物流存在的问题

（一）家电行业物流外包意识缺乏

虽然家电物流企业已经有了成熟的运用模式，但当前家电企业缺乏物流外包的意识，这里主要有以下几个方面的障碍：首先，家电制造企业自身拥有较强的物流能力。目前家电生产企业中约78%的企业拥有车队，约74%拥有仓库，35%拥有机械化装卸设备，3%拥有铁路专用线。如果选择外包，就意味着裁员和资产出售。其次，家电制造企业对第三方物流认识不深，主要是对第三方物流是否降低成本、是否供给优质服务缺乏信心。

（二）物流服务内容单一

我国家电行业的第三方物流服务仍以运输与仓储为主。从服务内容和方式看，大多数第三方物流企业主要提供基础服务，真正能够为客户提供一体化物流服务的第三方物流企业少之又少。但是，随着我国对外开放的不断扩大，越来越多的外资物流企业进入我国，他们在带来投资和技术的同时，也带来了现代化的管理理念。国内原有的从传统运输、仓储转型而来的第三方物流企业，也在不断地拓展和延伸自己的物流服务。特别值得关注的是近年来出现了一批灵活的第三方物流企业，他们经营理念先进，管理模式科学，服务手段多样，在激烈的市场竞争中保持良好的发展势头。

（三）物流设施现代化、信息化程度较低

物流设施的现代化和信息化程度不高是我国物流服务存在的共性问题，不仅仅体现在家电行业的第三方物流服务中。与发达国家相比，我国物流设施与技术水平仍有很大差距。现代化物流集散和储运设施不足，各种大型综合货运枢纽和服务于区域经济或城市内部的各种物流基地和物流中心建设滞后；物流标准化程度低。不同运输方式的装备和物流器具之间的标准不一致，影响各种物流功能和要素之间的有效衔接与协调发展，严重影响了物流效率的提高。

三、家电行业第三方物流发展的对策

（一）整合物流资源，形成物流联盟

提高物流服务质量、降低营销成本，一味的将物流费用转嫁给第三方物流企业并不是根本的解决途径。据相关资料统计显示，目前整个家电业原材料的制造成本占总成本的53％，营销成本则占据了46％的比例，这样一算下来物流成本所占比例相当低。只有打破区域、行业限制，迅速在国内建成覆盖全国的家电流通业的"联合舰队"，结成产销联盟，用信息技术实现"无缝链接"，才能真正地整合物流资源，降低物流成本。

目前，对于中国家电企业来讲，要想在过度竞争和行业亏损困境下顺利突围，就必须在物流市场运作上结成联盟，这也是未来中国家电流通的主要通道。这种联盟能够充分利用和整合各方资源，形成整体的供应链，在降低企业流通成本的同时，也在一定程度上提升了企业的竞争力。

（二）加速自有核心资源的建设，提高物流服务质量

第三方物流企业拥有和控制资源的能力大小直接决定着该企业的发展，决定企业的服务能力和市场竞争力。控制资源的方式有很多，这里主要介绍两种，一是自行投资建设，二是通过市场采购，从最近各大物流服务商的规划来看，企业需要进一步加速自有核心资源的建设。

（三）加大物流设备和信息技术投入

目前，整个家电物流行业利润率普遍偏低，机械化和自动化作业程度也不高，但是随着市场发展的不断变化及产品不断的高端化，对物流环节的质量保护要求也越来越高，加上国内劳动力成本不断攀升，家电物流中心实施机械化作业必将成为未来发展的趋势。同时，各环节对信息技术的需求越来越大，第三方物流企业必然要加大对信息技术的投入，通过先进的信息技术来提升物流服务，例如，RFID、WMS、MIS、GPS 等技术的应用，能够进一步提高物流企业的作业效率，并提升物流服务水平。

参考文献

[1] 钱芝网，孙海涛．第三方物流运营实务［M］．北京：电子工业出版社，2011.

[2] 黄静，范学谦．仓储管理实务［M］．大连：大连理工大学出版社，2012.

[3] 郑克俊．第三方物流［M］．北京：科学出版社，2008.

[4] 吴彪，陈宁．第三方物流管理［M］．北京：中国财富出版社，2014.

[5] 陈雅萍．第三方物流［M］．北京：清华大学出版社，2008.

[6] 董向红，汪丽，冯方友．第三方物流［M］．长沙：湖南师范大学出版社，2012.

[7] 林慧丹．第三方物流［M］．上海：上海财经大学，2005.

[8] 郝大鹏．第三方物流实务［M］．武汉：武汉理工大学出版社，2007.

[9] 刘胜春．第三方物流［M］．辽宁：东北财经大学出版社，2006.

[10] 姜春华．第三方物流［M］．辽宁：东北财经大学出版社，2012..

[11] 陈文若．第三方物流［M］．北京：对外经济贸易大学出版社，2004.

[12] 丁力．第三方物流企业运作管理［M］．长沙：湖南科学技术出版社，2003.

[13] 钱莎莎．国内汽车产业第三方物流现状和发展对策研究［J］．商品储运与养护，2008，30（8）：14-16.

[14] 周孙锋．探析汽车物流业发展存在的问题及对策［J］．汽车工业研究，2012（6）：9-13.

[15] 夏旭东，李海剑，宋丽丽．我国第三方医药物流存在的问题及发展对策［J］．中国药事，2009，23（2）：122-124.

[16] 江少文．第三方物流［M］．上海：华东师范大学出版社，2008.

[17] 宋杨．第三方物流模式与运作［M］．北京：中国物资出版社，2006.

[18] 张国庆．企业物流成本管理［M］．合肥：合肥工业大学出版社，2008.

[19] 张成龙．物流成本管理［M］．北京：中国铁道出版社，2008.

[20] 傅桂林，袁水林．物流成本管理［M］．北京：中国物资出版社，2007.

[21] 兰征．第三方物流运作实务［M］．北京：机械工业出版社，2010.

[22] 张成龙．物流成本管理［M］．北京：中国铁道出版社，2008.

[23] 余艳琴．物流成本管理［M］．武汉：武汉大学出版社，2008.

[24] 林慧丹．第三方物流［M］．上海：上海财经大学出版社，2010.

[25] 刘明，邵军义．第三方物流［M］．北京：中国铁道出版社，2007.

[26] 林慧丹．第三方物流［M］．上海：上海交通大学出版社，2008.

[27] 田红英，黄远新．第三方物流管理［M］．成都：四川大学出版社，2008.

[28] 高洁，周鑫，等．第三方物流项目管理［M］．上海：上海交通大学出版社，2009.

[29] 田宇．第三方物流项目管理［M］．广州：中山大学出版社，2006.

[30] 孙宏磊．中国第三方物流企业运作风险分析［D］．北京：首都经济贸易大学，2009.

[31] 陈雅萍，朱国俊，等．第三方物流［M］．北京：清华大学出版社，2008.

[32] 田红英，黄远新．第三方物流管理［M］．成都：四川大学出版社，2008.

[33] 张旭辉，杨勇攀．第三方物流［M］．北京：北京大学出版社，2010.

[34] 北京中交协物流人力资源培训中心组织翻译．供应链风险管理［M］．北京：机械工业出版社，2014.

[35] 黄惠良，钱钢．物流信息管理［M］．北京：中国传媒大学出版社，2011.

[36] 王道平，何海燕．我国电子商务物流的发展对策研究［J］．工业工程，2003 (2)：29 - 31.

[37] 郑久昌，杜君．电子商务环境下企业物流管理模式的分析［J］．中国商贸，2010 (14)：92 - 93.

[38] 李艳．现代物流管理［M］．北京：北京交通大学出版社．

[39] 陈雅萍，朱国俊，刘娜．第三方物流［M］．2 版．北京：清华大学出版社，2008.

[40] 姜春华．第三方物流［M］．3 版．大连：东北财经大学出版社，2011.

[41] 科恩，冷鲲，等．完美商店［M］．沈阳：辽宁教育出版社，2003.

[42] 李丹．浙江医药企业青睐第三方物流［J］．中国商报，2005 (12)：34 - 35.

[43] 钱莎莎．我国医药物流存在的问题及对策分析［J］．物流科技，2011 (6)：74 - 76.

[44] 叶明海，顾明毅．国内汽车产业第三方物流研究［J］．汽车工程，2003 (10)：522 - 525.

[45] 刘明，邵军义．第三方物流［M］．北京：中国铁道出版社，2007.